BIBLIOTECA STORICA TOSCANA
A CURA DELLA DEPUTAZIONE DI STORIA PATRIA PER LA TOSCANA
XCI

I MERCATI DEI CENTRI MINORI DELLA TOSCANA

Tra Medioevo e prima Età Moderna

A cura di
Alberto Malvolti e Giuliano Pinto

LEO S. OLSCHKI EDITORE
2025

Casa Editrice Leo S. Olschki
Viuzzo del Pozzetto, 8
50126 Firenze
www.olschki.it

Hanno contribuito allo svolgimento del convegno e alla stampa del volume

Fondazione Montanelli Bassi ETS
Comune di Fucecchio
MiC Direzione generale Educazione, ricerca e istituti culturali

ISBN 978 88 222 9511 8

Alla memoria di Italo Moretti

PREMESSA

Affrontare il tema dei mercati dei centri minori della Toscana tra basso Medioevo e prima Età Moderna significa prendere in esame aspetti della storia della regione in un tornante significativo, quello del passaggio da un forte particolarismo a un accentramento della vita economica nelle città di riferimento, in un contesto caratterizzato, per altro, da forti oscillazioni demografiche. Con 'centri minori' si intende quella moltitudine di insediamenti distinti non solo dalle città vere e proprie, ma anche da quei centri che della città avevano gran parte delle caratteristiche, a cominciare dal peso demografico.[1]

Il tema abbraccia problematiche complesse e diversificate, in una prospettiva che non è solo di storia economica e sociale ma che investe pure la storia delle istituzioni; senza dimenticare che i mercati furono non di rado generatori di insediamenti, come indica in qualche caso lo stesso toponimo (mercatale): insomma, insediamenti che derivarono dalla istituzione di un mercato e centri che avevano al loro interno uno o più mercati.

Dal punto di vista economico, oggetto di studio sono le merci messe in vendita e il loro valore; quindi le forme di pagamento, le monete usate, i pesi e le misure in vigore, ecc. Al tema delle merci si collega quello della presenza, tra un mercato e l'altro, di forme di 'specializzazione' in rapporto ai prodotti che vi affluivano.

Dal punto di vista sociale, occorre chiedersi chi fossero i venditori e da dove arrivassero, e quale la provenienza degli acquirenti: erano solo gli abitanti dell'insediamento in questione, o venivano da un'area più vasta? L'analisi in tale direzione condotta in modo esemplare da Charles de La Roncière sul contado fiorentino del Trecento ha portato a una suddivisione dei mercati in quattro categorie: locali, sub-regionali, regionali, interregionali.[2] E così anche nelle altre parti della regione?

---

[1] Si veda, a titolo di confronto, il volume *I centri minori della Toscana nel Medioevo*, a cura di G. Pinto e P. Pirillo, Firenze, Olschki, 2013.

[2] Ch. M. de La Roncière, *Firenze e le sue campagne nel Trecento. Mercanti, produzione, traffici*, Firenze, Olschki, 2005, pp. 331-336.

Poi ci sono gli aspetti istituzionali: le date stabilite per legge, le regole che ne governavano lo svolgimento e gli ufficiali preposti a farle rispettare, le garanzie di cui avrebbero goduto venditori e compratori – comune era la concessione di immunità – e ancora i divieti relativi a forme di accaparramento, ecc. Da questo punto di vista gli Statuti comunali sono una miniera di informazioni.

Infine – ma non certo meno importante – è la descrizione dei luoghi dove si teneva il mercato: la piazza del Comune o la piazza della chiesa principale, che spesso coincideva con quella del Comune? Oppure altri spazi entro o fuori le mura? E com'era fisicamente questo luogo: era provvisto di portici, di loggiati? Vi era la presenza stabile di botteghe e di magazzini? Senza dimenticare che esistevano – almeno a una certa altezza cronologica – mercati che si svolgevano in luoghi aperti.[3] E ancora: esisteva all'interno del singolo insediamento un solo mercato valido per tutte le merci, oppure si prevedevano luoghi diversi, ad esempio per il pesce o per il bestiame?

Se prendiamo in esame la rete dei mercati settimanali siti all'interno di determinati territori vediamo come ci fosse una sorta di tacito coordinamento per suddividersi i vari giorni della settimana evitando così sovrapposizioni tra mercati vicini.[4] Quanto alla scelta, è ragionevole pensare che il centro che istituiva per la prima volta il proprio mercato si orientasse su un giorno diverso da quello fissato per i centri più vicini, evitando una concorrenza dannosa per tutti.

Un problema a parte è rappresentato dalle fiere. Non tutti gli insediamenti prevedevano lo svolgimento di fiere; in genere le istituivano i centri di maggiore consistenza oppure quelli più idonei e meglio situati all'interno di una determinata area. La data prescelta – ma le fiere duravano più giorni – coincideva con festività particolari, ad esempio quella del santo patrono, oppure con periodi dell'anno legati a particolari raccolti. E il tema delle fiere meriterebbe sicuramente un approfondimento maggiore.

La complessità degli approcci al tema proposto ha dovuto fare i conti con il numero degli interventi, rapportato allo spazio di una giornata di studio. Ciononostante, confidiamo che per alcune delle problematiche sopra esposte questo volume offra contributi significativi o comunque in-

---

[3] Un caso noto è quello del mercato di Montelungo nel Valdarno di Sopra, punto di ritrovo di mercanti provenienti dai centri del circondario: cfr. S. TADDEUCCI, *Un* castrum *e la sua comunità alla metà del XIII secolo: Loro Ciuffenna*, in *Lontano dalle città. Il Valdarno di Sopra nei secoli XII-XIII*, a cura di G. Pinto e P. Pirillo, Roma, Viella, 2005, pp. 313-335: 325-327.

[4] Era il caso del Mugello dove ben otto mercati giornalieri si ripartivano la settimana lungo i 25 km da Scarperia a Pozzo: cfr. DE LA RONCIÈRE, *Firenze e le sue campagne*, cit., pp. 146-147.

formazioni in grado di ampliare le nostre conoscenze e di favorire ulteriori riflessioni sul tema.

Il progetto di organizzare una giornata di studio sul tema dei mercati è nato alcuni anni fa all'interno del Consiglio direttivo della Deputazione di storia patria per la Toscana. Se ne fece promotore Italo Moretti, allora Segretario del Consiglio, sensibile più di altri a questa tematica, che si legava agli insegnamenti da lui tenuti all'Università di Siena. La proposta incontrò il favore del Consiglio e del Collegio dei sindaci revisori, tra i quali Alberto Malvolti offrì la disponibilità della Fondazione Montanelli Bassi, della quale era allora Presidente, a organizzare la giornata di studio insieme alla Deputazione. Non era la prima volta che le due istituzioni prendevano iniziative in comune.[5] La comparsa del Covid, insieme ad altre circostanze, ha rimandato il progetto, sicché Italo Moretti, venuto a mancare nella primavera del 2022, non ne ha visto la realizzazione. Alla sua memoria questo volume è dedicato.

---

[5] Ricordiamo i due volumi, che raccolgono atti di convegni svoltisi a Fucecchio presso la Fondazione Montanelli Bassi: *Incolti, fiumi, paludi. Utilizzazione delle risorse naturali nella Toscana medievale e moderna*, a cura di A. Malvolti e G. Pinto, Firenze, Olschki, 2003 e *Il Valdarno inferiore terra di confine nel Medioevo (Secoli XI-XV)*, a cura di A. Malvolti e G. Pinto, Firenze, Olschki, 2008.

Paolo Pirillo

MERCATI E CENTRI MINORI TRA AUTONOMIE E DOMINANTI CITTADINE

In occasione dell'incontro del 1992 delle *Journées internationales d'histoire de Flaran* dedicato al tema delle fiere e dei mercati nell'Europa medievale e moderna, Giovanni Cherubini sottolineò lo scarso interesse della storiografia italiana nei confronti dei mercati presenti nelle campagne medievali.[1] Una constatazione allargata a tutti i mercati di *Ancien Régime*, che fu ribadita, cinque anni più tardi, anche da Biagio Salvemini il quale, introducendo un numero monografico di «Quaderni Storici», definì i mercati degli oggetti di indagine complicati proprio dalla loro «natura irrimediabilmente instabile e ambigua».[2] Per raggiungere dei risultati meno vaghi, Biagio Salvemini auspicava l'inserimento degli attori e dei fenomeni legati agli scambi commerciali in un contesto analitico relazionale di istituzioni, rapporti sociali, politici, culturali oltre che, ovviamente, economici. Era difficile ignorare queste sollecitazioni tant'è che, poco meno di trenta anni più tardi, è possibile constatare che le indagini e le riflessioni su questo tema hanno fatto dei passi in avanti importanti. Così, un deciso ampliamento di orizzonti ha messo in evidenza tutta una serie di fattori principali e secondari introducendo allo stesso tempo ulteriori interrogativi. Non voglio qui ripercorrere passo dopo passo la produzione storiografica anche più recente incentrata su queste tematiche e mi propongo soltanto di prendere in considerazione alcuni aspetti che ritengo essenziali quando si voglia concentrare l'attenzione – come aveva auspicato Cherubini – sui mercati extra-urbani e, più in particolare, su quelli della Toscana degli ultimi secoli dell'età medievale. Ovviamente, questa prospettiva chiama in causa da un

---

[1] G. Cherubini, *Foires et marchés dans les campagnes italiennes au Moyen Âge*, in *Foires et marchés dans les campagnes de l'Europe médiévale et moderne*, éd. par C. Desplat, Toulouse, Presses universitaires du Midi, 1996, https://doi.org/10.4000/books.pumi.23317, pp. 71-84 poi in Id., *Il lavoro, la taverna, la strada. Scorci di Medioevo*, Napoli, Liguori, 1997, pp. 127-140.

[2] B. Salvemini, *Premessa* a *Mercati*, «Quaderni storici», XXXII, 96, 1997, pp. 621-629: 621.

lato le società dei centri minori, dall'altro la dialettica tra i centri minori dotati di mercati e le Dominanti cittadine.

Come ha più volte ricordato Giorgio Chittolini, la categoria dei centri minori medievali risulta assai ricca e affollata e, anche in questa sede, richiede dunque un breve chiarimento preliminare.[3] Proprio per l'area toscana, 'quasi-città', Terre murate, *small towns*, *bourgades* aggregati dove una parte della popolazione viveva 'a modo di città' – come ha suggerito Maria Ginatempo – hanno imposto un'identificazione che, in primo luogo, si è indirizzata verso dei parametri demografici. Dunque, almeno prima del 1348, un abitato della Toscana centro-settentrionale può essere definito come centro minore se corrispondente a un numero di abitanti compreso tra i tre e i cinquemila.[4] Tengo a precisare che, nelle pagine che seguono, farò talvolta riferimento anche a nuclei abitati di consistenza decisamente inferiore a queste cifre.[5]

Ciò detto, constatare – come sto facendo – l'esistenza di una stretta relazione tra la presenza di un mercato e una struttura sociale articolata di questi abitati a vocazione urbana può sembrare un'ovvietà ma, a mio avviso, solleva, tra i tanti, un interrogativo cui prestare attenzione. Mi riferisco ai tempi, alle modalità e alla distribuzione geografica del binomio centri minori-mercati che, all'alba del XIV secolo, segnava ormai l'evidente cifra di alcuni contesti dell'area toscana. Senza voler generalizzare, in quel torno di tempo, nella parte centro-settentrionale della regione, sicuramente più coinvolta dalla diffusione del sistema poderale, aveva in effetti preso forma

---

[3] G. Chittolini, *Centri minori e città fra Medioevo e Rinascimento nell'Italia centro-settentrionale*, in *Colle Val d'Elsa: Diocesi e città tra Cinquecento e Seicento*, a cura di P. Nencini, Castelfiorentino (FI), Società storica della Valdelsa, 1995, pp. 11-37.

[4] Per Ginatempo si trattava di «centri piuttosto importanti, dalla struttura sociale fortemente diversificata e tendenti verso la soglia dell'*urbano*» (M.A. Ginatempo, *Crisi di un territorio. Il popolamento della Toscana senese alla fine del Medioevo*, Firenze, Olschki, 1988, p. 179) e Ead., *Gerarchie demiche e sistemi urbani nell'Italia bassomedievale: una discussione*, «Società e storia», 19, 1996, pp. 347-383; Ead., *Vivere 'a modo di città'. I centri minori italiani nel basso Medioevo: autonomie, privilegio, fiscalità*, in *Città e campagne del Basso Medioevo. Studi sulla società italiana offerti dagli allievi a Giuliano Pinto*, Firenze, Olschki, 2014, pp. 1-30; Ead., *La popolazione dei centri minori dell'Italia centro-settentrionale nei secoli XIII-XV. Uno sguardo d'insieme*, in *I centri minori italiani nel Tardo Medioevo. Cambiamenti sociale, crescita economica, processi di ristrutturazione (secoli XIII-XVI)*, Atti del convegno di studi organizzato dal Centro di studi sulla civiltà del tardo Medioevo (San Miniato, 22-24 settembre 2016), a cura di F. Lattanzio e G.M. Varanini, Firenze, FUP, 2018, pp. 31-79: 33. Offre un ricco quadro a livello regionale G. Pinto, *Produzioni e reti mercantili nelle campagne toscane dei secoli XIII e XIV*, «Rivista di storia dell'agricoltura», XLVIII, 2008, pp. 101-119: 104 sgg.

[5] Si deve comunque tener conto che moltissimi insediamenti compresi tra la definizione di centro minore e *villa* o castello erano privi di una piazza di mercato come, per limitarsi a un solo esempio, Moggiona nell'Aretino (G. Cherubini, *Una comunità rurale della montagna casentinese ed il suo statuto: Moggiona 1382*, «Rivista di storia dell'agricoltura», XXXIV, 1994, pp. 71-86).

una tripartizione insediativa destinata a consolidarsi e a cristallizzarsi per molti secoli successivi.[6]

In questo senso, i centri minori dotati di piazze di mercato si affermavano sempre di più come tramiti tra le città propriamente dette e le campagne mezzadrili fatte di case sparse e piccoli agglomerati. Al tempo stesso, coinvolti nell'espansione territoriale delle dominanti cittadine, gli abitati minori a vocazione mercantile, davano forza e consistenza a una rete di poli – di luoghi centrali (*Zentralen Orte*) secondo l'ormai classica definizione di Walther Christaller[7] – cui facevano riferimento aree circostanti talvolta anche di ampie dimensioni.[8] Uno dei motivi era di natura pratica e puramente logistica. Per limitarsi a un solo esempio, il mercato di Castel del Piano sull'Amiata attraeva venditori e acquirenti da ben dodici castelli vicini perché i suoi frequentatori erano in grado di raggiungere quella piazza e far ritorno a casa nell'arco di una sola giornata. Ed è quasi superfluo notare che questo creava i presupposti per dei legami quasi esclusivi di frequenza su un solo luogo di mercato.[9]

A uno sguardo anche cursorio, direi che l'assetto e il quadro territoriali prima descritti fossero andati consolidandosi nel corso del XIII secolo quando molti centri minori furono coinvolti in uno sviluppo economico, politico, demografico e anche interessati da ampliamenti murari legati a quello che conosciamo come *urbanisme villageois*.[10] Non saprei dire se e in quale misura la crescita di questi centri di scambio extra-urbani possa essere le-

---

[6] Una classificazione di Ercole Sori cui fa riferimento G. Biagioli, *Il podere e la piazza. Gli spazi del mercato agricolo nell'Italia centro-settentrionale*, in *Storia dell'agricoltura italiana in età contemporanea*, III, *Mercati e istituzioni*, Venezia, Marsilio, 1991, pp. 3-63: 6.

[7] W. Christaller, *Le località centrali della Germania meridionale*, Milano, FrancoAngeli, 1980, *passim*.

[8] C.M. de La Roncière, *Firenze e le sue campagne nel Trecento. Mercanti, produzione, traffici*, Firenze, Olschki, 2005, pp. 167 sgg.

[9] G. Piccinni, *Ambiente, produzione, società della Valdorcia nel tardo Medioevo*, in *La Val d'Orcia nel Medioevo e nei primi secoli dell'età moderna*, Atti del convegno internazionale di studi storici (Pienza, 15-18 settembre 1988), a cura di A. Cortonesi, Roma, Viella, 1990, pp. 33-58: 47. Osservazioni che possono anche essere retrodatate (A. Fiore – A. Poloni, *L'economia medievale. Un profilo storico (secoli V-XV)*, Roma, Carocci, 2024, p. 105).

[10] Si tratta di una tematica affrontata fin dai primi anni Settanta del secolo scorso (cfr. ad esempio: P. Rambaud, *Village et urbanisation. Problèmes sociologiques*, «Études rurales», 49-50, 1973, pp. 14-32). Per l'area toscana meridionale, cfr. R. Farinelli – A. Giorgi, *«Castellum reficere vel aedificare»: il secondo incastellamento in area senese. Fenomeni di accentramento insediativo tra la metà del XII e i primi decenni del XIII secolo*, in *Fortilizi e campi di battaglia nel Medioevo attorno a Siena*, Atti del convegno di studi (Siena, 25-26 ottobre 1996), a cura di M. Marrocchi, Siena, Nuova Immagine, 1998, pp. 157-263, poi con il titolo di *Fenomeni di accentramento insediativo nella Toscana meridionale tra XII e XIII secolo: il "secondo incastellamento" in area senese*, in *Castelli. Storia e archeologia del potere nella Toscana medievale*, a cura di M. Ginatempo e R. Francovich, Firenze, All'insegna del Giglio, 2000, pp. 239-284.

gata anche alla transizione dai canoni di affitto in denaro a quelli in natura che, com'è noto, era destinata a produrre eventuali eccedenze da immettere sui mercati delle campagne oltre che su quelli cittadini. In ogni caso, i centri minori si configuravano come riferimenti ideali per attrarre attività commerciali concentrandole in un *forum*: una piazza che la documentazione notarile, abbandonando il termine latino, avrebbe poi identificato con il termine *mercatale*: un''area dedicata al mercato'. In alcune regioni della Penisola, questa definizione sarebbe poi slittata nell'identificazione toponomastica. Si tratta di realtà che hanno lasciato una traccia fino a oggi: in Toscana si contano ancora 23 località denominate *Mercatale*. Insomma: il 'luogo di Mercato' nel Parmense analizzato da Chittolini resta sicuramente un caso esemplare ma non costituisce certo un'eccezione.[11] Sia le testimonianze pubbliche, sia gli atti privati narrano vicende e illustrano dettagli legati all'esistenza di *mercatali* attivi vicini a uno o più villaggi cinti da mura. Quasi tutti hanno in comune storie relativamente simili compreso il loro sviluppo in veri e propri centri stabilmente abitati.[12] Alcuni, per la loro crescita e per la loro importanza vennero protetti, nel corso degli ultimi due secoli del Medioevo, da una cinta muraria come Figline, Lastra a Signa nel Valdarno fiorentino o Palaia, nel Pisano, dove fu fortificato uno dei tre borghi, quello appunto denominato *Mercatale*.[13] L'affermarsi di questi centri li fece entrare fatalmente in concorrenza con i luoghi deputati agli scambi

---

[11] G. CHITTOLINI, *Il luogo di Mercato, il Comune di Parma e i marchesi Pallavicini di Pellegrino*, in ID., *La formazione dello Stato regionale e le istituzioni del contado*, Torino, Einaudi, 1979, pp. 101-180: 135 e sgg.

[12] Mi limito ad alcuni esempi. La nascita del mercato poi divenuto l'abitato di Mercatale Valdipesa era stata voluta dal vescovo di Firenze: S. BINAZZI, *Dal mercato a Beccamorto a Mercatale Val di Pisa*, in *I mercatali del Chianti*, Poggibonsi, Centro di studi chiantigiani «Clante», 2000, pp. 37-75: 53 sgg.; Cascia: *Cascia nel Quattrocento. Lo Statuto della Lega del 1404*, a cura di V. Cimarri e G. Pasquali, Poggibonsi, Lalli, 2001, pp. 69 sgg.; San Piero in Mercato era la piazza sottostante il castello di Montespertoli (M. MIGLIORINI MAZZINI, *Il piviere di San Piero in Mercato nel 1427: territorio, popolazione e insediamenti*, «Miscellanea Storica della Valdelsa», CVIII, 3 (290), 2001, pp. 205-231: 220). Per l'area appenninica: P. PIRILLO, *Valichi appenninici, strade e luoghi di mercato*, in *Attività economiche e sviluppi insediativi nell'Italia dei secoli X-XV. Omaggio a Giuliano Pinto*, a cura di E. Lusso, Cherasco, CISIM, 2014, pp. 13-27; Capannole: A. BARLUCCHI, *Note sul sistema economico della Valdambra fra Due e Trecento*, in *La Valdambra nel Medioevo. Territorio, poteri, società*, a cura di L. Tanzini, Firenze, Le Lettere, 2011, pp. 149-173: 167 sgg. e ID., *I mercatali della Valdambra (secoli XIII-metà XIV)*, in *Uomini, paesaggi, storie. Studi di storia medievale per Giovanni Cherubini*, 2 voll., a cura di D. Balestracci, A. Barlucchi, F. Franceschi, P. Nanni, G. Piccinni e A. Zorzi, Siena, SeB editori, 2012, pp. 339-357.

[13] Figline: P. PIRILLO, *I centri abitati del Contado fiorentino: dalle piazze di mercato alle Terre murate*, in *I centri minori della Toscana nel Medioevo*, Atti del convegno internazionale di studi (Figline Valdarno, 23-24 ottobre 2009), a cura di G. Pinto e P. Pirillo, Firenze, Olschki, 2013, pp. 1-22: 4 sgg.; Palaia: A. GIGLIOLI, *I "centri minori" del contado pisano*, *ivi*, pp. 241-271: 260; Lastra a Signa: G. CORSANI, *Atlante Storico delle città Italiane. Toscana*, 1, *Lastra a Signa*, Roma, Bonsignori Editore, 1993.

che erano presenti negli spazi intercalari tra un abitato e un altro assai spesso destinati a deperire. Questo avvenne, in particolar modo, a quelle piazze che non avevano dato vita a strutture permanenti come edifici, botteghe e magazzini ma erano rimaste degli spazi identificati da una semplice demarcazione visibile sul terreno. Fino alla metà del Trecento, la documentazione coeva presenta innumerevoli casi estremamente diffusi ma forse poco studiati proprio a causa della loro sostanziale evanescenza. Per limitarmi a uno solo dei numerosissimi esempi possibili, intorno all'abitato di Vicchio di Mugello fondato da Firenze ai primi del XIV secolo, erano attivi quattro piccoli *mercatali* distribuiti nell'arco di nove chilometri lungo una strada di fondovalle e tutti esterni a qualsiasi consistente nucleo abitato. Molti di questi erano destinati a scomparire, condannati dalla diserzione da parte di acquirenti e venditori che non è difficile verificare dal progressivo rarefarsi dell'attività di notai sempre meno interessati a frequentare delle piazze che andavano spopolandosi.[14] Per questo, alla fine, alcuni *mercatali* vennero riconvertiti alla loro funzione originaria e tornarono a essere dei campi da coltivare: poi la seconda metà del XIV secolo avrebbe fatto il resto sfoltendo ancor più la rete di mercati.[15] Così, insieme alle loro piazze sempre più esauste, persero importanza le settanta *bourgades* (centri minori) identificate da La Roncière nel contado fiorentino e i circa venti insediamenti para-urbani dotati di un *mercatale* individuati da Giuliano Pinto in buona parte della Toscana tardo-medievale.[16]

I mercati che invece riuscirono a consolidarsi divennero dei contesti che, ricalcando parzialmente il modello cittadino, furono in grado di dare spazio anche a forme di commercio specializzato, a manifatture rurali e circuiti autonomi di scambio. La loro crescita ebbe una forza ancora maggiore nelle aree limitanee di territori geo-politici diversi che rendevano gli scambi decisamente più vivaci e redditizi.[17] È, ad esempio, ben nota la moti-

---

[14] Come i *mercatali* valdarnesi di Leccio e Sant'Ellero (A. Barlucchi, *Il mercatale di Leccio nel quadro del sistema di scambi valdarnese*, in *La pieve, il castello, il ponte. San Leolino a Rignano in Valdarno nel Medioevo*, a cura di P. Pirillo, Firenze, Le Lettere, 2011, pp. 149-161: 150 sgg.). Sulla diserzione dei notai dalle piazze in crisi: La Roncière, *Firenze e le sue campagne nel Trecento*, cit., pp. 155 sgg.

[15] A.M. Pult Quaglia, *"Per provvedere ai popoli". Il sistema annonario nella Toscana dei Medici*, Firenze, Olschki, 1990, p. 101.

[16] G. Pinto, *Manifatture rurali, attività mercantili e mobilità sociale nei piccoli centri dell'Italia comunale (secoli XIV-XV)*, in *La mobilità sociale nel Medioevo italiano. Competenze, conoscenze e saperi*, a cura di L. Tanzini e S. Tognetti, Roma, Viella, 2016, pp. 103-129: 109-111. Anche in Età Moderna, la scomparsa di queste piazze di mercato è da attribuire a eventi bellici o al banditismo (Pult Quaglia, *"Per provvedere ai popoli"*, cit., pp. 105-106).

[17] P. Mainoni – N.L. Barile, *Mercati sub-regionali e flussi di traffico nell'Italia bassomedievale*, in *I centri minori italiani nel Tardo Medioevo*, cit., pp. 81-112: 81, 86. Per le manifatture rurali in

vazione che nel 1329 aveva spinto il Comune fiorentino a fondare una Terra nuova in prossimità del crinale appenninico orientale ai limiti del territorio controllato dalla Dominante. Il centro era destinato a incrementare l'afflusso di derrate dal Casentino e dalla Romagna sul suo previsto mercato.[18] Così, ancora, tredici anni dopo l'acquisto di San Godenzo nell'Appennino da parte di Firenze, vi venne decisa l'apertura di un mercato allo scopo di far confluire merci dalla Romagna ma anche dal contado fiorentino.[19] Inoltre, la localizzazione in aree pedemontane può spiegare le disposizioni di sicurezza reperibili in alcuni statuti di comunità preappenniniche destinate a garantire l'auspicata clientela mediante l'estensione del controllo e della protezione su merci e mercanti dalla piazza fino ai valichi di confine: uno dei tanti modi per incrementare l'attrattiva di una piazza.[20] Nel primo Trecento, otto consistenti centri del Contado fiorentino potevano così vantare dei solidi scambi interregionali in larga parte con mercanti extra-comitatini.[21] Il loro volume di affari è stato stimato da La Roncière intorno al 44% del totale, tenendo conto che buona parte di quanto arrivava dall'esterno veniva poi indirizzata verso Firenze, evidentemente interessata a sostenere questo tipo di traffici. Nel Senese le cose non sembrano diverse: penso alla Radicondoli studiata da Giuliano Pinto, un centro di mercato dipendente in tutto e per tutto da Siena ma rivolto soprattutto all'esterno in direzione dell'Umbria, delle Marche e di altre aree.[22]

---

aree periferiche, cfr. Pinto, *Manifatture rurali*, cit., pp. 120-121. L'esempio più evidente è quello illustrato da Chittolini relativamente al sito di Mercato dove le contrattazioni avvenivano sulla piazza e i pagamenti dalla parte opposta del corso d'acqua che segnava il confine tra due realtà distinte (Chittolini, *Il luogo di Mercato*, cit., pp. 117, 126). I dazi riscossi nella località di Mercato, circondata da un'area sterile dal punto di vista agricolo costituivano il solo elemento di interesse per il Comune di Parma, ponendo problemi per il controllo sulle evasioni dei dazi locali (*ivi*, p. 107). Un quadro non molto dissimile da quello di Montevarchi, tra Firenze e Arezzo, dove il limite era marcato da un corso d'acqua, oggi denominato *Fosso della Dogana*.

18 P. Pirillo, *Forme e strutture del popolamento nel contado fiorentino*, II, *Gli insediamenti fortificati (1280-1380)*, Firenze, Olschki, 2008, p. 73.

19 Archivio di Stato di Firenze (ASFi), *Archivi della Repubblica*, *Provvisioni*, *registri*, 44, cc. 93*v*-94*r*, 28 marzo 1357.

20 La Roncière, *Firenze e le sue campagne nel Trecento*, cit., pp. 143-144. A titolo di esempio, cfr. le disposizioni di primo sec. XV per la gestione del mercato di Firenzuola (*Firenzuola. Gli statuti del 1418*, a cura di G.C. Romby, Firenze, Giorgi & Gambi, 1988, p. 53).

21 Si trattava di Borgo San Lorenzo, Castelfiorentino, Empoli, Figline Valdarno, Montevarchi, Poggibonsi, San Casciano Valdipesa, San Giovanni Valdarno (La Roncière, *Firenze e le sue campagne nel Trecento*, cit., pp. 331, 339). La Roncière vede nella maggiore o minore presenza di Fiorentini la potenziale fortuna di un mercato (*ivi*, pp. 198 sgg.). Le merci che arrivavano dalla Romagna a Palazzuolo sul Senio venivano successivamente indirizzate verso Borgo San Lorenzo e poi a Firenze (G. Vignoli, *Statuti del Vicariato del Podere fiorentino. Palazzuolo 1406, Libri 5*, Palazzuolo sul Senio, Gruppo Storico Oste Ghibellina, 2021, pp. 136-137).

22 Pinto, *Manifatture rurali*, cit, *passim*; cfr. anche *Radicondoli. Storia e archeologia di un*

In effetti, nei rapporti con i centri minori toscani, il peso delle città (Firenze, Pisa, Pistoia, Siena) continuò a farsi sentire a lungo.[23] Ma, se la regione economica fiorentina andò a coincidere con i limiti del nascente Stato regionale,[24] si deve pur sempre tenere conto che la politica espansionistica di Firenze si realizzava più per addizione che per integrazione. Un dettaglio che non costituiva un buon presupposto per dar vita, almeno in prima battuta, a una struttura territoriale solida e omogenea anche sul piano del disciplinamento di un'erigenda rete di mercati. Firenze – come suggerisce Stephan Epstein – restò a lungo a rappresentare un freno per ulteriori sviluppi dei mercati legati ai centri minori proprio perché il Comune continuò a indirizzare il commercio verso la città.[25] Così per tutto il Trecento e per buona parte del secolo successivo, le piazze cerealicole di molti centri maggiori come Poggibonsi, Empoli, Figline, Borgo San Lorenzo finirono per essere complementari a quella cittadina di Orsammichele.[26] Non a torto, David Herlihy scriveva che, ancora ai primi del XV secolo, Firenze era l'unico pianeta al centro della regione.[27] La popolazione dei centri dipendenti era ben cosciente di questo: in tal senso andava un anonimo lamento scritto nella Volterra del 1472 che stigmatizzava la partenza delle merci prodotte localmente verso «Fiorenza la nobil ciptade».[28]

In linea di massima, la nascita, il sostegno, ma anche la decadenza fino alla crisi, di una piazza di mercato restavano quasi ovunque legati all'eser-

---

comune senese. Nuova edizione con aggiornamenti, a cura di C. Cucini, Firenze, All'Insegna del Giglio, 2022, *passim*.

23 Per Pistoia, in riferimento ai privilegi concessi per le merci di Bacchereto e della Montagna pistoiese, cfr. L. Tanzini, *Mercato e fiscalità a Pistoia alla metà del Trecento dallo statuto volgare della gabella delle porte del 1353*, «Bullettino storico pistoiese», CVII, 2005, pp. 3-50: 20. Per tutt'altri contesti, si veda l'ipotesi evocata da Karl Polany su una presumibile azione negativa delle Dominanti nei confronti delle campagne per evitare che quest'ultime si trasformassero in vere e proprie concorrenti (K. Polany, *La grande trasformazione*, Torino, Einaudi, 2010, p. 84).

24 P. Malanima, *La formazione di una regione economica: la Toscana nei secoli XIII-XV*, «Società e storia», VI, 1983, pp. 229-269 e S.R. Epstein, *Strutture di mercato*, in *Lo Stato territoriale fiorentino (secoli XIV-XV). Ricerche, linguaggi, confronti*, Atti del seminario internazionale di studi (San Miniato, 7-8 giugno 1996), a cura di A. Zorzi e W.J. Connell, Centro Studi sulla civiltà del Tardo Medioevo, San Miniato, Pisa, Pacini, 2001, pp. 93-134: 93 sgg.

25 S.R. Epstein, *Town and Country: Economy and Institutions in Late Medieval Italy*, «The Economic History Review», 46, 1993, pp. 453-477: 461.

26 G. Pinto, *Il Libro del Biadaiolo. Carestie e annona a Firenze dalla metà del '200 al 1348*, Firenze, Olschki, 1978, p. 113.

27 Cit. da S. Tognetti, *Produzioni, traffici e mercati (secoli XIII-XIV)*, in Il *Valdarno inferiore terra di confine nel Medioevo (secoli XI-XV)*, a cura di A. Malvolti e G. Pinto, Firenze, Olschki, 2008, pp. 127-150: 147.

28 Cit. da G. Pinto, *Lineamenti di economia volterrana fra XIII e XVI secolo*, «Rassegna Volterrana», LXX, 1994, pp. 11-125: 114.

cizio di un'effettiva sovranità territoriale e, dove maggiore era il controllo, più razionale e regolato tendeva a essere lo sviluppo di un sistema. La presenza di un cospicuo potere centralizzato era destinata ad accelerare i processi di disciplinamento della rete di mercati. Prendendo un caso agli antipodi rispetto alle realtà cui mi riferisco in queste pagine, nel regno di Inghilterra l'esistenza di ogni piazza doveva essere convalidata dalla Corona e, già ai primi del Trecento, il Regno contava circa 480 luoghi di scambio che operavano in piena legittimità.[29] Nella Toscana tardomedievale si era ovviamente lontani da un quadro così solidamente strutturato e questa constatazione vale anche per le aree sotto il dominio di famiglie signorili. Un chiaro esempio può essere quello casentinese dei conti Guidi che avevano eletto Poppi sia a sede istituzionale, sia a principale centro di commercio, attivo almeno dalla fine del XII secolo, definito con orgoglio dagli stessi Guidi come «palatinatus nostri praecipuum emporium».[30] Nella loro costante ricerca di liquidità, i Guidi avevano ogni interesse a incentivare un mercato ubicato proprio nel cuore del dominio a garanzia di uno stretto controllo sul commercio dei prodotti del territorio. Una scelta che, rafforzando il luogo di scambio principale, finì però per indebolire gli altri *mercatali* dipendenti dal lignaggio guidingo presenti in molti centri circostanti.[31] Nei successivi sviluppi dell'abitato, il mercato di Poppi venne poi specializzato in due parti distinte: una destinata alle derrate e l'altra agli animali.[32] Un modello legato anche a considerazioni di igiene che si sarebbe diffuso in altri centri toscani e, in particolare – come nota Sergio Tognetti – adottato nei mercati di origine meno risalente.[33] Proprio per rispondere a queste

---

[29] Ai quali però si sommavano altri mercati di villaggio (R.H. Britnell, *La commercializzazione dei cereali in Inghilterra (1250-1350)*, «Quaderni storici», XXXII, 96, 1997, pp. 631-661: 644-645).

[30] Cit. da M. Bicchierai, *Ai confini della Repubblica di Firenze. Poppi dalla signoria dei conti Guidi al vicariato del Casentino (1360-1480)*, Firenze, Olschki, 2005, p. 58, nota 148.

[31] Come le piazze di Stia, Pratovecchio, Rassina, Pontenano, Bibbiena (A. Barlucchi, *I centri minori delle conche appenniniche (Casentino e Alta Valtiberina)*, in *I centri minori della Toscana nel Medioevo*, cit., pp. 57-95: 65, nota 38). Il forte interesse della nobiltà per i redditi monetari, in particolare per i proventi della produzione agricola, sarebbe divenuto assai diffuso nella prima Età Moderna (J. Topolski, *La nascita del capitalismo in Europa. Crisi economica e accumulazione originaria fra XIV e XVII secolo*, Torino, Einaudi, 1979, pp. 148-149). Nella Valdambra guidinga, il centro e il mercato principali erano quelli di Torre Santa Reparata (*Bucine e la val d'Ambra nel Dugento. Gli ordini dei conti Guidi*, a cura di M. Ascheri, Siena, Il Leccio, 1995, pp. 42, 45) dove non era difficile incontrare individui provenienti dal territorio controllato da Firenze ma raramente dei Fiorentini (La Roncière, *Firenze e le sue campagne nel Trecento*, cit., p. 159).

[32] Barlucchi, *I centri minori delle conche appenniniche*, cit., pp. 64-65.

[33] Tognetti, *Produzioni, traffici e mercati*, cit., p. 138. Anche Bibbiena aveva due piazze disgiunte (*ibid.*). Il problema sulla piazza di Figline, interna alle mura, venne risolto dividendola in due zone separate da un rigagnolo: quella destinata alle derrate e alla merce era stata lastri-

esigenze, la zonizzazione di una piazza veniva spesso formalizzata a livello normativo, come il mercato pratese del bestiame localizzato sul greto del Bisenzio, distante dalla piazza del Mercatale, ma anche in nome di una pragmatica razionalizzazione degli spazi che, ovviamente, presupponeva una volontà di controllo. Questo accadde in maniera sistematica nei centri di recente pianificazione: la Terra nuova di Castel San Barnaba, dei primi del Trecento, era stata addirittura progettata vicina al *mercatale* di Scarperia attivo fin dai primi del secolo XII dal quale avrebbe poi mutuato il nome.[34] Così, la specializzazione degli spazi destinati allo scambio divenne il modello predominante, almeno per il contesto fiorentino ma soltanto dov'era possibile: a Firenzuola, un'altra Terra nuova, la necessità di assicurare una più ampia area intramuraria rese necessario impiantare il *mercatale* fuori dalle mura.[35] Per converso, nel centro di Cascina fondato da Pisa, l'ultimo dei tre successivi interventi urbanistici (duecenteschi), modificò pesantemente il tessuto interno all'abitato proprio per ricavarvi una piazza adibita a mercato.[36]

Ovviamente, tutto questo esigeva un'attenzione particolare nei confronti delle regole che sovrintendevano alla vita e al buon funzionamento delle piazze legate al commercio: una preoccupazione che però non compare sistematicamente nelle raccolte normative locali. Solo un terzo dei circa trenta statuti (editi) redatti in area toscana per un centro dotato di un mercato presi qui in esame conteneva norme specifiche.[37] Ad esempio,

---

cata mentre quella destinata al bestiame era stata lasciata in terra battuta (*Statuti del Comune di Figline Valdarno (1408). Patti fra il Comune di Figline e il Popolo di S. Maria al Tartigliese (1392)*, a cura di F. Berti e M. Mantovani, Prato-Firenze, Blanche Grafica Edizioni, 1985, rubriche 15 e 27). In centri di mercato più piccoli questo accorgimento poteva essere ignorato, come a Pontorme (*Gli statuti di Pontorme del 1346*, a cura di M. Frati e P. Santini, Pisa, Pacini, 2014, p. 181). A Vicopisano, il *mercatale* nel 1428 era distante dall'abitato mentre nel 1559 risultava prossimo alle mura (A. Potenti, *Uomini, villaggi, terreni: aspetti economici e demografici delle campagne pisane del Quattrocento*, Pisa, Pacini, 2002, p. 82). Sulla diffusione dei mercati e delle "fiere in muro" all'esterno e in prossimità delle mura cfr. P. Lanaro, *I mercati nella repubblica veneta. Economie cittadine e Stato territoriale secoli XV-XVIII*, Venezia, Marsilio, 1999, p. 45.

34 Scarperia: P. Pirillo, *«Castel San Barnaba detto Scarperia». La Terra Nuova fiorentina che ebbe due nomi (sec. XIV)*, in *La libertà della conoscenza. Studi per Franco Panero*, a cura di E. Basso, E. Lusso e V. Moretti, Catania, Edizioni Bonanno, 2022, pp. 603-616, *passim*.

35 Firenzuola: *Firenzuola. Gli statuti del 1418*, a cura di G.C. Romby, Firenze, Giorgi & Gambi, 1988, p. 85. Un limite della piazza del *mercatale* era segnato dal fossato della Terra Nuova di Scarperia (V. Arrighi, *Gli statuti di Scarperia del XV secolo*, Firenze, Edifir, 2004, p. 117).

36 F. Redi, *Cascina. Edilizia medievale e organizzazione del territorio*, Pisa, Pacini, 1984, pp. 88-90.

37 Non fanno riferimento a mercati gli statuti di Castagno (*Statuti di Castagno*, a cura di M. Mantovani, Firenze, Associazione Andrea del Castagno, 1995); Chianciano (*Chianciano 1287: uno statuto per la storia della comunità e del suo territorio*, a cura di M. Ascheri, Roma, Viella,

prima del Trecento, un interesse attivo nei confronti dei mercati di un abitato comitatino da parte della Dominante fiorentina, si fa intravvedere in maniera sporadica ma non per questo lascia ipotizzare un'indifferenza in particolare per gli abitati provvisti di frequentati luoghi di scambio. I patti siglati nel 1198 tra Firenze e la comunità di Figline nel Valdarno superiore, prevedevano il versamento nelle casse comunali cittadine della metà dei pedaggi ma anche dei dazi riscossi sul mercato figlinese unitamente alla protezione sul territorio dei carichi di merci di proprietà dei mercanti fiorentini.[38] Circa mezzo secolo più tardi – il momento di svolta dell'economia cittadina[39] – l'intervento di misuratori inviati da Firenze avrebbe formalizzato le dimensioni ufficiali della piazza figlinese definendo l'area destinata all'esposizione delle merci e soggetta alla fiscalità della Dominante e disegnandone il corridoio circostante (*ghirlanda*).[40] In fondo, era quanto accaduto a Bientina, quando nel dicembre del 1225, – come nota Maria Luisa Ceccarelli – dei maestri inviati da Pisa procedettero allo stesso tipo di misurazioni con finalità assai simili.[41] Si trattava di un espediente – ma non saprei misurarne l'efficacia – teso anche a reprimere la piaga del mercato parallelo (lo *hidden Market*): attività decisamente sfuggente rispetto a quelle che dovevano essere le regolari transazioni sulle piazze.[42] Proprio per questo, alcuni statuti proibivano in maniera esplicita la vendita di derrate al di fuori dei luoghi deputati come nelle senesi Buonconvento (1322) o Chiarentana (1316).[43]

1988); Moggiona (*Lo statuto del Comune di Moggiona, 1382-1982*, a cura di T. Bacci, Poppi, Cianferoni, 1983); Montepulciano (*Statuto del Comune di Montepulciano (1337)*, a cura di U. Morandi, Firenze, Le Monnier, 1966 e *Gli statuti di Montepulciano, 1337*, a cura di G. Caporali, Montepulciano, Banca di credito cooperativo di Montepulciano, 1996); San Gimignano 1314 (*Gli albori del Comune di San Gimignano e lo statuto del 1314*, a cura di M. Brogi, Siena, Cantagalli, 1995); Settimo e Casellina (*Statuti di Settimo. Organizzazione di un «popolo» del contado fiorentino*, a cura di A. Mirto, Scandicci, Centrolibro, 2001); Torri in Valdipesa (*Statuto et ordinato è... Torri in Val di Pesa, una comunità della campagna fiorentina nei suoi statuti quattrocenteschi*, a cura di M. Bicchierai, Scandicci, CentroLibro, 1995); Turicchi (*Turicchi e i suoi statuti*, a cura di L. Cofacci, Firenze, Pagnini, 1989).

38 *Storia di Figline Valdarno*, 1, *Il Medioevo. Il tempo della Chiesa e dei cavalieri (secoli X-XIII)*, a cura di P. Pirillo, Figline e Incisa Valdarno, Edizioni Feeria, 2020, p. 117.

39 G. Pinto, *Toscana medievale. Paesaggi e realtà sociali*, Firenze, Le Lettere, 1993, p. 15.

40 *Storia di Figline Valdarno*, cit., p. 153.

41 M.L. Ceccarelli Lemut, *Bientina*, in *Terre nuove nel Valdarno medievale*, Pisa, Pacini, 2005, pp. 59-76: 71.

42 Britnell, *La commercializzazione dei cereali*, cit., pp. 646-647.

43 *Gli Statuti del Comune di Buonconvento dell'anno 1522*, a cura di S. Pucci, Sovicille, I Mori, 1991, p. 76; *In Val d'Orcia nel Trecento. Lo statuto signorile di Chiarentana [1314-1316 ca]*, a cura di M. Salem Elsheikh, Siena, Il Leccio, 1990, p. 45.

In linea generale, i mercati avrebbero continuato a funzionare ognuno con le proprie norme e, più in particolare, quelle piazze – forse la maggioranza – considerate dalle loro comunità, come si teneva a precisare in alcuni statuti, un bene collettivo utilizzato come fonte di reddito reimpiegato per finalità locali di diversa natura. Così, per fare qualche esempio, i dazi esatti sulla piazza di Borgo San Lorenzo erano devoluti alla pieve locale; le multe riscosse per reati connessi al mercato di Scarperia erano versate nelle casse della Lega omonima.[44] Infine, il ricavato dell'asta per la gestione della piazza di Pontassieve era destinato alle spese di costruzione della loggia del mercato, una struttura a protezione dei cereali del resto presente in molte località: quella che, nella Volterra trecentesca, era chiamata per antonomasia 'la Vendita' e che ricorda da vicino i mercati coperti (*halles*) presenti in quasi tutte le *bastides* del Sud-Ovest francese.

La politica nei confronti dei centri di mercato non cambiò con l'espansione territoriale dei principali Comuni cittadini e Firenze continuò a mostrare una certa elasticità.[45] Nel 1298, il Comune autorizzava i responsabili delle piazze, sia cittadine, sia comitatine a continuare a far riferimento alla normativa locale pregressa per la gestione dei mercati.[46] Una propensione al *laissez-faire* nei confronti dei centri di mercato comitatini – siamo però a conoscenza di questa sola norma – che in fondo non dovette subire dei mutamenti radicali nel corso del Trecento.[47] Anche quando i mercati andarono crescendo di numero, la Dominante continuò infatti a esercitare la propria sovranità limitandosi a ribadire soltanto alcuni punti irrinunciabili, in particolare – ripeto cose note – coordinando il calendario dei giorni di mercato (e delle fiere)[48] per evitare dannose sovrapposizioni tra abitati e piazze vicine.[49] A questa disposizione si aggiungeva – ma non dovunque – l'obbligo di

---

44 Una parte del ricavato era destinata al convento francescano di Pontassieve (*Statuti del Ponte a Sieve*, a cura di P. Benigni e F. Berti, Pontassieve, Comune di Pontassieve, 1982, pp. 111-112); Borgo San Lorenzo: *Statuti della Lega del Borgo a San Lorenzo di Mugello (1374)*, a cura di F. Bellandi, F. Berti e M. Mantovani, Firenze, Olschki, 1984, pp. 108-109; Scarperia: Arrighi, *Gli statuti di Scarperia*, cit., p. 126.

45 Lorenzo Tanzini evidenzia un progressivo riadattamento dei testi statutari nel rapporto centro-periferie (L. Tanzini, *Alle origini della Toscana moderna. Firenze e gli statuti delle comunità soggette tra XIV e XVI secolo*, Firenze, Olschki, 2007, p. 110).

46 ASFi, *Archivi della Repubblica, Provvisioni, registri*, 9 c. 74*v*, 31 luglio 1298 (cit. in La Roncière, *Firenze e le sue campagne nel Trecento*, cit., p. 148).

47 Favorendo anche la creazione di nuovi luoghi di scambio (Epstein, *Strutture di mercato*, cit., p. 105).

48 *Ivi*, p. 106. Le distinzioni, anche formali, tra fiera e mercato sono ben illustrate da J. Gilissen, *La notion de la Foire à la lumière de la methode comparative*, in *La Foire*, «Recueil de la Société Jean Bodin», V, 1953, Bruxelles, pp. 323-332.

49 Per l'area chiantigiana: *Lo Statuto della Lega del Chianti (1384) con le aggiunte dal 1413 al*

rispettare l'immunità da eventuali arresti dei debitori morosi nei giorni di mercato o di fiera e che, proprio per questo, dovevano essere annunciati pubblicamente con una prassi ufficiale.[50] In tal senso è significativo il fatto che la mancanza di una normativa comune a tutti i mercati rischiasse di alimentare delle rischiose differenziazioni all'interno di uno stesso contesto: nel giugno del 1426, nello statuto di Empoli venne inserita la norma relativa all'immunità da arresti nei giorni di mercato la cui assenza aveva finito per dirottare il pubblico sui mercati vicini.[51] Erano però indicazioni che non avevano un valore generale ma venivano applicate caso per caso, in particolare quando si trattava di promuovere o rilanciare una piazza, nel Pisano, nel Fiorentino o anche in aree signorili come, ad esempio, quelle di Badia Tedalda e Pratieghi.[52]

Insomma, sembrava ancora mancare una visione d'insieme che permetta oggi di ipotizzare la volontà o almeno la velleità di procedere alla costruzione di un uniforme quadro normativo in materia di coordinamento dei mercati e dei centri minori che li ospitavano. Firenze si limitava a rivendicare i propri diritti su tutti i «mercati, mercatali, piaze, trebbi e vie» della città e del contado con una nota che fu inserita nella versione in Volgare degli statuti del 1355.[53] Per il resto, continuava a prevalere una logica di interventi puntuali con concessioni daziarie utilizzate anche come strumenti di gestione dei poteri locali.[54] E non era cosa da poco perché – secondo una valutazione fatta da La Roncière –[55] alleggerire o rimuovere *in toto* i non pochi dazi (di ingresso, di misurazione, di transazione, di uscita)

1532, a cura di S. Raveggi e P. Parenti, Firenze, Polistampa, 1999, p. 123; Fucecchio: *Lo statuto di Fucecchio (1307-1308)*, a cura di G. Carmignani, Firenze, All'Insegna del Giglio, 1989.

[50] Un esempio della prescrizione relativa all'annuncio pubblico è presente nello statuto pesciatino del 1339 (*Lo statuto di Pescia del 1339*, a cura di A.M. Onori, Pistoia, Società pistoiese di storia patria, 2000, p. 49).

[51] F. Berti, *Il mercato di Empoli nella legislazione locale (1416-1598)*, «Bullettino storico empolese», aa. LXIII-LXIV, 2019-2020, pp. 7-22: 8.

[52] Per San Donato in Poggio: *Statuti della Lega di San Donato in Poggio -1406-*, a cura di O. Muzzi, San Donato in Poggio, Arti grafiche Nencini, s.i.d. (ma 1991), p. 78; Santa Croce sull'Arno: *Statuti del Comune di Santa Croce (prima metà del secolo XIV-1422)*, a cura di F. Salvestrini, Pisa, Pacini, 1998, p. 82. L'immunità per la fiera di San Godenzo venne aggiunta alla redazione degli statuti ma cancellata l'anno successivo: *Statuti di San Godenzo*, a cura di F. Zerboni Zoli, Firenze, All'Insegna del Giglio, 1985. Per Badia Tedalda e Pratieghi, sotto i conti di Montedoglio: *Gli statuti quattrocenteschi di Badia Tedalda e di Pratieghi*, a cura di M. Laurenti e P. Mariani Biagini, Firenze, All'Insegna del Giglio, 1992, p. 99.

[53] *Gli statuti della repubblica fiorentina del 1355 in volgare* II, *Statuto del Podestà*, a cura di F. Bambi, F. Salvestrini e L. Tanzini, Firenze, Olschki, 2023, pp. 454 sgg.

[54] Che nelle intenzioni, avrebbero anche dovuto favorire delle "zone speciali di sviluppo (Epstein, *Strutture di mercato*, cit., pp. 98, 105-106). Ma un cambiamento è da datare al 1384 quando la politica esercitata in contado venne esportata anche nel distretto (*ivi*, p. 95). Cfr. anche La Roncière, *Firenze e le sue campagne nel Trecento*, cit., p. 143.

[55] *Ivi*, p. 151.

esatti sui mercati di area fiorentina poteva incidere del 4% sul prezzo del frumento anche in tempo di carestia. Ne risultava una gestione delle piazze di mercato non uniforme e dettata da motivazioni di natura opportunistica, che mantenendo differenziazioni tra un luogo di scambio e un altro, si traduceva, come notava Giuseppe Petralia, in un freno alle possibilità di integrazione dei mercati in un sistema coerente.[56]

Nel 1384, la sottomissione di Arezzo – che Alberto Luongo ritiene in maniera convincente essere avvenuta per motivazioni economiche – non dette luogo a grandi mutamenti relativamente alle piazze di mercato. Firenze intese 'consentire la continuazione' delle attività economiche come – a mio avviso – aveva sempre fatto con i centri minori entrati sotto il suo controllo.[57] In fondo, era sufficiente assicurare l'invio di giusdicenti nei luoghi soggetti – sono considerazioni di Andrea Zorzi[58] – lasciando tutto il resto a forme di autogoverno pur limitate ma almeno fino al tempo di Cosimo I erede di centri e mercati caratterizzati da un *collage* di ordinamenti particolari.[59]

Dalla metà del Trecento, il quadro complessivo sembra però presentare alcune timide variazioni rispetto a un passato recente anche in ragione del decremento di popolazione e dei costanti pericoli legati a un'emergenza bellica quasi permanente e per questo andarono prevalendo delle preoccupazioni diverse dal passato. Ad esempio, un cronista fiorentino, commentando la fondazione di un nuovo abitato decisa nel 1356 a circa 20 km a Est della città tenne a sottolineare che il centro nasceva soltanto come un ricetto di difesa temporanea e non era – com'era accaduto qualche decennio prima – un luogo destinato sia ad accogliere popolazione ma anche a ospitare una piazza di mercato, anche se poi il centro si sarebbe sviluppato come un cospicuo abitato.[60]

---

[56] G. Petralia, *I centri minori italiani nel tardo Medioevo: aspetti storiografici e considerazioni di metodo*, in *I centri minori italiani nel Tardo Medioevo*, cit., pp. 3-29: 14.

[57] A. Luongo, *Una città dopo la peste. Impresa e mobilità sociale ad Arezzo nella seconda metà del Trecento*, Pisa, Pisa University Press, 2019, p. 216.

[58] A. Zorzi, *La formazione e il governo del dominio territoriale fiorentino. Pratiche, uffici, 'costituzione materiale'*, in *Lo Stato territoriale fiorentino*, cit., pp. 189-221: 211.

[59] Petralia, *I centri minori italiani*, cit., p. 19 e L. Mannori, *Le città e il principe. L'equilibrio territoriale dello Stato mediceo*, in *Poteri centrali e autonomie nella Toscana medievale e moderna*, Atti del convegno di studi (Firenze, 18-19 dicembre 2008), a cura di G. Pinto e L. Tanzini, Firenze, Olschki, 2012, pp. 161-181: 167-168. Lo statuto del 1415, rafforzando il potere dell'Ufficio della Grascia e di quello dell'Abbondanza, non avrebbe però fatto ulteriori riferimenti al disciplinamento dei mercati locali (Pult Quaglia, *"Per provvedere ai popoli"*, cit., pp. 43, 46, 63). Nel 1504 la competenza dell'Ufficio della Grascia venne estesa a tutto il territorio controllato da Firenze (*ivi*, pp. 48, 63). Con la metà del Cinquecento, Firenze cercò di organizzare le piazze di mercato secondo modalità comuni, non senza resistenze (*ivi*, pp. 65, 73).

[60] Pirillo, *Forme e strutture del popolamento nel contado fiorentino*, cit., II, p. 169. Successivamente, la nuova fondazione avrebbe permesso lo sviluppo dell'abitato di Pontassieve.

Lo Stato quattrocentesco – lo si vede dagli statuti fiorentini del 1415 – manifestava l'intenzione di presentarsi come una realtà destinata, almeno sul piano performativo, a promuovere una dimensione nuova e unitaria del territorio. Su questa linea, nel 1461 Firenze pensò all'ufficializzazione dei tracciati e dei valichi destinati al passaggio delle merci con l'obbligo di certi percorsi e il divieto di utilizzarne altri.[61] Ma anche in questo caso, spostare da un centro a un altro il transito delle merci continuava a rappresentare uno strumento di pressione o di favoritismo localistico in un contesto ristretto e lontano da una visione di insieme che, visibilmente, non era ancora all'ordine del giorno.[62]

Insistendo con questa politica, l'annessione fiorentina degli abitati para-urbani del distretto avrebbe finito, pur con esiti diversi, per indebolire i legami tra queste grandi Terre murate e le aree circostanti. Così, la conquista di Pisa inflisse il colpo di grazia alle *bourgades* del Valdarno inferiore spingendole – riprendo un'osservazione di Tognetti – verso una marginalità rurale e accelerando un processo iniziato fin dalla seconda metà del secolo XIII quando molti Comuni (con alcune rare eccezioni come Vicopisano, Calci, Buti) attratti dall'egemonia pisana avevano subìto una limitazione alla loro autonomia.[63] Anche la Siena duecentesca non era stata estranea da queste scelte politiche nei confronti delle aree soggette. La volontà senese di disciplinare i centri e le piazze del suo dominio si tradusse anche in

---

61 B. Dini, *Le vie di comunicazione del territorio fiorentino alla metà del Quattrocento*, in *Mercati e consumi. Organizzazione e qualificazione del commercio in Italia dal XII al XX secolo*, Atti del I convegno nazionale di Storia del Commercio in Italia (Reggio Emilia, 6-7 giugno 1984, Modena, 8-9 giugno 1984), Bologna, IFOA, 1986; pp. 285-296. Sulle norme del 1461, cfr. L. Rombai, *Il sistema delle infrastrutture di comunicazione nella Toscana fiorentina del XV secolo*, in *La Toscana al tempo di Lorenzo il Magnifico, Politica Economia Cultura Arte*, Convegno di Studi promosso dalle Università di Firenze, Pisa e Siena, voll. 3, Pisa, Pacini, 1996; III, pp. 857-868: 860-861. Del resto, quello dell'efficienza di un sistema stradale costituiva una delle preoccupazioni delle classi dirigenti cittadine anche per motivazioni di carattere commerciale. L'obbligatorietà per precisi percorsi stradali era una scelta diffusa anche altrove: cfr. il caso di Morbegno nella bassa Valtellina (F. Del Tredici, *Separazione, subordinazione e altro. I borghi della montagna e dell'alta pianura lombarda nel tardo Medioevo*, in *I centri minori italiani nel Tardo Medioevo*, cit., pp. 149-174: 152).

62 Così, nel sec. XIII, gli statuti delle piccole località del Senese non facevano riferimento alla viabilità mancando di quella visione di insieme che invece caratterizzava la città (T. Szabò, *Comuni e politica stradale in Toscana e in Italia nel Medioevo*, Bologna, Clueb, 1992, pp. 238-239). Le merci ingombranti e le derrate deperibili venivano tendenzialmente messe in vendita sul posto (Polany, *La grande trasformazione*, cit., p. 78).

63 Tognetti, *Produzioni, traffici e mercati*, cit., p. 147. Una delle norme ricorrenti concerneva l'obbligo di non ingombrare l'area del *mercatale*: cfr. lo statuto di Palazzuolo sul Senio (Vignoli, *Statuti del Vicariato del Podere fiorentino*, cit., pp. 136-137), quello di Radicofani (*Lo statuto duecentesco del Comune di Radicofani*, a cura di M. Marrocchi, Bologna, Clueb, 2019, p. 62) e Scarperia (Arrighi, *Gli statuti di Scarperia*, cit., p. 116).

una classificazione gerarchica in *mercatelli* di ridotte dimensioni e *mercati* dotati, come quello di Asciano, di strutture ricettive come *hospitia* religiosi e alberghi gestiti da privati.[64] Una gerarchizzazione che sembra un chiaro tentativo da parte senese di affermare un potere su una realtà territoriale in verità ancora troppo poco plasmabile. Così, la pretesa che la produzione di cereali e di derrate del contado fosse convogliata a Siena incontrò una resistenza da parte dei Comuni delle campagne che cercarono di difendersi inserendo nei loro statuti il divieto di esportazione.[65] Ben cosciente dei potenziali benefìci, anche il Comune senese aveva favorito e protetto i centri di mercato localizzati sui confini che approfittarono di opportunità come il privilegio di libera esportazione di grano concesso ad alcune comunità maremmane.[66] Anche qui, il ricorso differenziato a esenzioni e immunità, avvantaggiando dei centri di mercato ne mise in crisi altri retrocessi in seconda fila.[67]

Come ho anticipato, una parte della popolazione degli abitati che gravitavano su una piazza di mercato crebbe vivendo 'a modo di città' emulando sul piano politico, culturale e sociale le *élites* cittadine.[68] In generale, il 'ceto medio comitatino'[69] coinvolto dalla presenza dei mercati attivi nel luogo di residenza finì per diversificare i propri investimenti, dando seguito a un processo già iniziato e ampliando gli investimenti non più limitati alla sola proprietà della terra il cui valore era comunque accresciuto dalla presenza di una piazza di mercato.[70] Così, il relativo disinteresse per le attività di commercio locale finì per penalizzare la potenziale crescita economica di quei *terrazzani* che invece continuavano ad appoggiarsi soltanto alle rendite della terra.[71] Ne è un chiaro esempio la vicenda di Certaldo in Valdelsa, dove la consolidata attività degli altri mercati della valle aveva frenato

---

64 A. Barlucchi, *Il contado senese all'epoca dei Nove. Asciano e il suo territorio tra Due e Trecento*, Firenze, Olschki, 1997, p. 94.

65 O. Redon, *Uomini e comunità del contado senese nel Duecento*, Siena, Accademia senese degli Intronati, 1982, pp. 217-218.

66 M.A. Ginatempo, *Le autonomie nella Toscana senese del Basso Medioevo*, in *Poteri centrali e autonomie nella Toscana medievale e moderna*, cit., pp. 107-133: 118.

67 Come accadde alla stessa Asciano: Piccinni, *Ambiente, produzione, società della Valdorcia*, cit., p. 54 e Barlucchi, *Il contado senese all'epoca dei Nove*, cit., pp. 93 sgg.

68 Cfr. *supra*, nota 4.

69 Pinto, *Manifatture rurali*, cit., pp. 112 sgg., 126.

70 P. Pirillo, *I centri abitati del contado fiorentino: dalle piazze di mercato alle Terre murate*, in *I centri minori della Toscana nel Medioevo*, cit., pp. 1-22: 11.

71 Come nella pistoiese Carmignano (F. Salvestrini, *L'evoluzione del territorio fra Carmignano, Poggio a Caiano e Monte Albano: popolamento, paesaggio, proprietà fondiaria (secoli XIII-metà XV)*, «Bullettino storico pistoiese», CIII, 2001, pp. 43-71: 66.

ogni velleità di dar vita a una piazza certaldese limitando l'economia degli abitanti alla sola condizione di *rentiers*. L'istituzione di un mercato certaldese da parte di Firenze giunse nel 1412: ma era troppo tardi per produrre un'inversione di rotta dell'identità sociale ed economica della comunità dove molti proprietari terrieri erano stati colpiti dalla penuria di braccia da lavoro, con effetti ovviamente più gravi rispetto agli altri abitati valdelsani. Certaldo insieme ad altri abitati dell'area come Montaione e Gambassi si avviò verso un inesorabile processo di ruralizzazione.[72]

Per converso, l'affermazione di una piazza di mercato legata a un centro abitato era una potenziale premessa per la crescita e lo sviluppo di un ceto borghese di cospicuo livello economico, anche se questo non può minimamente essere assunto a regola generale.[73] Nell'Asciano trecentesca, prima dei vènti di crisi, risiedevano, ad esempio, due dei contribuenti più facoltosi dell'intero territorio senese.[74] L'affermato mercato ascianese, che offriva anche opportunità di attività finanziarie, aveva infatti garantito la crescita di una vera e propria borghesia mercantile rivelatasi intraprendente al punto da aprire botteghe anche a Siena.[75] Un po' dovunque, proprio questo si configurava come un primo consistente passo per l'inurbamento che però la Dominante cercò di frenare per evitare l'impoverimento dei centri minori del proprio contado.[76]

Il ceto comitatino che aveva saputo trarre profitto dalla presenza di un mercato locale acquisì modelli e gusti più vicini a quelli cittadini incidendo sulla qualità dell'edilizia dei centri che si arricchirono di abitazioni destinate a costituire un vero e proprio *status symbol*.[77] Così se una parte della borghesia cittadina propendeva per un modello di vita nobiliare, le *élites* delle Terre murate, al contrario, sposavano i modi di vita cittadini. Un esempio vale per tutti: nel 1427, nella Castiglion Fiorentino studiata da

---

72 Certaldo: A. Duccini, *Popolamento e sviluppo urbanistico a Certaldo nei primi decenni del Quattrocento*, «Miscellanea Storica della Valdelsa», CXIV, 1-3 (309-311), 2008, pp. 91-110: 107; Montaione e Gambassi: F. Salvestrini, *Centri minori della Valdelsa e del medio Valdarno inferiore. Demografia, economia, società e vita religiosa (seconda metà del XIII-prima metà del XIV secolo)*, in *I centri minori della Toscana nel Medioevo*, cit., pp. 23-55: 48.

73 Ai primi del XIV secolo, Monticiano era una comunità tra le dieci più tassate del contado senese apparentemente priva di un mercato la cui eventuale esistenza non sembra aver lasciato tracce nella documentazione (C. Saffiori, *Monticiano e il bosco: un castello e il suo territorio agli inizi del Trecento*, «Bullettino senese di storia patria», CV, 1998, pp. 411-465: 437 sgg.).

74 Barlucchi, *Il contado senese all'epoca dei Nove*, cit., p. 110.

75 *Ivi*, pp. 67 sgg., 100 sgg.

76 G. Piccinni, *I "villani incittadinati" nella Siena del XIV secolo*, «Bullettino senese di storia patria», 82-83, 1975-1976, pp. 158-219: 187.

77 Era l'offerta della stessa piazza a variare i gusti e i nuovi bisogni (Fiore – Poloni, *L'economia medievale*, cit., pp. 164-165).

Gabriele Taddei, l'area caratterizzata dal più alto valore immobiliare era proprio il 'terziere di Mercato' dove risiedevano, anche in edifici definiti come *palazzetti*, le famiglie dell'*élite* locale e dove, per converso, la presenza di nullatenenti era minima.[78]

Mi fermo qui per una conclusione che non può che essere parziale. Nel corso del XIV secolo, le città toscane cercarono di inventare un rapporto con i centri minori provvisti di un mercato che costituivano la cinghia di trasmissione con il mondo delle campagne circostanti. Firenze, Siena e anche Pisa, pur con modalità diverse, tesero a garantire gli spazi economici e i mercati locali sia nella loro funzione di interscambio tra la città e le campagne, sia per consolidare una relativa fedeltà politica delle *élites* dei centri minori. Questo garantì una relativa autonomia ai mercati presenti nei centri minori e anche delle buone relazioni con i vertici socio-economici dei centri del contado che avrebbero dovuto garantire il mantenimento della *pax* comunale e il funzionamento, anche se assai differenziato, di un nascente sistema territoriale. Questo garantì anche un controllo sociale e politico sulla società comitatina ottenuto garantendo alle classi dirigenti locali allineate politicamente con la Dominante il relativo rispetto degli spazi economici dei centri minori dotati di un mercato.[79] Al tempo stesso, questa politica finì per rallentare il processo di costruzione di un sistema economico di ampio respiro che avrebbe mosso i primi faticosi passi soltanto alla metà del XV secolo lasciando a Cosimo I l'eredità di un territorio fin troppo variegato ed eterogeneo.

---

78 G. Taddei, *Castiglion Fiorentino fra XIII e XV secolo. Politica, economia e società di un centro minore toscano*, Firenze, Olschki, 200, pp. 139, 201.

79 L. Tanzini, *Potere centrale e comunità del territorio nello Stato fiorentino alla fine del Medioevo*, in *Poteri centrali e autonomie nella Toscana medievale e moderna*, cit., pp. 83-105: 90.

Gianluca Belli

GLI SPAZI DI MERCATO NEI CENTRI MINORI

Le fonti a disposizione sono piuttosto reticenti sulle condizioni urbanistiche e architettoniche dei luoghi di mercato medievali, specie per quelli dei centri minori. In qualche caso fortunato, l'esistenza di documentazione su questioni che hanno specificamente a che fare con i loro spazi e la loro organizzazione consente di ricavare informazioni utili, ma è comunque difficile formarsi un'idea esatta del loro assetto. Neanche le fonti iconografiche sono di molto aiuto. Le prime immagini dei centri minori toscani appaiono per lo più nel XVI secolo, e comunque è raro imbattersi in rappresentazioni specifiche dei luoghi di mercato, corredate da un qualche dettaglio. Occorre attendere la prima metà dell'Ottocento per avere un quadro generale attendibile della forma urbana degli insediamenti minori e dei loro spazi pubblici, con le mappe del Catasto Generale Toscano, che però registrano una situazione in molti casi ormai lontana da quella medievale. Quasi sempre la comprensione della forma e della disposizione dei mercati minori del Medioevo rimane dunque affidata a notizie sparse, e all'analogia con esempi più importanti e documentati.

Una disamina sistematica delle fonti catastali e dei contratti di compravendita presenti negli archivi notarili servirebbe sicuramente a rintracciare elementi utili, ma anche in questo caso è dubbio che si riuscirebbe a ricostruire in modo affidabile l'assetto dei mercati e quello degli spazi che li accoglievano. D'altra parte, negli statuti comunali si fa spesso riferimento alla piazza del mercato, ma anche in questo caso gli accenni quasi sempre sono incidentali. Le notizie in genere non riguardano la forma, la disposizione e le attrezzature di questi spazi, ma si riferiscono alle attività che vi si svolgono e alla loro regolamentazione. Nello Statuto del comune di Castelfranco di Sopra del 1394, ad esempio, il mercato è chiamato in causa solo per vietare la sellatura degli asini usati per trasportarvi mercanzie nei giorni festivi.[1]

---

1 *Statuti dei comuni di Castelfranco di Sopra (1394) e Castiglione degli Ubertini (1397)*, a cura di G. Camerani Marri, Firenze, Olschki, 1963, p. 113.

Altre volte il mercato compare semplicemente come teatro di circostanze e di eventi destinati al più vasto pubblico possibile, come la lettura di un bando o l'esecuzione di una pena esemplare.[2] Lo Statuto del comune di Santa Maria a Monte del 1391, ad esempio, cita la piazza del mercato di Capannori tra i luoghi nei quali il messo comunale è tenuto a «metter e gridare» i bandi.[3] Analogamente, lo Statuto di Caprese del 1386 prevede che gli annunci ufficiali e l'esecuzione delle condanne avvengano nella piazza del borgo in giorno di mercato.[4] Esempi simili si trovano in quasi tutti gli statuti comunali. In altri casi ancora si concedono privilegi alle aree dove si svolgono le compravendite, assicurando ad esempio l'immunità dall'arresto per debiti ai loro frequentatori,[5] o prescrivendo l'inasprimento delle pene per i delitti commessi entro il loro perimetro, che dunque acquista la condizione di spazio giudiziario speciale. L'eccezionalità dei mercati non è però solo di natura immateriale, ma consiste anche nel modo in cui il loro spazio fisico è ricavato e organizzato; un modo che ancora oggi possiamo osservare in una qualche misura nei luoghi dove si svolgevano e dove spesso ancora si svolgono, e che possiamo tentare di leggere e interpretare attraverso le testimonianze e gli indizi a nostra disposizione.

Occorre anzitutto distinguere tra tipi diversi di mercato, ciascuno dei quali svolto in luoghi appropriati. I mercati che nel Medioevo vengono istituiti o concessi dalle autorità comunali, vescovili o dai signori territoriali sono quelli a ricorrenza in genere settimanale – le *nundinae* del mondo antico – che accolgono la vendita di una serie molto larga e differenziata di prodotti. Questi mercati hanno sede in spazi liberi sufficientemente grandi da contenere banchi di vendita e folle di venditori e acquirenti: a volte piazze poste all'interno degli insediamenti ed espressamente dedicate a queste attività, oppure più spesso destinate in modo promiscuo anche a funzioni civiche o religiose; altre volte spiazzi collocati al di fuori degli abitati, nelle loro adiacenze ma anche in luoghi isolati. A Razzuolo, un agglomerato di poche case posto sulla via Faentina a qualche distanza da Borgo San Lorenzo, fin dal primo quarto del Trecento esiste una piazza di mercato per lo smercio del grano proveniente dai territori di là dagli Appennini.[6]

---

2 C. Hewlett, *Locating Contadini in the Renaissance City*, «I Tatti Studies in the Italian Renaissance», XIX, 1, 2016, pp. 93-113: 99.

3 *Statuto del comune di S. Maria a Monte (1391)*, a cura di B. Casini, Firenze, Olschki, 1963, p. 55.

4 G. Ancidei *et al.*, *Lo statuto di Caprese (1386)*, Roma, Edizioni Kappa, 2009.

5 Ch. M. de la Roncière, *Firenze e le sue campagne nel Trecento. Mercanti, produzione, traffici*, Firenze, Olschki, 2005, pp. 145-146; A. Dani, *Gli statuti dei comuni della Repubblica di Siena (secoli XIII-XV). Profilo di una cultura comunitaria*, Siena, Il Leccio, 2015, p. 266.

6 G. Pinto, *Le comunità locali e la presenza di Firenze e dei fiorentini (secoli XIII-XV)*, in *Il Mu-*

Forme di mercato più minute e capillari, meno importanti da un punto di vista commerciale ma indispensabili per la vita quotidiana, sono invece quelle ambulanti legate alla vendita giornaliera di generi alimentari, ma non solo, che possono svolgersi nei luoghi più disparati e spesso senza bisogno di particolari attrezzature.[7] A Scarperia, ad esempio, gli statuti del 1423 prevedono che la vendita giornaliera della carne possa avvenire sull'angolo del palazzo del vicario, evidentemente su una semplice bancarella.[8] Verdura, frutta, uova e altri commestibili possono essere venduti direttamente dai cesti con i quali sono stati portati dagli orti e dalle campagne, non solo nella piazza di mercato ma anche in altri luoghi, preferibilmente quelli di grande passaggio: una porta di accesso al borgo, un incrocio di strade, il sagrato di una chiesa, lo spazio dinanzi a un ponte. A Firenze trecche e rivenduglioli espongono le loro ceste sulle spallette dei ponti, sulle panche di via dei palazzi, sul lastrico di strade e piazzole, senza tuttavia che questo tipo di attività influisca più di tanto sull'assetto degli spazi nei quali viene esercitato.[9] In misura più ridotta questo meccanismo deve essersi ripetuto anche nei centri minori. Il catasto di Prato del 1487, ad esempio, vi rivela l'esistenza di tre trecconi , che avranno esercitato il loro mestiere nello stesso modo.[10]

Esistono poi mercati più specializzati, destinati alla compravendita di tipi determinati di mercanzie. Casi abbastanza ricorrenti anche nei piccoli centri riguardano il commercio del grano e soprattutto quello del bestiame, che a volte è distinto in relazione agli animali commerciati. A Poppi, ad esempio, dalla metà del Duecento esiste un luogo di mercato dedicato alla compravendita dei suini e uno riservato a quella dei buoi.[11] A Poggibonsi il mercatale posto lungo le mura, in opposizione alla piazza del mercato che

---

gello dal Medioevo al Novecento. Storia e identità di una terra toscana, Atti del convegno (Borgo San Lorenzo, 7-8 luglio 2023), a cura di G. Pinto e V. Vestri, Firenze, Olschki, 2024, pp. 63-82: 64.

7 M. Tuliani, *Per bottega la "strada". Le professioni e i luoghi della vendita ambulante a Siena nel Quattrocento*, in *L'ultimo secolo della Repubblica di Siena. Politica e istituzioni, economia e società*, a cura di M. Ascheri e F. Nevola, Siena, Accademia Senese degli Intronati, 2007, pp. 229-246.

8 D. Friedman, *Florentine New Towns. Urban Design in the Late Middle Ages*, Cambridge, The MIT Press, 1988; trad. it. *Terre nuove. La creazione delle città fiorentine nel tardo Medioevo*, Torino, Einaudi, 1996, p. 81.

9 G. Belli, *Gli spazi del mercante e dell'artefice nella Firenze del Quattrocento*, in D. Battilotti – G. Belli – A. Belluzzi, *Nati sotto Mercurio. Le architetture del mercante nel Rinascimento fiorentino*, Firenze, Polistampa, 2011, pp. 6-71: 11-12, 44.

10 G. Pampaloni, *Popolazione e società nel centro e nei sobborghi*, in *Prato storia di una città*, I, *Ascesa e declino del centro medievale (dal Mille al 1494)*, a cura di G. Cherubini, Firenze, Le Monnier, 1991, pp. 361-393: 375.

11 M. Bicchierai, *Ai confini della repubblica di Firenze. Poppi dalla signoria dei conti Guidi al vicariato del Casentino (1360-1480)*, Firenze, Olschki, 2005, pp. 40-43, 57-58.

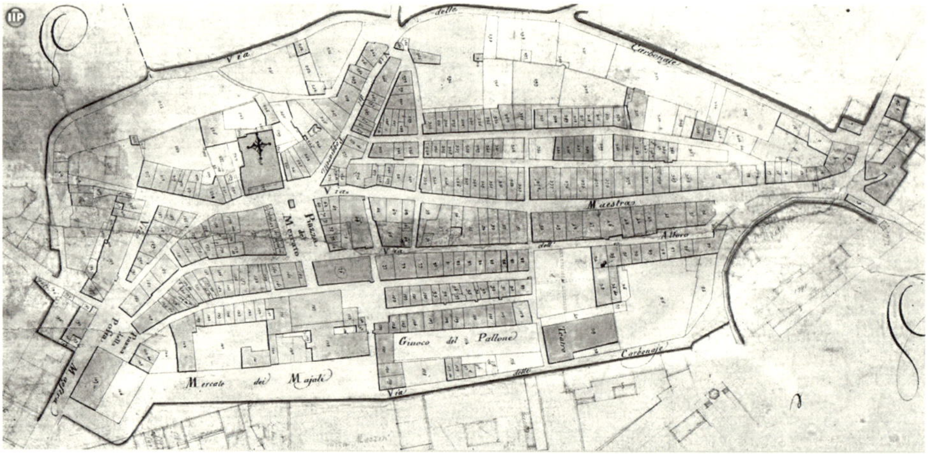

Fig. 1. Catasto Generale Toscano, Poggibonsi, 1824 (ASSi, *Catasto Leopoldino*, Poggibonsi, Sez. G, f. 1, n. 16).

si apre davanti alla chiesa di Santa Maria, nella prima metà dell'Ottocento è ancora definito «mercato dei maiali» (Fig. 1).[12] Le fiere, infine, generalmente organizzate con una ricorrenza annuale, trovano spesso luogo in spazi aperti fuori dai centri abitati, adatti ad accogliere grandi quantità di venditori e compratori. Ma esistono casi in cui anche centri piccoli o medi ospitano fiere all'interno dell'abitato. Quella di Prato, svolta in occasione della natività della Vergine sul mercatale all'interno delle mura,[13] o quella dell'Impruneta (Fig. 2), che ha luogo nello spiazzo davanti alla pieve di Santa Maria nei tre giorni dopo la ricorrenza di san Luca, sono tra i casi più noti in Toscana.

Sarebbe sbagliato, tuttavia, immaginare una organizzazione sempre chiara e ordinata dei tipi di mercato e una corrispondenza costante con i relativi tipi di spazi. La regolamentazione delle vendite e dei luoghi in cui si svolgono, la separazione di forme diverse di commercio, la predisposizione di attrezzature e servizi sono processi che avvengono quasi sempre in modo lento e faticoso. D'altra parte, il mercato è per sua natura un'attività legata a configurazioni dello spazio mutevoli. Le strutture permanenti possono essere ridotte al minimo, visto che la merce è esposta per lo più su strutture provvisorie: baracche o più spesso semplici banchi, eventualmente protetti da tende, montati la mattina e smontati alla fine della giornata. Nella sua versione più elementare, il mercato ha solo bisogno di uno spazio

---

[12] Archivio di Stato di Siena, *Catasto Leopoldino*, Poggibonsi, sez. G, f. 1, n. 16.

[13] R. Nuti, *La Fiera di Prato attraverso i tempi*, Prato, Associazione Turistica Pratese, 1939.

dove svolgersi, e le caratteristiche di questo luogo sono anch'esse variabili in relazione alle circostanze. L'attenzione si concentra tuttavia sulle piazze, perché in Toscana sono molto insolite le strade urbane usate come sede di mercato, contrariamente a quanto avviene ad esempio in alcune zone del Piemonte.[14]

Se si escludono i casi delle terre nuove, dove il progetto urbanistico prevede fin dall'inizio spazi espressamente destinati alle attività commerciali, nei centri minori è difficile individuare con certezza piazze di mercato pianificate come tali. Quasi sempre il luogo degli scambi coincide con spazi adibiti anche ad altri usi: la piazza può servire contemporaneamente da sagrato per la chiesa, da spazio civico e da mercato, e il suo assetto è dunque inevitabilmente il risultato della composizione di esigenze diverse. Il termine *forum*, con il quale nel Medioevo è indicata la piazza di mercato, sembra del resto sottolineare l'ideale continuità con la piazza antica, dove si assommano appunto funzioni civili, religiose e mercantili.

Fig. 2. Jacques Callot, *La fiera dell'Impruneta*, 1620.

[14] I. Naso, *In platea mercati. Il piccolo commercio in centri urbani dell'Italia nord-occidentale (secoli XIII-XV)*, in *El Mercat. Un mon de contactes i intercanvis*, Textos de les ponències de la Reunió Científica del XVI Curs d'Estiu Comtat d'Urgell (Balaguer, Barcellona, 6-8 julio 2011), ed. por F. Sabaté y M. Pedrol, Lleida, Pagès Editors, 2014, pp. 98-118: 105.

La forma di queste piazze, dipendente dalla struttura urbanistica di ciascun insediamento, è molto varia, e sarebbe vano tentare di proporne una categorizzazione. Quanto le piazze vengano modellate dalla presenza di queste attività – soprattutto del commercio esercitato all'aperto, piuttosto che di quello svolto nelle botteghe – è difficile stabilire con esattezza. Raramente si mette mano a sistemazioni che comportino interventi urbani per adeguare gli spazi alle funzioni mercantili, come invece avviene con più frequenza nei centri maggiori. Qui l'intensificarsi dei commerci porta non solo a rimodellare gli spazi di mercato esistenti, ma anche a crearne di nuovi nelle aree libere. L'origine di piazza del Campo a Siena deriverebbe appunto dallo spostamento del mercato dall'interno dell'abitato alla conca appena fuori dalla prima cerchia di mura, in corrispondenza della porta Salaria e non lontano dal Travaglio, dove convergono le più importanti strade di accesso alla città.[15] Ugualmente, a Firenze forse già nell'XI secolo viene aperta una nuova piazza di mercato, detta perciò di Mercato Nuovo, alternativa a quella stabilita sul luogo dell'antico foro romano. Come avviene in tante altre città, a Firenze i luoghi di mercato tendono a moltiplicarsi. Fin dalla prima metà del Duecento la piazzetta dinanzi all'antica chiesa di San Michele in Orto viene deputata al mercato delle granaglie, e altri mercati minori compaiono nel corso dei secoli attorno alla piazza di Mercato Vecchio definendo un sistema di spazi pubblici destinati alla vendita di tipi specifici di mercanzie, che risponde all'esigenza di dare agio e ordine ai commerci.

Questo fenomeno riguarda tuttavia anche molti centri di importanza intermedia, le 'quasi-città' teorizzate da Giorgio Chittolini,[16] e perfino una serie di centri minori. Prato, ad esempio, nel tardo Medioevo conta tre luoghi di vendita: la piazza del Comune per il grano e le biade, la piazza del duomo per le vettovaglie e il mercatale per le fiere e per la vendita di prodotti diversi dai commestibili.[17] Un'organizzazione simile, come detto, si riscontra anche a Poppi, dove accanto ai luoghi di mercato interni all'insediamento si sviluppa, in corrispondenza del ponte sull'Arno ai piedi dell'abitato, anche un mercatale. Ugualmente, Castelfiorentino affianca alla piazza di mercato nel castello il mercatale posto nel borgo sottostante, all'imbocco del ponte sul fiume Elsa[18] (Fig. 3). I casi di Poppi e Castelfio-

---

[15] M. Tuliani, *Il Campo di Siena. Un mercato cittadino in epoca comunale*, «Quaderni medievali», 46, 1998, pp. 59-100: 62.

[16] G. Chittolini, *"Quasi-città". Borghi e terre in area lombarda nel tardo Medioevo*, «Società e Storia», XIII, 1990, pp. 3-26.

[17] Nuti, *La Fiera di Prato*, cit., p. 43.

[18] E. Fiumi, *Fioritura e decadenza dell'economia fiorentina*, «Archivio storico italiano», CXVI, 1958, pp. 443-510: 469.

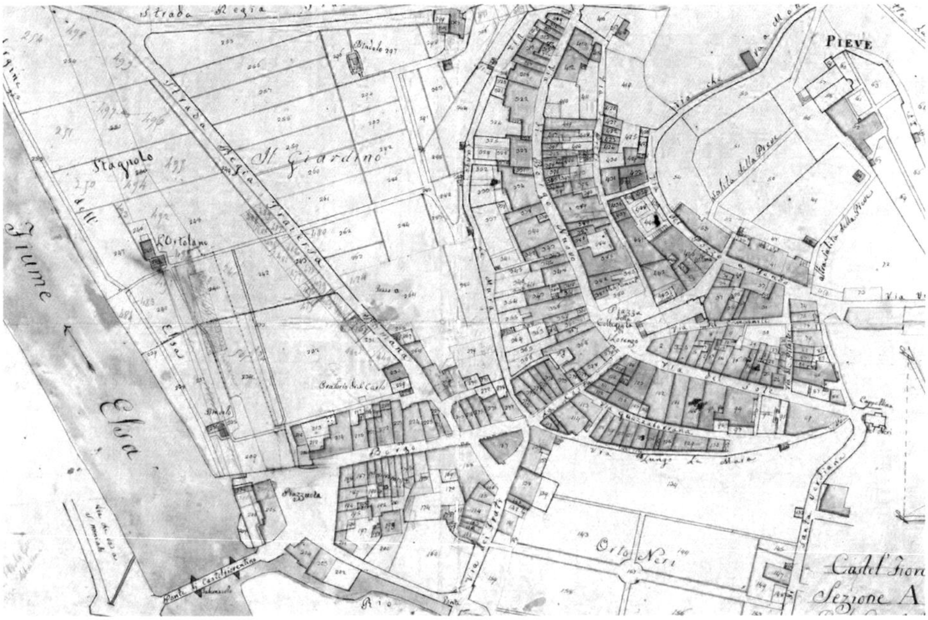

Fig. 3. Catasto Generale Toscano, Castelfiorentino, 1820 ca. (ASF, *Deputazione sopra il Catasto*, Lucidi, Castefiorentino, Sez. A).

rentino sono caratteristici e testimoniano la costante tendenza a collocare il mercato in una posizione adeguata rispetto ai flussi di traffico, favorendo la nascita di borghi esterni immeditatamente adiacenti all'abitato.[19] In molti casi, anzi, il luogo di mercato funge da catalizzatore per la nascita e lo sviluppo di insediamenti che diventano indipendenti e si pongono in concorrenza con il centro che li ha generati.

Gli esempi di questo genere sono moltissimi. Un meccanismo ben noto e che si ripete con frequenza consiste nell'agglomerarsi di un abitato attorno a un luogo di mercato dipendente da un centro più antico. Lo spiazzo per il mercato in questi casi è esterno rispetto all'insediamento di cui è a servizio, e può trovarsi anche a una certa distanza da esso. Talvolta è un luogo di commercio slegato da qualsiasi insediamento, in aperta campagna. In ogni caso la sua posizione è determinata dalla presenza di nodi stradali, di attraversamenti di fiumi, di vie di comunicazione, di una pieve.[20] Nel tempo attorno allo spiazzo del mercatale sorgono costruzioni che

---

19 De la Roncière, *Firenze e le sue campagne*, cit., p. 155.

20 *Ivi*, p. 142.

danno vita a un borgo, talvolta destinato a soppiantare l'insediamento più antico.[21] È il caso di Greve (Fig. 4), che nasce attorno al mercatale del castello di Montefioralle, arroccato su un'altura distante circa un chilometro e mezzo e privo di una piazza.[22] Il mercatale è posto più in basso e in una posizione strategica rispetto alle vie di comunicazione, all'incrocio della strada di fondovalle che segue il corso della Greve con quella che collega il Valdarno superiore alla Badia a Passignano e quindi alla valle della Pesa.

La forma della piazza – un triangolo attraversato longitudinalmente dal percorso parallelo al fiume – deriva con ogni probabilità da contingenze del luogo, ma è interessante osservare come l'andamento allungato dell'invaso e la sua disposizione parallela al corso d'acqua non siano peculiarità fuori dall'ordinario. Anche se occorre essere cauti nell'immaginare l'assetto originario di un insediamento sulla base della situazione attuale o di quella

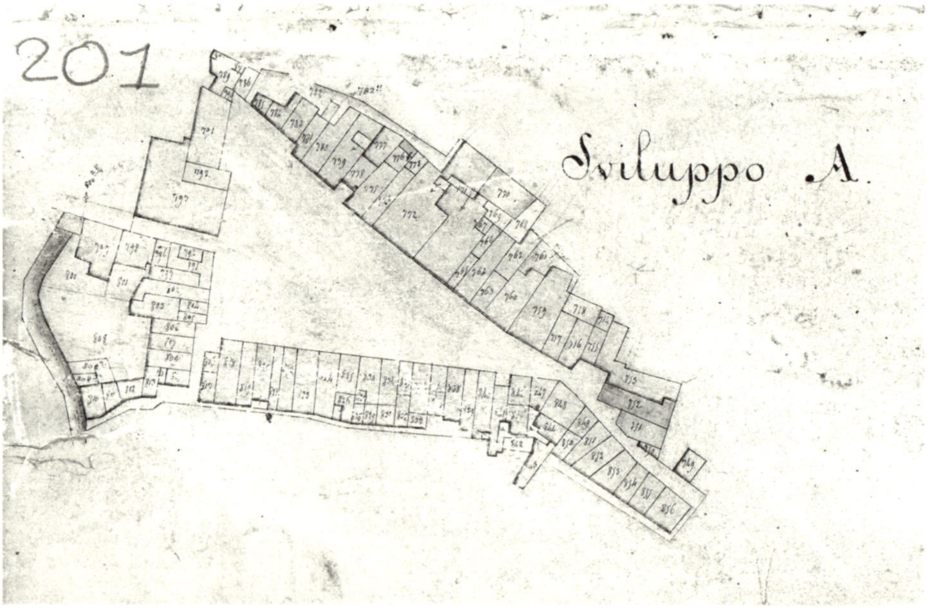

Fig. 4. Catasto Generale Toscano, Greve, 1820 ca. (ASF, *Catasto Generale Toscano*, Mappe, Greve, 201).

[21] Sul concetto di *mercatale* si veda G. Cherubini – R. Francovich, *Forme e vicende degli insediamenti nella campagna toscana dei secoli XIII-XV*, «Quaderni storici», VIII, 24, 1973, pp. 877-904: 879, 883.

[22] I. Baldini, *Guida storico-cronologica del Comune di Greve in Chianti nel Medioevo*, I, *Dall'VIII alla prima metà del XIV secolo*, Wien, Hollitzer Verlag, 2023.

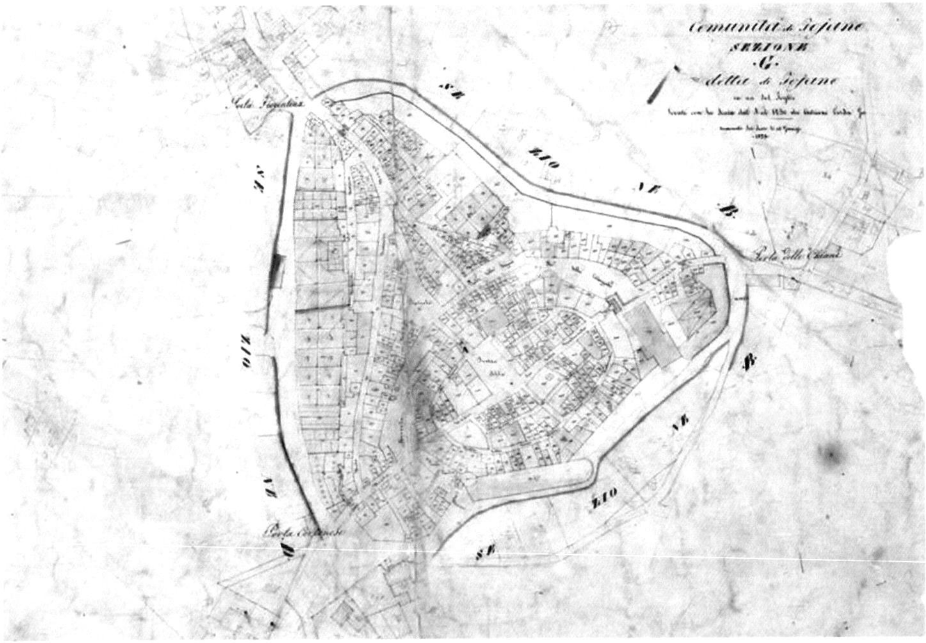

Fig. 5. Catasto Generale Toscano, Foiano della Chiana, 1824 (ASAr, *Catasto particellare*, Foiano della Chiana, Mappe, Impianto, G/1 (25)).

leggibile nella cartografia storica, in genere poco risalente, è innegabile che le stesse caratteristiche si ritrovano in una serie piuttosto ampia di piazze di mercato nate, come Greve, da mercatali esterni ai centri abitati. A Foiano della Chiana l'attuale corso Vittorio Emanuele, usato in passato come mercato del grano, dall'andamento allungato e vagamente triangolare (Fig. 5), è identificabile con il mercatale che una pergamena del 1344 menziona posizionandolo al di là del fossato della cerchia di mura e in corrispondenza di una delle porte.[23] Il caso di Pescia è particolarmente chiaro (Fig. 6). Anche qui l'insediamento sulla riva destra del fiume nasce attorno al mercatale a servizio del nucleo urbano originario, sulla sponda opposta, e anche in questo caso la piazza che ne deriva ha una forma estremamente allungata e segue nel suo andamento il corso d'acqua e la viabilità di fondovalle.[24]

---

23 A. Barlucchi, *Economia e società a Foiano fra Tre e Quattrocento*, in *Statuto del Comune di Foiano del 1387*, a cura di S. Allegria, Firenze, Associazione di studi storici Elio Conti, 2017, pp. 39-66: 43.

24 G. Salvagnini, *Pescia, una città. Proposta metodologica per la lettura di un centro antico*, Firenze, La Valdera, 1975.

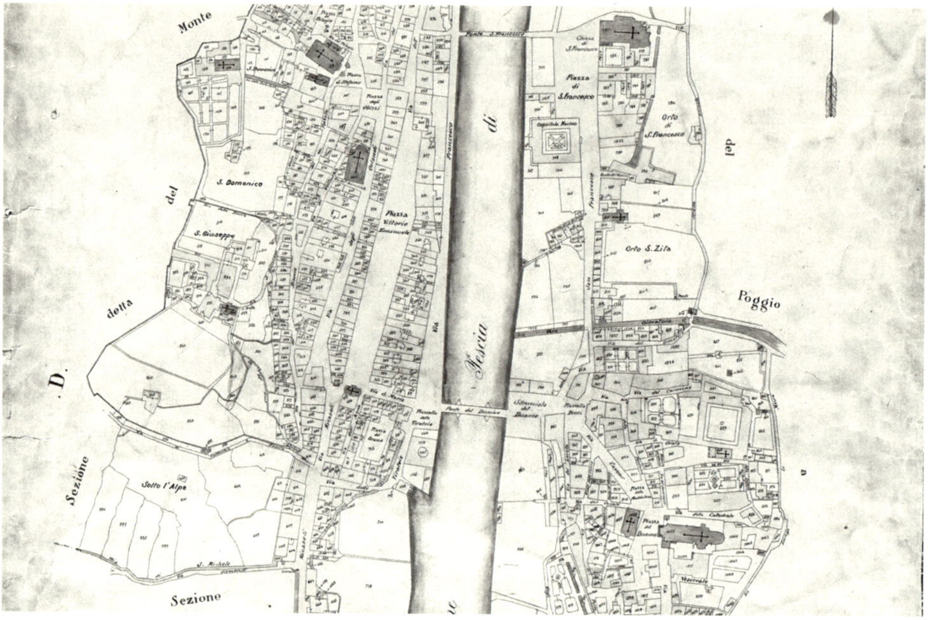

Fig. 6. Catasto Generale Toscano, Pescia, 1873 (ASPt, Sez. di Pescia, *Vecchio Catasto Terreni*, Pescia, Sez. E).

Configurazioni analoghe a quelle di Greve e di Pescia si riscontrano a Gaiole, a Marradi, a Figline, a Rocca San Casciano (Fig. 7), a Ponte a Signa, a Mercatale Val di Pesa – dove però è assente il corso d'acqua – nel mercatale di Prato. In tutti questi casi la forma allungata della piazza sembra una naturale conseguenza della viabilità principale su cui si innesta il luogo di mercato. La strada viene ampliata per accogliere banchi e baracche di vendita, e il suo andamento longitudinale suggerisce di sfruttarne lo spazio soprattutto in lunghezza, in modo che tutti i venditori possano fronteggiarla.

I trivi o gli incroci di più strade generano piazze più dilatate e irregolari, come è evidente a Sagginale (Fig. 8), dove lo spiazzo del mercato si colloca all'imbocco del ponte sulla Sieve e in corrispondenza della strada che segue il corso del fiume. In modo del tutto analogo, a Ponte a Poppi il mercatale forma uno spazio triangolare tra le due strade che convergono verso il ponte sull'Arno (Fig. 9), e a Castelfiorentino la piazza trapezoidale è determinata dall'andamento di due strade e dalla presenza del ponte sul fiume. La presenza di un corso d'acqua che costeggia lo spiazzo è quasi una costante, da leggere anche in funzione delle necessità del mercato.

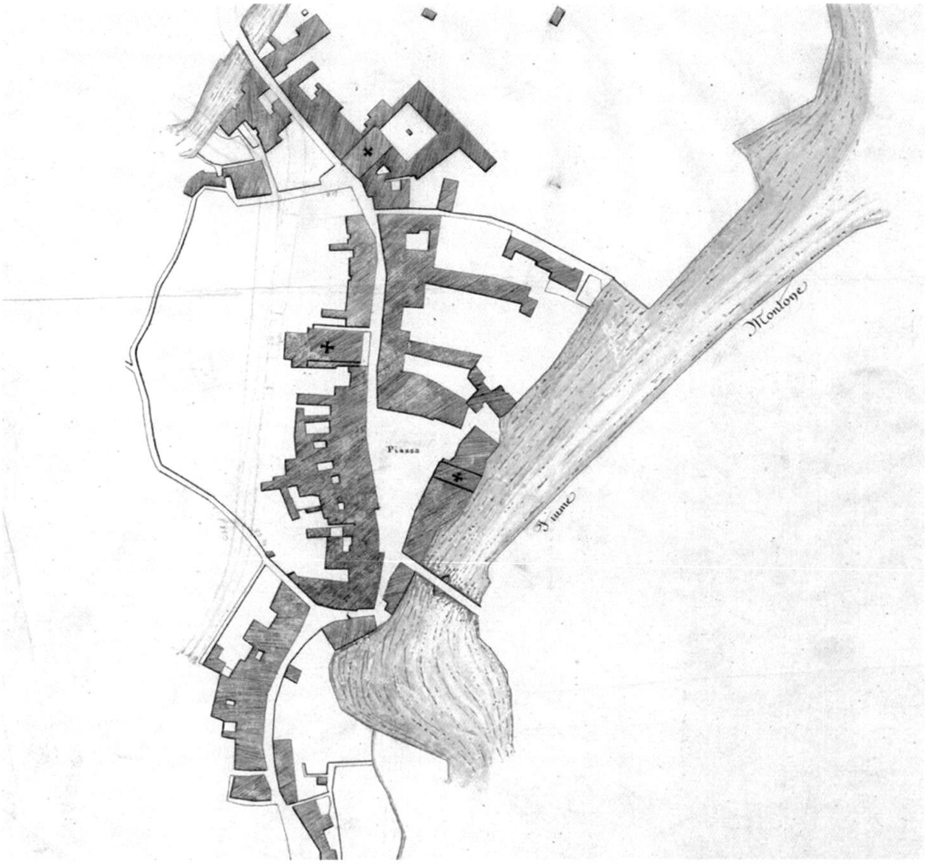

Fig. 7. Rocca San Casciano, prima metà del XIX sec. (ASF, *Miscellanea di Piante*, 336.c).

A Bientina il mercatale, immediatamente adiacente alla terra murata e posto sulla linea della strada diretta a Lucca (Fig. 10), ha una forma più tondeggiante, dovuta in questo caso all'ansa del canale – il fosso di Cilecchio – che lambiva l'insediamento e che andava a costituire il limite occidentale dello spiazzo, chiuso poi da una fila di costruzioni (Fig. 11). Almeno dall'inizio del XIII secolo il mercatale è il centro del commercio dei prodotti agricoli della zona e delle risorse provenienti dal lago e dagli stagni circostanti,[25] un

[25] G. Volpe, *Studi sulle istituzioni comunali a Pisa. Città e contado, consoli e podestà secc. XII-XIII*, «Annali della R. Scuola Normale Superiore di Pisa. Filosofia e Filologia», XV, 1902, pp. i, iii-v, vii-xi, 1-423: 70; nuova edizione con una introduzione di C. Violante, Firenze, Sansoni, 1970, p. 74.

8

9

Fig. 8. Catasto Generale Toscano, Sagginale, 1823 (ASF, *Catasto Generale Toscano*, Mappe, Borgo San Lorenzo, 19). Fig. 9. Catasto Generale Toscano, Ponte a Poppi, 1825 (ASAr, *Catasto particellare*, Poppi, Mappe, Impianto, K/2 (37)).

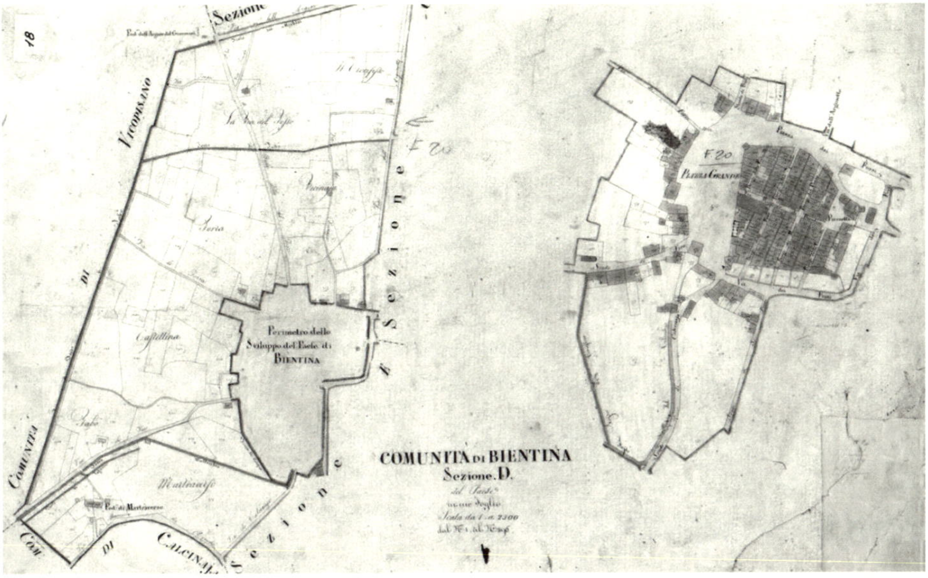

Fig. 10. Catasto Generale Toscano, Bientina, 1820 ca. (ASPi, *Catasto terreni*, Mappe, Bientina, 18).

ruolo che è testimoniato dalle sue dimensioni, almeno pari alla metà dell'area racchiusa all'interno delle mura. Come avviene in altri casi – Ponte a Poppi è uno di questi – qui il mercatale non genera un vero e proprio borgo, ma riesce solo a circondarsi di qualche costruzione; né tantomeno acquista centralità rispetto al tessuto urbano, rimasto confinato all'interno delle mura, dove pure non esiste una vera e propria piazza ma solo uno slargo in corrispondenza del lato interno della porta orientale.

Analogamente a Bientina, anche il mercatale sorto ai piedi del «castrum Fighini», lungo la strada che collega Arezzo e Firenze seguendo il corso dell'Arno, sorge in adiacenza di un primo nucleo insediativo, che tuttavia in questo caso esorbita dal suo circuito originario espandendosi anche dal lato opposto dello spiazzo (Fig. 12). Durante la prima metà del Duecento il mercatale diventa dunque centrale anche topograficamente rispetto al tessuto urbano di Figline, per il quale assolve il ruolo di piazza da tutti i punti di vista. La sua forma irregolare e la disposizione obliqua rispetto agli assi stradali del borgo continuano però a testimoniare la formazione di questo spazio a partire dai vecchi tracciati stradali territoriali, che ne definiscono i lati.[26]

---

[26] A. Monti, *Le pietre e la storia. Un'analisi "archeologica" delle mura figlinesi*, in A. Mon-

11

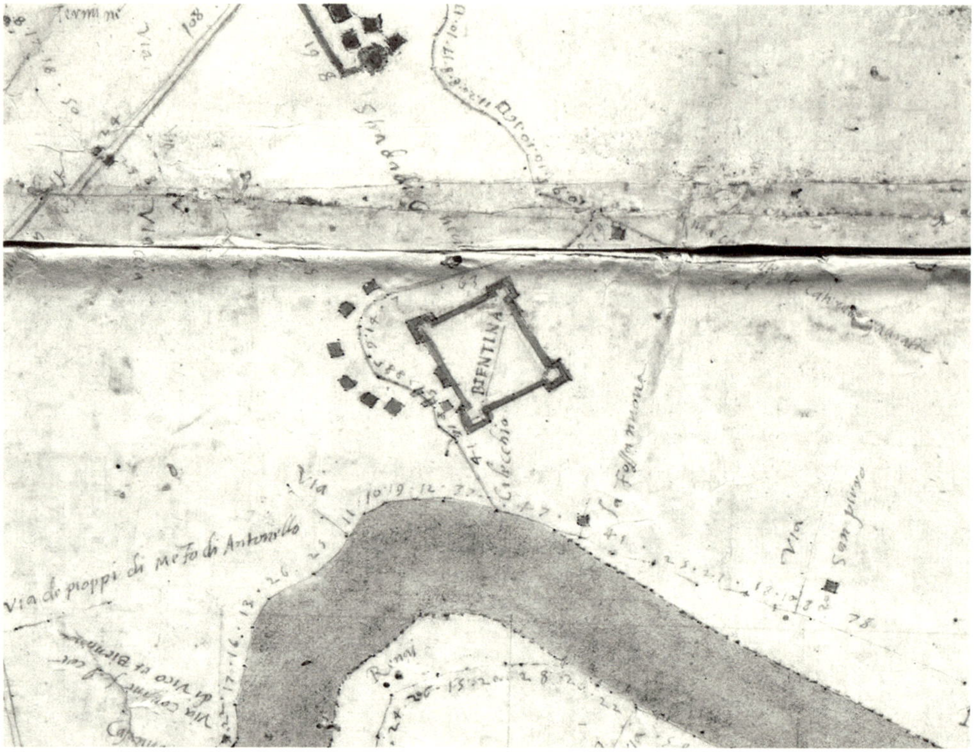

12

Fig. 11. Il piano di Bientina lungo l'Arno, dettaglio con la terra di Bientina, ante 1559 (ASLu, *Offizio sopra i Paduli di Sesto*, 45, 17). Fig. 12. Mappa di un tratto della valle dell'Arno presso Figline, dettaglio, 1618 (ASF, *Piante dei Capitani di Parte Guelfa*, Cartoni, 10, 24).

La piazza di Figline condivide alcuni caratteri con quelle di una piccola serie di terre nuove fondate in Toscana tra la metà del XIII secolo e i primi decenni del successivo: Pietrasanta (1255), Camaiore (1255), San Giovanni (1299), Firenzuola (1332). In tutti questi insediamenti la piazza, di dimensioni notevoli, domina il centro dell'impianto urbano e tende a dividerlo trasversalmente congiungendone due lati opposti, in almeno uno dei quali si trova un punto di accesso all'abitato. Se la piazza di Figline rappresenta una versione ancora incerta ed empirica di questo schema, Pietrasanta (Fig. 13) e soprattutto San Giovanni (Fig. 14) lo interpretano in maniera compiuta e consapevole. Le loro piazze sembrano pensate in funzione del mercato: ampie a sufficienza da contenere con agio gli spazi di compravendita; geometriche e regolari, e quindi facilmente suddivisibili in zone destinate a differenti tipi di commercio; direttamente accessibili dall'esterno, in modo da agevolare l'afflusso di merci e di persone dal territorio circostante. Al tempo stesso rappresentano lo spazio civico più importante dell'insediamento. Come sottolinea David Friedman, con la loro scala monumentale e gli edifici pubblici e religiosi che vi si affacciano le piazze delle terre nuove esprimono il senso solenne di appartenenza a una comunità.[27] Il palazzo pubblico, in particolare, rende tangibile la presenza del potere centrale. I casi più impressionanti e scenografici sono quelli di Scarperia (1306), con il grandioso palazzo fortificato del vicario che chiude come una quinta monumentale uno dei lati dell'invaso; e di San Giovanni, dove il palazzo pretorio è posto addirittura in mezzo allo spazio della piazza, dividendolo in due parti con funzioni potenzialmente distinte. È interessante osservare che il carattere monumentale di questi spazi finisce per espellerne le funzioni mercantili. Il programma di fondazione di Giglio Fiorentino, la terra nuova pianificata dal governo di Firenze nel 1350 ma rimasta inattuata, prevede che la piazza del nuovo insediamento venga riservata per gli usi civici, cerimoniali e religiosi, relegando il mercato in un'area esterna all'insediamento. A una sorte simile sembrano andare incontro anche i mercati di Scarperia e di Firenzuola, che all'inizio del Quattrocento risultano già trasferiti al di fuori delle mura.[28]

Pur essendo accuratamente pianificate, le piazze delle terre nuove non prevedono specifiche attrezzature per l'esercizio dei commerci. Non vengono mai predisposti, ad esempio, ripari fissi a protezione dei banchi di ven-

---

ti – P. Pirillo, *Le mura di Figline Valdarno. Sei secoli di Storia*, con un album fotografico di M. Quattrone, Figline Valdarno, Edizioni Feeria, 2012, pp. 61-112: 67-75.

[27] Friedman, *Terre nuove*, cit., p. 80.

[28] *Ivi*, pp. 81-82.

13

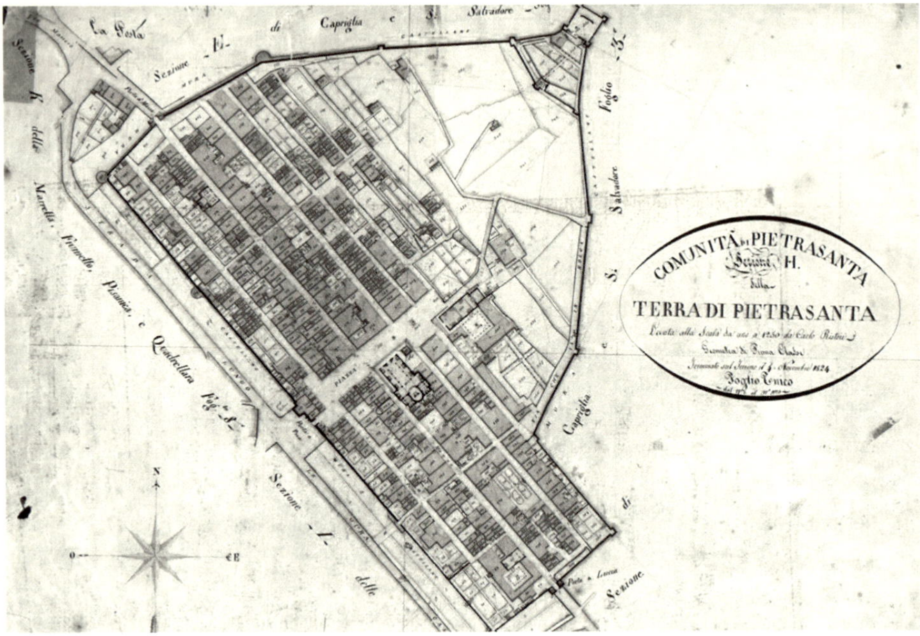

14

Fig. 13. Catasto Generale Toscano, Pietrasanta, 1824 (ASLu, *Vecchio Catasto Terreni*, Contenitore 1, Faldone 1). Fig. 14. Catasto Generale Toscano, San Giovanni, 1821 (ASAr, *Catasto particellare*, San Giovanni Valdarno, Mappe, Attivazione, F/Sviluppo).

dita, come tettoie o coperti, né tantomeno vengono costruite strutture più impegnative come le logge mercantili. Questa situazione riguarda anche tutti gli altri centri minori toscani, dove i ripari e le logge espressamente destinati agli usi del mercato sembrano apparire solo in epoca più tarda, a parte casi sporadici come quello di Poppi. Qui una loggia per il commercio del grano esiste già nel Quattrocento, sul luogo dove oggi è la seicentesca chiesa della Madonna del Morbo, ma sarà demolita alla fine del secolo per la crisi del mercato dei cereali.[29] La loggia del grano di Montepulciano risale invece alla seconda metà del Cinquecento, e ugualmente cinquecentesche sono le logge del grano di Foiano della Chiana, la loggia dei mercanti di Monte San Savino e il loggiato nella piazza che fronteggia il palazzo comunale a Castiglion Fiorentino. Nel Cinquecento viene costruita una loggia a servizio del mercato anche a Ponte a Poppi.[30]

In genere nella configurazione di queste piazze non sembra di poter leggere l'intenzione di qualificarle espressamente come luoghi di vendita, adattandone la forma o dotandole di specifiche attrezzature, a parte eventualmente la presenza di un lastricato e quella di un pozzo. Non vengono neanche contraddistinte da un qualche segnacolo, come le croci che campeggiano in tanti luoghi di mercato della Francia e dell'Inghilterra o le colonne erette nelle piazze di mercato delle città venete, ma anche in quella di Firenze. L'area destinata ai commerci sembra però segnalata spesso nei suoi confini, in modo da perimetrare lo spazio entro il quale è possibile o obbligatorio esercitare le compravendite, dove è dovuto il pagamento dei diritti di mercato e dove si applicano norme e leggi specifiche. Stabilire gli esatti confini del mercato rappresenta ovunque una preoccupazione costante. A Bologna, nel 1245 l'area di mercato esistente presso la porta Ravegnana viene delimitata da paletti, e nel 1250 gli statuti cittadini contengono norme per proteggerne il perimetro dagli sconfinamenti.[31]

Tra i centri minori toscani, da questo punto di vista è molto ben documentato il caso di Figline.[32] Nel 1259, in un momento in cui la sua piazza è ridefinita con la costruzione di alcuni edifici rilevanti, tra cui la pieve di Santa Maria e il palazzo del podestà, lo spazio del mercato viene accurata-

---

29 Bicchierai, *Ai confini della repubblica*, cit., pp. 40-42.

30 P. Freschi, *La «piazza del Ponte»: da* mercatale *a luogo di identità urbana di Ponte a Poppi*, «Storia dell'Urbanistica/Toscana», VIII, 2002, pp. 33-47: 34, 44.

31 E. Crouzet-Pavan, *La cité communale en quête d'elle-même: la fabrique des grands espaces publics*, in *La costruzione della città comunale italiana (secoli XII-inizio XIV)*, Atti del convegno (Pistoia, 11-14 maggio 2007), Pistoia, Centro Italiano di Studi di Storia e d'Arte, 2009, pp. 91-130: 118.

32 P. Pirillo, *Il controllo sugli spazi, Firenze e la confinazione del mercato di Figline (sec. XIII)*, Figline Valdarno, Comune di Figline e Incisa Valdarno, 2016.

mente misurato e delimitato mediante termini in pietra da due inviati della Repubblica fiorentina esperti in questo genere di operazioni. Dal documento di confinazione si apprende che la piazza era già stata perimetrata in precedenza con una serie di termini poi in parte scomparsi, forse risalenti al 1198, quando vengono stipulati accordi tra la Repubblica e gli uomini di Figline che riguardano anche i proventi della gabella sulle vendite. I termini definiscono e racchiudono un'area centrale destinata al mercato, lasciando attorno a essa una zona perimetrale di pertinenza dei proprietari degli immobili antistanti, probabilmente con lo scopo di conservare libera una fascia di terreno per la circolazione. Analogamente, quando tra il 1378 e il 1380 l'Arte dei Beccai affitta per i propri affiliati una parte della piazza di Mercato Vecchio a Firenze, anche in qual caso si stabilisce di lasciare libero per il passaggio pubblico un corridoio di un braccio e un ottavo lungo il perimetro esterno dell'invaso.[33] È molto probabile che confinazioni di questo tipo venissero fissate spesso, specie quando le dimensioni della piazza, come a Figline, permettevano di distinguere e separare lo spazio riservato al commercio da quello destinato a scopi diversi.

Il documento che descrive la confinazione figlinese è interessante anche perché mostra dimensioni variabili della fascia perimetrale di pertinenza dei frontisti, stabilite evidentemente in relazione all'allineamento delle loro case. Questa circostanza fa supporre edifici più o meno avanzati rispetto al perimetro della piazza, forse in ragione della presenza di portici addossati a qualcuno degli edifici. Ancora oggi i portici contraddistinguono molte piazze di mercato toscane, e alcune di esse erano sicuramente porticate già in epoca medievale. Portici sono attestati attorno alla piazza del Campo di Siena nel 1262, quando gli statuti cittadini redatti in quell'anno prescrivono di ridurli tutti alla medesima altezza (otto braccia) e larghezza (tre braccia), obbligando ad abbattere quelli di dimensioni inferiori;[34] un provvedimento che evidentemente unisce esigenze di carattere funzionale con ragioni estetiche. Probabilmente si trattava di semplici tettoie addossate alle facciate, che dovevano essere simili a quella che nella prima metà del Settecento compare nella raffigurazione di una casa sulla piazza di Greve (Fig. 15) facente parte dei beni della fattoria di Panzano.[35]

A Greve i portici sono attestati almeno dalla seconda metà del XVI secolo, quando sono segnalati come «loggie» nell'immagine della piazza conte-

---

[33] BELLI, *Gli spazi del mercante*, cit., p. 36.

[34] L. ZDEKAUER, *Il constituto del comune di Siena dell'anno 1262*, Milano, Hoepli, 1897, pp. 287-291.

[35] Archivio di Stato di Firenze (d'ora in avanti ASF), *Ospedale di Santa Maria Nuova*, 696, c. 80*r*.

nuta nella raccolta di piante del contado fiorentino compilata dai Capitani di Parte Guelfa (Fig. 16);[36] ma la loro comparsa deve essere avvenuta già molto tempo prima. Per Bagnone, un borgo mercantile di dominio fiorentino ai confini settentrionali della Toscana, sappiamo che i portici in muratura delle case costeggianti la *platea* di mercato risalgono alla prima metà del XV secolo. Il libro di memorie scritto nel Quattrocento da un abitante del borgo, Giovanni Antonio Di Faye, ne ricorda infatti la costruzione, avvenuta in più tempi tra il 1425 e il 1455.[37] La proprietà e l'uso privati di questi spazi, sottolineati dal memorialista – Di Faye riferisce che uno dei proprietari fece fare la sua loggia «con vo(l)te e archi, como se vede, *e godetela poco*» – pongono un interrogativo sul loro rapporto con le funzioni di mercato, almeno in questo caso. Ma anche a proposito di Figline, dove lo spazio racchiuso tra i termini in pietra, riservato agli usi mercantili, esclude la fascia perimetrale forse già in parte occupata da portici e tettoie, occorre chiedersi quale fosse la reale funzione di questi ripari.

Una scena raffigurata in uno degli affreschi quattrocenteschi che decorano il cortile del castello di Issogne rappresenta un mercato con venditori di erbaggi e di altri generi alimentari che commerciano i loro prodotti davanti a un porticato ma non al suo riparo; sotto di esso, infatti, si scorgono solo gli ingressi a botteghe.[38] A Siena, come si è visto, nella seconda metà del Duecento i portici attorno al Campo hanno una larghezza inferiore ai due metri, piuttosto ristretta per contenere banchi e permettere il passaggio e l'ingresso alle botteghe. Se dunque è incerto che i portici in origine potessero ospitare banchi e tavole di vendita, o che avessero sistematicamente questo compito, la loro protezione era invece senz'altro utile per le mostre delle botteghe presenti in misura più o meno grande sui luoghi di mercato.

Botteghe sono documentate in epoca medievale nei mercati di Empoli, Figline, Dicomano, Poppi,[39] dove oggi sono presenti portici. È molto probabile che questi ripari, magari sotto forma di semplici tettoie lignee, fossero in uso già allora e servissero appunto come spazi di circolazione coperti a servizio delle botteghe. A Empoli alla metà del Cinquecento i

---

36 ASF, *Piante dei Capitani di Parte Guelfa, popoli e strade*, 121 I, c. 146; *Piante di popoli e strade. Capitani di Parte Guelfa 1580-1595*, a cura di G. Pansini, Firenze, Olschki, 1989, II, c. 146.

37 *Cronaca di Giovanni Antonio di Faie tratta dall'autografo*, a cura di J. Bicchierai, «Atti della Società Ligure di Storia Patria», X, 1874, pp. 513-618: 557, 560-561, 578.

38 *Affreschi nel Castello di Issogne*, a cura di A. Griseri, Cinisello Balsamo (MI), Amilcare Pizzi, s.d.

39 De la Roncière, *Firenze e le sue campagne*, cit., p. 157, nota 2; Bicchierai, *Ai confini della repubblica*, cit., pp. 67-68.

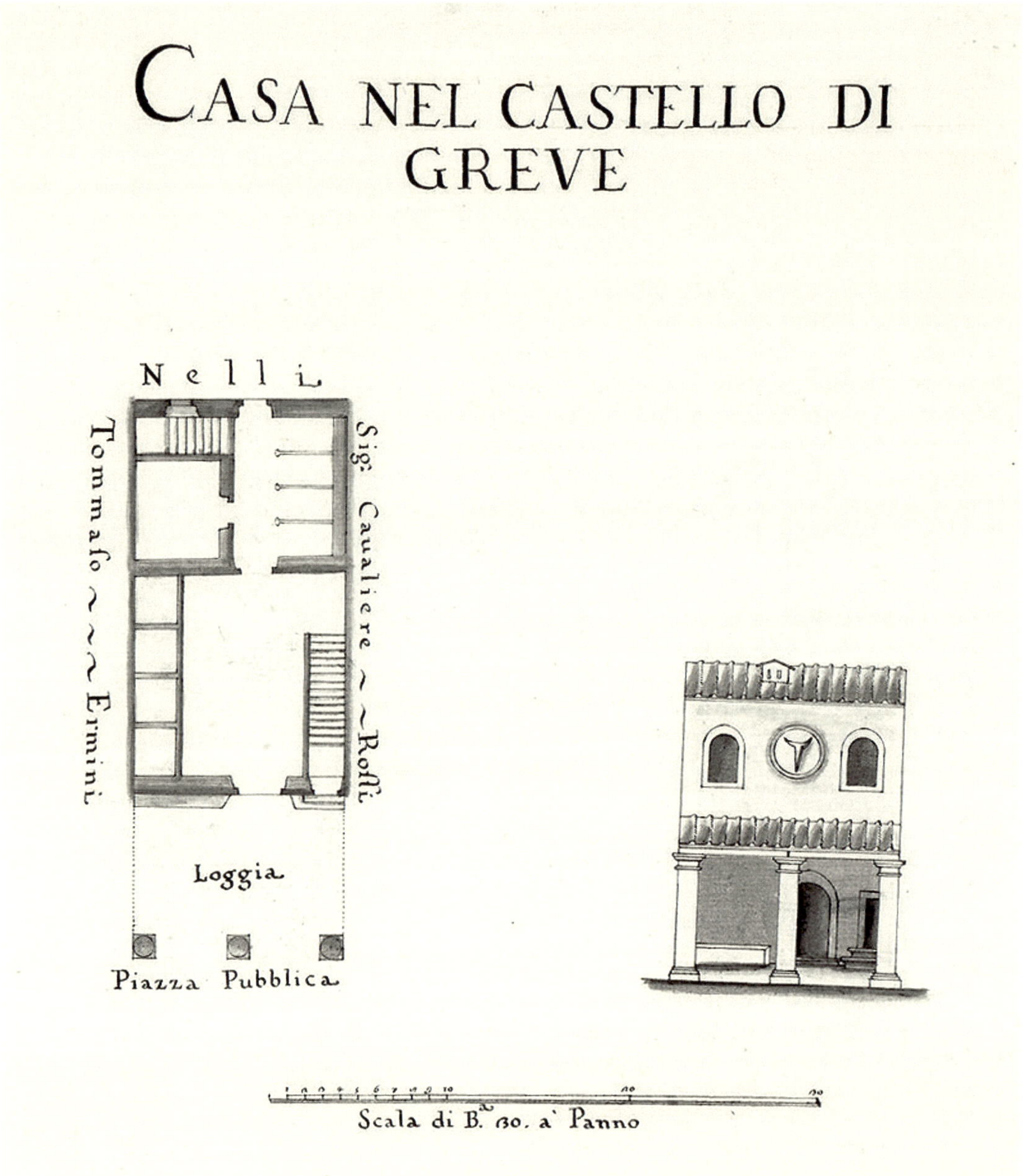

Fig. 15. Casa nel castello di Greve, 1716-1717 (ASF, *Ospedale di Santa Maria Nuova*, 696, c. 80*r*).

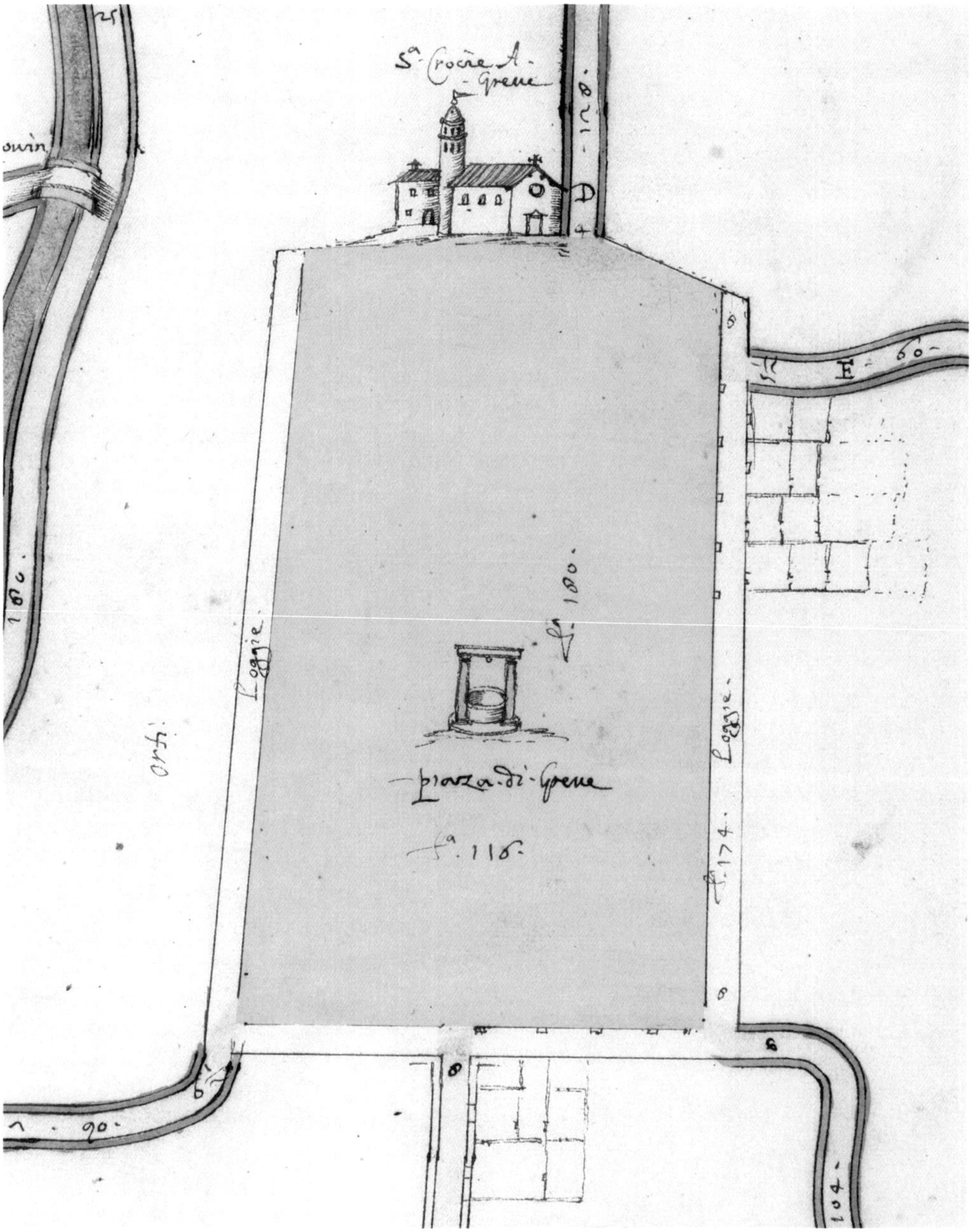

Fig. 16. Greve, 1580-1590 ca. (ASF, *Piante dei Capitani di Parte Guelfa*, popoli e strade, 121 I, c. 146).

portici attorno alla piazza di mercato sono ancora costituiti da colonne che sorreggono coperture in legno. Nel corso della seconda metà del secolo, progressivamente, vengono sostituiti da portici in muratura (Fig. 17), utili per ampliare la parte superiore delle case alle quali si addossano.[40] In altri casi, come a Greve o sul mercatale di Prato, sui portici in muratura vengono realizzate terrazze. Vicende simili sono immaginabili in molti dei casi in cui l'antica piazza di mercato è attorniata da portici, come ad esempio a San Giovanni Valdarno, a Pratovecchio e a Stia.

L'esistenza di porticati o di tettoie non è però una condizione indispensabile per la presenza di luoghi di vendita stabili. La piazza di Gaiole è raffigurata in una pianta dei Capitani di Parte della seconda metà del Cinquecento completamente circondata da botteghe (Fig. 18), riconoscibili dalle mostre, pur essendo del tutto priva di portici.[41] Nei centri minori le botteghe, poste sulle piazze di mercato o nelle loro adiacenze, dovevano essere più numerose di quanto emerso finora, anche se la loro presenza nella maggior parte dei casi era sicuramente più sporadica rispetto alla situazione di Gaiole. A Poggibonsi, ad esempio, esistono botteghe già nella prima metà del Trecento;[42] a San Casciano in Val di Pesa nel 1427 abbiamo notizia di tre botteghe poste sotto una casa di Alessandro di ser Filippo Borromei, tutte affittate.[43] Ancora nel catasto del 1427 compare una bottega nell'abitato di Montale.[44] Sul mercatale di Borgo San Lorenzo, invece, è documentata nel 1431 «una capanna o vero bottegha» appartenente allo speziale Niccolò di Bernardo Bonsi e ai suoi fratelli, che sembra sorgere isolata, visto che su tre lati confina con lo spiazzo, ma che doveva far parte del gruppo di baracche regolamentato dagli statuti del 1398.[45] Anche sul mercatale di Scarperia sono presenti capanne, ma stavolta di proprietà pubblica, affittate ai venditori per esporre e depositare le loro merci.[46] Su un altro mercatale, quello di Barberino di Mugello, Averardo di Francesco dei Medici possiede nel 1427 una casa a uso di albergo,[47] e una fitta rete di

---

40 L. Guerrini – W. Siemoni, *Il territorio empolese nella seconda metà del XVI secolo*, Firenze, Gonnelli, 1987, pp. 45, 86-88.

41 ASF, *Piante dei Capitani di Parte Guelfa, popoli e strade*, 121 I, c. 300; *Piante di popoli e strade*, cit., II, c. 300.

42 De la Roncière, *Firenze e le sue campagne*, cit., p. 157, nota 2.

43 ASF, *Catasto*, 61, c. 1001*v*.

44 *Ivi*, *Catasto*, 231, c. 171*r*.

45 ASF, *Capitani di Parte*, Numeri Rossi, 65, c. 11*r*; de la Roncière, *Firenze e le sue campagne*, cit., p. 157, nota 2; Pinto, *Le comunità locali e la presenza di Firenze*, cit., p. 74.

46 *Ivi*, p. 75.

47 ASF, *Catasto*, 81, c. 454*v*.

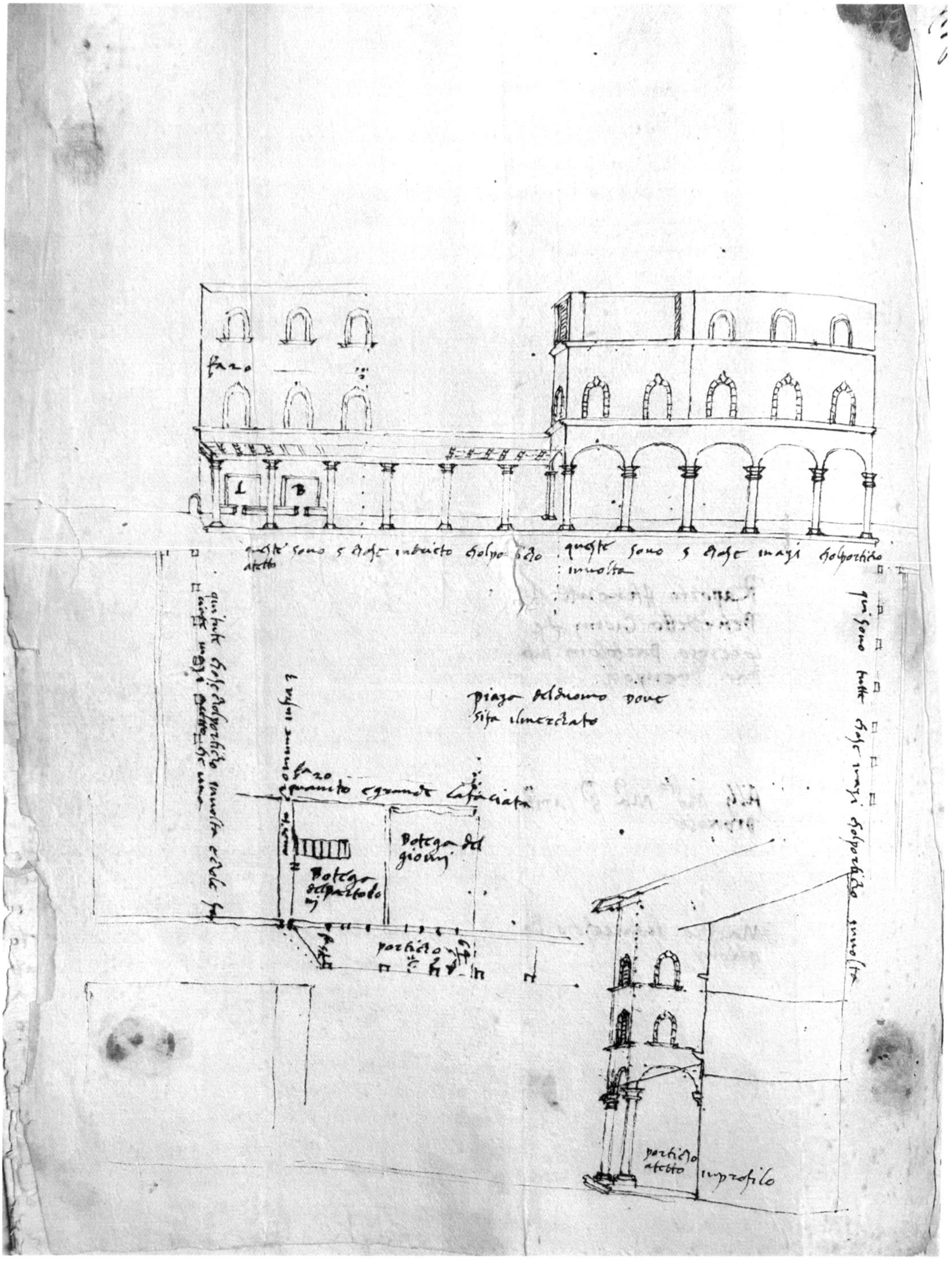

Fig. 17. Francesco di Giuliano Baglioni, rilievo di edifici con portici nella piazza della Collegiata a Empoli, 1583 (ASF, *Capitani di Parte*, Numeri Neri, 991, 14).

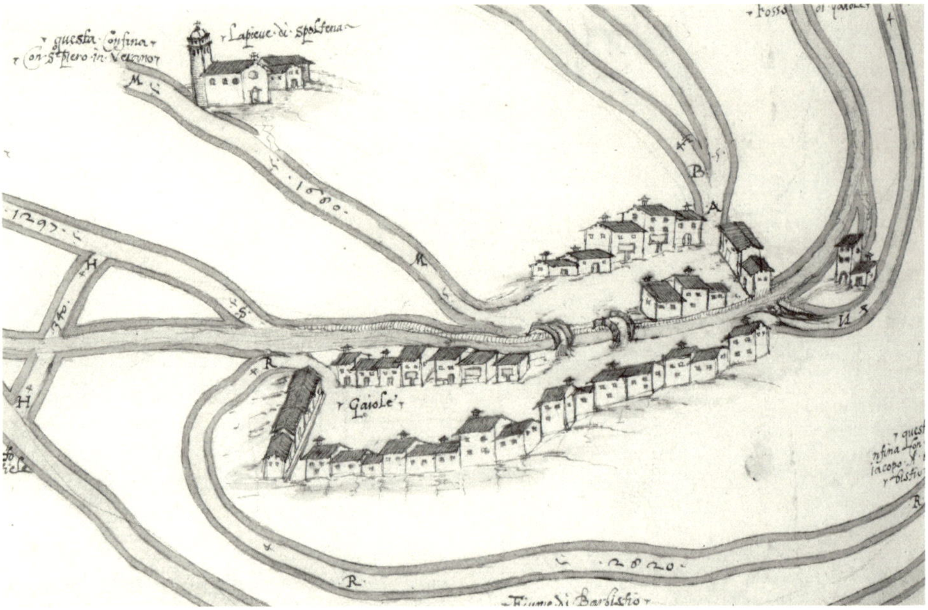

Fig. 18. Gaiole, 1580-1590 ca. (ASF, *Piante dei Capitani di Parte Guelfa*, popoli e strade, 121 I, c. 300).

attività connesse con la presenza del mercato, sicuramente in parte collocate sulla piazza dove viene svolto, è documentata a Borgo San Lorenzo già alla metà del Trecento.[48] Le piazze delle compravendite possono dunque ospitare anche funzioni complementari, dirette a venditori e acquirenti e a tutti coloro che usano il mercato come luogo di relazioni o come opportunità, ad esempio per ufficializzare una transazione attraverso l'imbreviatura di un notaio.[49]

È possibile che le attività notarili e altri uffici di questo genere potessero svolgersi nelle logge pubbliche che talvolta erano poste sulla piazza di mercato. Diverse dai portici a protezione delle botteghe per scopo e per aspetto, queste logge erano destinate a ospitare cerimonie e funzioni con un carattere di ufficialità, come la lettura di un bando o l'intervento del rappresentante del potere per dirimere una questione, ma non sembra che avessero lo scopo di proteggere i commerci dalle intemperie. Nel Medioevo la presenza di logge pubbliche sulle piazze di mercato è attestata a Dicoma-

48 De la Roncière, *Firenze e le sue campagne*, cit., pp. 339-340.

49 *Ivi*, pp. 170-175.

no, Paganico, Castelfranco di Sopra.[50] A San Godenzo fa le veci della loggia il portico della chiesa, affacciata sulla piazza dove si tiene il mercato,[51] e anche a Scarperia è probabile che una serie di funzioni ufficiali e di cerimonie civili si svolgessero nella loggia della Compagnia di Piazza, costruita nella prima metà del Trecento sulla piazza centrale del borgo e corredata da un grande tabernacolo. In ogni caso gli statuti del 1423 fanno riferimento a una loggia pubblica, e logge pubbliche sono presenti o previste anche in tutte le altre terre nuove fiorentine.[52]

In conclusione, gli spazi di mercato dei centri minori della Toscana presentano una varietà di forme e di disposizioni dovute a situazioni contingenti, varietà che tende tuttavia a evidenziare alcuni caratteri ricorrenti. Il primo è la localizzazione del mercato in relazione ai flussi di traffico. È un fenomeno che riguarda soprattutto i mercati nati al di fuori del circuito degli insediamenti, ma che influisce anche sulla scelta degli spazi per queste attività all'interno dei centri abitati, o sulla loro pianificazione nel caso delle terre nuove. Molto comuni sono anche l'uso di spazi già esistenti e la parsimonia con la quale si eseguono adattamenti o si realizzano attrezzature specifiche, circostanze che impediscono di ottenere soluzioni costanti. I portici, uno dei caratteri più ricorrenti nei luoghi di mercato dei centri toscani, riguardano a ben vedere una minoranza di casi, e sembrano dipendere dall'esistenza di botteghe. Le altre attrezzature si riducono ai pozzi e alle logge pubbliche, queste ultime però prive di una specifica connessione con le attività mercantili. Un altro dato con una qualche ricorrenza è la graduale propensione a trasferire il mercato, o alcuni tipi di mercato, fuori dalle piazze che ospitano anche funzioni rappresentative. Ospitati spesso in semplici spiazzi esterni agli insediamenti, questi mercati innescano fenomeni di urbanizzazione. Che siano in origine propaggini esterne del centro abitato oppure nascano come luoghi di scambio isolati, questi spiazzi, o mercatali, obbediscono a logiche puramente funzionali allo scopo che devono assolvere e alle specificità del luogo in cui sono posti. La presenza di tracciati stradali, di nodi viari, di corsi d'acqua ne plasma la loro forma, e non sembra un caso che molte delle piazze toscane che nascono come mercatali condividano morfologie comuni ancora oggi ben riconoscibili.

---

50 *Ivi*, pp. 156-157, 171; Friedman, *Terre nuove*, cit., p. 221.

51 De la Roncière, *Firenze e le sue campagne*, cit., p. 157, nota 2.

52 Friedman, *Terre nuove*, cit., p. 221.

Crediti fotografici

Agenzia del Territorio, Ufficio Provinciale di Lucca: Fig. 13.
Archivio di Stato Arezzo: Figg. 5, 9, 14.
Archivio di Stato di Firenze: Figg. 3, 4, 7, 8, 12, 15, 16, 17, 18.
Archivio di Stato di Lucca: Fig. 11.
Archivio di Stato di Pisa: Fig. 10.
Archivio di Stato di Pistoia Sezione di Pescia: Fig. 6.
Archivio di Stato di Siena: Fig. 1.

Alessandro Dani

LA DISCIPLINA DEL MERCATO E DEL COMMERCIO NELLA NORMATIVA STATUTARIA DEL TERRITORIO SENESE (SECOLI XIV-XVI)

Considerazioni introduttive

Negli statuti dei Comuni del territorio senese del periodo considerato (secoli XIV-XVI) troviamo spesso norme riguardanti le attività commerciali e i mercati, tuttavia vi è una certa diversità nella loro ampiezza: vi sono statuti che offrono un quadro abbastanza nitido e dettagliato e altri che sono piuttosto laconici e lasciano ampie zone d'ombra.[1]

Una disciplina articolata della materia mercantile-artigianale si riscontra negli statuti trecenteschi di Massa Marittima,[2] di Montepulciano e Magliano, in molti statuti del Quattrocento un po' di ogni zona, in Maremma (ad esempio, Orbetello e Civitella), sull'Amiata (Piancastagnaio e Abbadia San Salvatore), nell'area di sud-est (Sarteano, Celle sul Rigo, Castiglione d'Orcia). Sui mercati tra quelli con più informazioni vi sono gli statuti di Asciano del 1465, ancora Sarteano, che ha un piccolo *corpus* a sé di capitoli sul mercato settimanale del 1525, gli statuti cinquecenteschi di Chiusi e Pienza.

Andrea Barlucchi ha contato negli statuti di Siena del 1309-10 ben 190 norme su 1845 (circa il 10%) che riguardano arti e mestieri e percentuale

---

1 Per una panoramica complessiva degli statuti medievali del territorio senese sia consentito rinviare al mio libro *Gli statuti dei Comuni della Repubblica di Siena (secoli XIII-XVI). Profilo di una cultura comunitaria*, Siena, Il Leccio, 2015, disponibile anche sul portale Academia.edu.

2 Non considereremo qui, per la sua complessità ed eccezionalità, la parte degli statuti di Massa Marittima del 1310 (ben 86 rubriche) dedicata alla produzione mineraria e al relativo commercio. Cfr. *Ordinamenta super arte fossarum rameriae et argenteriae civitatis Masse – Statuto delle miniere d'argento e di rame della Città di Massa*, a cura di F. Bonaini, «Archivio storico italiano», VIII, 1850, Appendice n. 27, pp. 631-699. Cfr. anche S. Baldinacci – G. Fabretti, *L'arte della coltivazione del rame e dell'argento a Massa Marittima nel XIII secolo*, Firenze, Cantini, 1989, dove si offrono, oltre ad un ampio commento, la riproduzione fotografica integrale del testo (pp. 75-104) e la sua traduzione in italiano (pp. 105-149).

simile (11,5%, 60 rubriche su 522) emerge per gli statuti di Montepulciano del 1337.[3] Ma vi sono tuttavia anche statuti, specie di realtà minori, con normative molto esigue in materia. E ovunque le norme possono riguardare aspetti differenti, mal prestandosi ad una compiuta comparazione.

Questa prima constatazione induce a richiamare l'attenzione su una questione preliminare: dobbiamo chiederci se la normativa su commerci e mercati fosse tutta inserita nello statuto del Comune oppure se non fosse anche dislocata altrove, cioè se lo statuto non fosse integrato in vario modo.

Sappiamo che presso vari Comuni del territorio senese erano presenti Arti o Corporazioni di mestiere. Non mancano statuti comunali che ce ne attestano esplicitamente la presenza, come quelli di Massa Marittima, Montalcino, Sarteano, Radicondoli, Casole, Piancastagnaio, ma è ben possibile che, in altri centri di una certa consistenza, esse potessero esistere in assenza di esplicita menzione. Le Corporazioni, com'è noto, potevano avere loro statuti, capitoli, raccolte di deliberazioni o altra documentazione. Per il territorio senese però sono giunti a noi pochi statuti corporativi: quello più significativo è dell'Arte della Lana di Radicondoli del 1308.[4] Esso presenta delle analogie con gli statuti trecenteschi dell'Arte della Lana di San Gimignano e Colle Val d'Elsa ed è interessante nel mostrarci l'interazione dell'ordinamento corporativo con quello comunale e la similitudine di soluzioni che verosimilmente dal secondo furono mutuate. La normativa disciplina minuziosamente la produzione ed il commercio della lana, le condizioni di lavoro, la qualità e la misurazione del prodotto, ponendo da un lato molti vincoli all'iniziativa individuale ed alla concorrenza, dall'altro proteggendo decisamente i lanaioli locali. L'Arte radicondolese aveva anche un fondaco ed un proprio agente commerciale (detto *sensaio*) in Siena, al quale vietava tassativamente di vendere merce non proveniente da Radicondoli.[5] Lo statuto comunale di Radicondoli del 1411 impone anche che «i carnaioli giurino l'arte»;[6] non è escluso dunque che vi fossero almeno dei *brevia* scritti, se non statuti, di tale corporazione.

---

[3] A. Barlucchi, *Gli statuti delle arti e la normativa sul mondo del lavoro nella Toscana dei Comuni: sguardo panoramico e prospettive di ricerca*, «Archivio storico italiano», DCXXXVII, 3, 2013, pp. 533-534.

[4] Cfr. *Statuto dell'Arte della Lana di Radicondoli (1308-1388)*, in *Statuti senesi scritti in volgare ne' secoli XIII e XIV*, a cura di L. Banchi e F.L. Polidori, II, Bologna, Gaetano Romagnoli, 1871, pp. 155-228. Il manoscritto è conservato in Archivio di Stato di Siena (d'ora in avanti ASS), *Arti dello Stato*, 163. Il testo è in volgare, conta di 73 rubriche più addizioni, in cc. 38 con aggiunte fino al 1414.

[5] *Statuto dell'Arte della Lana di Radicondoli*, cit., p. 187, rubr. 50.

[6] ASS, *Statuti dello Stato*, 106, c. 46*r*, V dist., rubr. 1.

Altri statuti di Arti del territorio senese sono quelli dei calzolai di Montepulciano del 1326 e del 1330-1337, con riforme fino al Settecento,[7] quello dei calzolai di Asciano del 1455.[8] Ma un quadro dei testi corporativi nell'intero contesto toscano medievale già è stato tracciato da Barlucchi e ad esso occorre qui rinviare.[9]

Appare verosimile che un certo numero (imprecisabile, ma forse non esiguo) di statuti corporativi sia andato perduto, magari anche per una conservazione meno attenta rispetto agli statuti comunali, ed è quindi impossibile oggi farsi un'esatta idea della loro quantità e della loro consistenza. Molti testi (propriamente statutari o meno) sono probabilmente andati perduti già in epoca medievale, se è vero che sono andati smarriti anche molti statuti comunali, di regola i più antichi, di centri importanti e città, a partire dalla stessa Siena. Difficile è addirittura rintracciare memoria della loro esistenza in altre fonti, come i *libri iurium* cittadini o atti giudiziari: spesso se ne trova menzione in maniera incidentale, pressoché fortuita.

La possibilità per le corporazioni di mestiere di *condere statuta* era generalmente ammessa dai giuristi, i quali non ritenevano neppure necessaria l'approvazione da parte del potere sovraordinato.[10] Ma un dato importante che invece emerge dalla fonte statutaria, attestato chiaramente a Sarteano, a Radicondoli, a Massa Marittima, a Montalcino, è che gli statuti delle Corporazioni dovevano essere approvati dal Consiglio comunale: il Comune si poneva dunque come entità istituzionale sovraordinata, chiamata a conciliare gli interessi di categoria con quelli più generali dell'intera comunità.[11]

A Radicondoli (1411) si dice chiaramente che gli statuti delle varie Arti non dovevano valere in pregiudizio del Comune.[12] La subordinazione dell'Arte della Lana rispetto al Comune è espressa fin dal Proemio del suo

---

[7] Cfr. I. Calabresi, *Glossario giuridico dei testi in volgare di Montepulciano. Saggio d'un lessico della lingua giuridica italiana*, I-IV, Pisa, Pacini, 1988-1995: III, pp. 573-608, 609-680; IV, pp. 699-758, 761-813, 814-950, 952-1015.

[8] Ad oggi inedito, conservato presso la Biblioteca Moreniana di Firenze.

[9] Cfr. Barlucchi, *Gli statuti delle arti*, cit., pp. 512-513.

[10] Così vari giuristi trecenteschi di primissimo piano, da Cino da Pistoia a Baldo degli Ubaldi: cfr. V. Piergiovanni, *Un trattatello sui mercanti di Baldo degli Ubaldi*, in *Scritti di storia del diritto offerti dagli allievi a Domenico Maffei*, a cura di M. Ascheri, Padova, Antenore, 1991, p. 252. Sul tema degli statuti corporativi si veda anche A. Padoa Schioppa, *Giurisdizione e statuti delle arti nella dottrina di diritto comune*, in Id., *Saggi di storia del diritto commerciale*, Como, Edizioni New Press, 1984, pp. 5-60.

[11] In questo senso anche F. Franceschi, *Intervento del potere centrale e ruolo delle Arti nel governo dell'economia fiorentina del Trecento e del primo Quattrocento. Linee generali*, «Archivio storico italiano», CLI, 1993, pp. 863-909.

[12] ASS, *Statuti dello Stato*, 106, c. 14*v*, I dist., rubr. 32.

statuto: «Questo è lo statuto dell'Arte de la Lana di Radicondoli, e l'ordinamenti d'essa Arte, facto et facti per quegli de la decta Arte, di volontà del Comune e degli omini di Radicondoli, e ad onore d'esso Comune».[13]

A Massa, per lo statuto del 1419, i Priori comunali eleggevano ogni anno due fabbri «qui teneantur deliberare et providere super modo ponendo in Arte fabrorum»; le deliberazioni sarebbero poi dovute essere confermate e formalizzate nel Consiglio maggiore del Comune.[14] «Ad conservandum et manutenendum Artem Lane» ogni anno i Priori comunali dovevano designare due uomini dell'Arte stessa ed un «bonum alium prudentem virum et legalem civem dicte civitatis, qui non sit de dicta Arte», per fare nuove norme necessarie al buon governo della corporazione, poi da approvare nel Consiglio maggiore cittadino.[15] Similmente è disposto anche per l'Arte dei *carnaiuoli* (macellai) a cui è dedicata una lunga rubrica, ma qui i 'riformatori' non dovevano essere né macellai, né tavernieri.[16]

Lo statuto di Montalcino del 1415, «acciò che gl'exercitii loro drictamente e sença fraude si facciano», imponeva alle Arti di darsi un Rettore e norme da approvarsi poi dal Consiglio generale del Comune.[17] Lo statuto del Comune di Sarteano del 1433 consentiva a ciascuna Arte di «scrivere, capitulare ed ordinare tutto quello che vorrà»; ma «detti capitoli fatti, scritti ed ordinati ciascuna delle dette Arti debba e sia tenuto per tutto il mese di gennaio ogn'anno presentare nel Consiglio generale, nel qual Consiglio debbino approvarsi».[18] Qui gli esercenti delle varie attività professionali, artigianali e commerciali avevano non solo facoltà, ma anche l'obbligo di organizzarsi in Corporazioni e il Comune detta una precisa articolazione in otto Arti, da cui emerge anche un diverso grado di dignità attribuito.[19] Nella partecipazione alla processione per la festa dell'Assunta, con offerta dei ceri, l'ordine prescritto era: dottori in legge, calzolai, mugnai, fabbri, macellai, vetturali, bifolchi, e tavernieri.

Occorre ricordare anche che gli statuti corporativi, analogamente a quelli comunali, potevano rimandare per le materie non regolate allo *ius*

---

13 *Statuto dell'Arte della Lana di Radicondoli*, cit., p. 163.

14 *Statuta Communis et Populi Civitatis Masse a.D. 1419. Il Comune e la città di Massa Marittima all'inizio del Quattrocento*, a cura di B. Cillerai, R. Gambazza e M. Sozzi, Pitigliano, Laurum, 2007, p. 413, III dist., rubr. 53.

15 *Ivi*, p. 413, III dist., rubr. 54.

16 *Ivi*, p. 416, III dist., rubr. 58.

17 D. Ciampoli, *Montalcino medievale. Le regole di una comunità operosa. Lo Statuto del Comune (1415)*, Milano, Giuffrè, 2012, pp. 37-38, I dist., rubr. 28.

18 *Statuti del Comune di Sarteano (secc. XV-XVIII)*, a cura di A. Dani, M. Marrocchi e A. Niccolucci, Roma, Aracne, 2018, p. 160, I dist., rubr. 64.

19 *Ivi*, pp. 159-160, I dist., rubb. 62, 63, 65.

commune. Solo quelle disciplinate, dunque, prevalevano sui testi romanistici, come diritto speciale che deroga a quello generale. Ma in realtà occorre sempre chiedersi se, per certi aspetti, non intervenissero consuetudini a supplire. Considerando la pervasività della consuetudine nel mondo medievale, nei piccoli centri e nelle comunità rurali in particolare, è verosimile che tutta una serie di regole riguardanti anche la nostra materia potessero essere osservate anche in assenza di scrittura. Ricordiamo del resto come, nell'importante ambito marittimo dei traffici mediterranei, si giunse alla redazione di testi normativi, come il Consolato del mare, sulla base di preesistenti regole del tutto consuetudinarie.

Va poi ovviamente tenuto presente che certe norme potevano essere indirizzate alle comunità dagli organi di governo senese oppure essere inserite come clausole nei capitoli di assoggettamento, nel caso di comunità non a contado.

In ultimo, altra questione di cui occorre essere avvertiti è che la materia dei commerci è assai suscettibile di variare nel tempo, per vari fattori socio-economici, ambientali e demografici. Di qui la possibilità di tacite desuetudini o magari riforme altrove registrate. Come sappiamo, il problema della effettiva vigenza degli statuti va tenuto sempre presente ed occorrerebbero, quando possibile, verifiche su altre fonti, come per esempio pronunce giudiziali e atti amministrativi e notarili. Statuti tardi possono contenere parti risalenti a secoli addietro, perché spesso nella nuova redazione si riutilizzavano testi precedenti.

Consapevoli di questi aspetti problematici della fonte statutaria, possiamo passare a vedere i tratti, se non costanti in assoluto, almeno molto ricorrenti, una sorta di base normativa simile che verosimilmente prese forma nel tempo a seguito di rapporti tra comunità, circolazione di tecnici del diritto, in primo luogo notai, fenomeni emulativi (sempre presenti nella creazione giuridica di ogni epoca) e modelli presi dalla città dominante.

La vendita in pubblico dei prodotti

Pressoché ovunque le merci di qualsiasi tipo potevano essere vendute solo nelle apposite botteghe, nella pubblica piazza o in luoghi per consuetudine a ciò destinati.[20]

---

[20] Per considerazioni generali sui luoghi di mercato si vedano D. Calabi – P. Lanaro, *Lo spazio delle fiere e dei mercati nella città italiana di età moderna*, in *Fiere e mercati nella integrazione delle economie europee. Secc. XIII-XVIII*, Atti della trentaduesima settimana di studi (8-12 maggio 2000), a cura di S. Cavaciocchi, Firenze, Le Monnier, 2001, pp. 109-141.

A titolo di puro esempio, tra molti, lo statuto di San Quirico del 1560 impone «che chi reca mercantie le porti in piazza».[21] A Trequanda (1571), si vieta di vendere mercanzie a meno di dieci braccia dalla chiesa di San Pietro, «perché le cose sacre deno tenersi in veneratione».[22] Lo stesso statuto contiene, tra le aggiunte, una deliberazione del Consiglio comunale del 1583 in cui si vieta ai merciai di andare a vendere porta a porta nelle case.[23]

Talvolta erano campi prossimi all'abitato i luoghi consueti di mercato. A Campagnatico lo statuto del 1521 fa cenno ad un «campo deputato ad fare el mercato»: esso non doveva essere lavorato, sotto pena di cinque lire.[24] Per lo statuto quattrocentesco di Paganico il mercato straordinario, «posto et ordinato per li nostri Magnifici Signori», doveva tenersi «nel renaio alla foce della Fogna et pigli staia XIII di terreno o circa», nelle adiacenze del fiume Ombrone, con una strada di accesso atta a farvi transitare il bestiame.[25]

La cacciagione e il pescato provenienti dal territorio comunale ovunque dovevano essere venduti pubblicamente in piazza.[26] A Sarteano lo statuto proibiva altresì di «vendere uccelli, né lepri altrove che alla catena del Comune a Sarteano, sotto la loggia di Santo Martino, alla pena di soldi quaranta per ciascuna volta».[27] A Grosseto (1422) il pesce doveva essere venduto «nel chiostro o travato dove sono usati da vendere»; in caso di pioggia si potevano però vendere «sotto portici presso la piaça».[28] L'obbligo ben si spiega con il fatto che i prezzi dovevano essere stabiliti e controllati da Soprastanti del Comune.[29] I venditori dovevano rispettare abbondanti regole ed erano tenuti a ripulire i luoghi.[30]

---

21 ASS, *Statuti dello Stato*, 129, c. 46*v*, V dist., rubr. 16; U. Sani, *Da San Quirico in Osenna a San Quirico d'Orcia. Tracce di una comunità*, Arcidosso, Effigi, 2023, pp. 891-892.

22 *Statuti medievali e moderni del Comune di Trequanda (secoli XIV-XVIII)*, a cura di L. Gatti, A. Tonioni, D. Ciampoli e P. Turrini, Introduzione di M. Ascheri, Siena, Cantagalli, 2002, p. 190, III dist., rubr. 23.

23 *Ivi*, p. 205.

24 ASS, *Statuti dello Stato*, 21, c. 67*v*. Lo statuto è trascritto in *Lo Statuto di Campagnatico del 1521*, Tesi di laurea di M. Farsi, relatore Prof. M. Ascheri, Università di Siena, Facoltà di Giurisprudenza, a.a. 2002-2003.

25 *Paganico: Statuti della Comunità (secolo XV)*, a cura di S. Cappelli e F. Doccini, Grosseto, Archivio di Stato di Grosseto, 1993, p. 61, V dist., rubr. 18.

26 Cfr. *Statuto del Comune di Montepulciano (1337)*, a cura di U. Morandi, Firenze, Olschki, 1966, p. 343, IV dist., rubr. 78; lo statuto di Magliano del 1356 (ASS, *Statuti dello Stato*, 61, c. 45*r*, V dist., rubr. 12), lo statuto di Gavorrano del 1465 (F. Monaci – P. Simonetti, *Gavorrano alla fine del Medioevo. Lo Statuto del 1465*, Arcidosso, Effigi, 2009, p. 137, V dist., rubr. 51).

27 *Statuti del Comune di Sarteano*, cit., p. 329, IV dist., rubr. 181.

28 *Statuta civitatis Grosseti (1421-1422)*, a cura di M. Mordini, Siena, Accademia senese degli Intronati, 2019, pp. 284-285, IV dist., rubr. 58.

29 *Ivi*, p. 285, IV dist., rubr. 59.

30 *Ivi*, pp. 284-286, IV dist., rubb. 58-61.

A Monterotondo per lo statuto del 1578 «tutte le cose da mangiare e da bere» provenienti da fuori del castello dovevano essere vendute in piazza, sotto la loggia del Comune.[31] A Castiglion d'Orcia (1440) l'esercizio di attività alberghiera era consentito solo presso l'albergo comunale concesso in appalto.[32] A Paganico (sec. XV) lo statuto richiama alla moderazione gli osti nell'attirare i clienti: «Niuno hoste di Paganico non possi né debba alcuno forestieri che passi pigliare pe' panni o farsegli alla riscontra, ma solamente debi invitare chi passa honestamente dinanzi al suo albergo», sotto pena di 40 soldi.[33]

Limiti al commercio all'ingrosso

Ovunque chi portava a vendere merci, di qualsiasi tipo, doveva prima esporle in piazza o altro luogo pubblico consueto per un tempo prefissato, affinché chiunque potesse comprarne a minuto; solo dopo se ne consentiva la vendita all'ingrosso. Questo è riscontrabile dappertutto, ma non mancano diversità, in primo luogo sul tempo di esposizione e riguardo la precisazione di vari aspetti particolari.

Molti statuti prevedono un giorno intero di esposizione prima della vendita all'ingrosso. È il caso di Rocca d'Orcia (1420),[34] Montepescali (1427),[35] Abbadia San Salvatore (1434),[36] Celle sul Rigo (1471),[37] Campa-

---

31 *Lo statuto del Comune di Monterotondo Marittimo (1578)*, a cura di G.E. Franceschini, Siena, Il Leccio, 1997, p. 111, V dist., rubr. 35.

32 *Castiglione d'Orcia alla fine del Medioevo. Una comunità alla luce dei suoi Statuti*, a cura di E. Simonetti, Siena, Betti, 2004, p. 87, I dist., rubr. 40.

33 *Paganico: Statuti della* Comunità, cit., p. 29, III dist., rubr. 36.

34 D. Ciampoli – C. Laurenti, *Gli statuti di Rocca d'Orcia-Tintinnano dai Salimbeni alla Repubblica di Siena (secoli XIII-XV)*, Siena, Betti, 2006, p. 154, V dist., rubr. 22. Per tale statuto la mercanzia («qualunche spetie o genere si sia, grossa o minuta, in fructi o in erba») doveva rimanere esposta tutto il giorno fino «a l'ora del vespro», e solo allora poteva essere comperata «in grosso».

35 *Statuti del Comune di Montepescali (1427)*, a cura di I. Imberciadori, Siena, Accademia senese, 1938, p. 74, III dist., rubr. 58.

36 *Abbadia San Salvatore. Una Comunità autonoma nella Repubblica di Siena*, a cura di M. Ascheri e F. Mancuso, Siena, Il Leccio, 1994, p. 254, V dist., rubr. 7.

37 P. Turrini, *Per una storia di Celle attraverso i documenti degli archivi. Eventi, luoghi, comunità, famiglie, persone*, in *Celle sul Rigo. Un Castello di confine tra diversi 'potentati'. Un Comune tra diversi Stati. Una Comunità tra memoria e futuro*, a cura di R. Rocchi e P. Turrini, postfazione di F. Tanzarella, saggio storico di P. Turrini, contributi di A. Brogi e P. Morelli, Siena, Extempora, 2024, p. 145. Qui chi portava a vendere «olio, pesce o vasa» al mercato settimanale del sabato, come riferisce la Turrini, «doveva prima annunciarlo pubblicamente, tramite il messo, e poi tenere la merce in piazza per un giorno, prima di poterla vendere all'ingrosso, salvo diversa "licenza" di Vicario e Priori».

gnatico (1521).[38] A Montiano (1543) si consentiva subito la compera all'ingrosso di mercanzie da forestieri, ma l'acquirente era tenuto «rivendarne alli terrieri [cioè alle persone del luogo] per quel prezo che costarà allui per tutto quel dì», sotto pena di venti soldi.[39] Mezza giornata, prima della possibilità di acquistare all'ingrosso, era prevista a Chiarentana (1314).[40] Ad Orbetello (1414) erano indicati due giorni.[41]

Ma vi sono statuti che invece prescrivono l'esposizione per quattro ore, come a Pari (1509),[42] Chiusi (1538),[43] Trequanda (1571),[44] Casteldelpiano (1571),[45] Monterotondo (1578).[46] Tre ore erano previste a Pienza (1564).[47]

Nel Comune signorile di Ravi, per lo statuto del 1447, pane, vino, carne ed altri prodotti venduti «a minuto» si potevano commerciare solo su licenza del signore, con pagamento della relativa gabella, al prezzo stabilito dai Viari del Comune.[48] A Pari (1509) si precisa che il messo comunale doveva pubblicamente annunciare l'arrivo della mercanzia nel castello.[49]

Qualità e corretta quantità dei prodotti

Generale è l'obbligo di misurare la merce in vendita in modo corretto, usando contenitori e strumenti di misura conformi a quelli stabiliti e tal-

---

[38] ASS, *Statuti dello Stato*, 21, c. 68*r*.

[39] *Il Comune di Montiano e il suo testo statutario del 1543*, Tesi di laurea di I. Irani, relatore Prof. M. Ascheri, Università di Siena, Facoltà di Giurisprudenza, a.a. 2006-2007, p. 172, IV dist., rubr. 121.

[40] *In Val d'Orcia nel Trecento. Lo statuto signorile di Chiarentana,* a cura di M. Salem Elsheikh, Siena, Il Leccio, 1990, pp. 45-46, rubr. 76. Nessuno avrebbe potuto «la dicta mercantia comparare in grosso, se prima non stessi ne la piaçça del Comune uno meçço dìne» (cioè mezza giornata).

[41] Archivio Storico del Comune di Orbetello (d'ora in avanti ASCO), Statuto del 1414, I dist., rubr. 117. La rubrica *Del modo di vender grascia* recita: «Quando in Orbetello alcuna generatione di grascia, cioè grano, farina, biado, olio, panni lanei [et] linei, carne salata o alcuna cosa si mettessi, si debba portare in piazza et lì tenerla per tempo di dui dì, et ivi vendere a chi comparare ne volesse, et di poi li sia lecito vendere in grosso, come parrà a' padroni d'essa robba».

[42] *Tra Siena e Maremma. Pari e il suo statuto*, a cura di M. Ascheri, L. Nardi e F. Valacchi, Siena, Il Leccio, 1995, p. XVIII, rubr. 66.

[43] *Statuti della città di Chiusi (1538)*, a cura di C. Cencioni, Chiusi, Luì Edizioni, 1996, pp. 167-168, IV dist., rubr. 8.

[44] *Statuti medievali e moderni del Comune di Trequanda*, cit., p. 188, III dist., rubr. 16.

[45] *Statuti di Castel del Piano sul Monte Amiata (1571)*, a cura di I. Imberciadori, Firenze, Olschki, 1980; p. 388, V dist., rubr. 41.

[46] *Lo statuto del Comune di Monterotondo*, cit., p. 111, V dist., rubr. 35.

[47] ASS, *Statuti dello Stato*, 101, c. 55*v*, V dist., rubr. 13.

[48] *Lo statuto di Ravi di Maremma (1447)*, a cura di M. Brogi, «Bullettino senese di storia patria», IC, 1992, p. 378, III dist., rubr. 29.

[49] *Tra Siena e Maremma*, cit., p. XVIII, rubr. 66.

volta esposti presso il palazzo comunale. Ad esempio a Montepescali (1427) si impone ai Priori di far sempre trovare a disposizione i modelli di misure (senesi) in Comune.[50]

Pressoché ovunque sono previsti appositi ufficiali comunali (Provveditori, Riveditori di pesi e misure e cariche omologhe altrimenti denominate) incaricati di controllare periodicamente i contenitori e altri strumenti di misura delle merci (bilance, aste etc.) affinché corrispondessero agli standard in uso, che non di rado si specificano essere quelli del Comune di Siena. Ad esempio, a Grosseto (1422),[51] a Casole (1492)[52] ed a Montiano (1543)[53] vi era l'obbligo di conformarsi alle misure senesi.

A Chiusdino (1473) vi erano appositi *Proveditori* che una volta al mese passavano in rassegna i metodi di misurazione delle merci, da uniformare al modo senese, oltre che la qualità delle carni vendute.[54] A Magliano (1356) i Priori comunali erano tenuti a farsi mandare da Siena le misure corrette, come anche le forme dei mattoni.[55] Insieme al Consiglio designavano quattro «misuratori di grano».[56] Norme sull'osservanza di pesi e misure si trovano anche in altri statuti, come a Radicondoli (1411),[57] Orbetello (1414),[58] Asciano (1465),[59] Roccalbegna (1475),[60] Pienza (1564),[61] Monterotondo (1578).[62]

Pressoché generale è anche la presenza di ufficiali incaricati di controllare la qualità della carne e del pesce e di regolarne la vendita. Ad esempio, a Grosseto (1421) tre ufficiali comunali dovevano controllare gli animali

---

50 *Statuti del Comune di* Montepescali, cit., p. 111, IV dist., rubr. 19.

51 *Statuta civitatis Grosseti*, cit., pp. 185-186, I dist., rubr. 25.

52 *Lo statuto di Casole*, a cura di L. Fusai, Colle di Val d'Elsa, Vanzi, 2010, p. 48, III dist., rubr. 22.

53 *Il Comune di Montiano*, cit., p. 172, IV dist., rubb. 119, 122. Tale statuto (IV, 119) precisa che «li tavernieri o altri che venderanno vino a minuto nel castello di Monteano o sua corte (…) siano tenuti et debbino vendare con le misure dritte et sigillate del sigillo del magnifico Comuno di Siena». Ma più in generale vigeva obbligo di «vendare alcuna cosa o mercantia» con pesi e misure del Comune di Siena.

54 *Lo Statuto del Comune di Chiusdino (1473)*, a cura di A. Picchianti, Siena, Cantagalli, 1998, pp. 51, 65, I dist., rubb. 6, 45.

55 ASS, *Statuti dello Stato*, 61, c. 5*v*, I dist., rubb. 20-21.

56 *Ivi*, c. 13*r*, I dist., rubr. 53.

57 ASS, *Statuti dello Stato*, 106, c. 47*r*, V dist., rubr. 5.

58 ASCO, Statuto del 1414, I dist., rubr. 10.

59 *Lo statuto del Comune di Asciano*, cit., p. 90, III dist., rubr. 39.

60 ASS, *Statuti dello Stato*, 116, c. 29*v*, II dist., rubr. 76.

61 *Ivi*, 101, c. 23*v*, I dist., rubr. 13.

62 *Lo statuto del Comune di Monterotondo*, cit., p. 10, I dist., rubr. 8; p. 60, III dist., rubr. 42.

prima della macellazione e dare l'assenso per la vendita.[63] Anche a Montorsaio (1432) gli Stimatori del Comune dovevano esaminare le bestie prima della macellazione.[64] Nello statuto di Montepulciano del 1337 troviamo particolari misure igieniche per la vendita del pane: esso andava tenuto coperto e toccato solo con una bacchetta; era vietato alle donne filare presso il forno.[65]

Il commercio e la vendita al minuto del vino è ovunque oggetto di particolare attenzione. Spesso si proibisce in via generale la vendita di «vino forestiero», cioè non prodotto *in loco*, salvo magari possibili autorizzazioni o eccezioni per particolari tipi. Divieto assoluto vigeva ad Abbadia San Salvatore (1434)[66] e a Castiglion d'Orcia (1440).[67] Ad Orbetello (1414)[68] si vietava di vendere vino forestiero senza apposita licenza, salvo che «vernaccia di Cornillia, Malvagìa et Greco». Anche a Sarteano (1433)[69] regole dettagliate riguardavano la vendita del vino.

Talvolta, come a Celle sul Rigo (1471) si impongono regole protezionistiche per i prodotti locali. Qui lo statuto ordina ad albergatori e tavernieri di fare uso solo di «victuarie» di produzione locale, proibendo l'importazione di «grano, farina, pane cotto, biado, strame, polli et huova o carne fresca che venissero di fuori de la corte o distrecto», salva autorizzazione dei Priori comunali in circostanze eccezionali, quando tali generi di prima necessità venivano a mancare.[70]

Imposizione dei prezzi

Pressoché ovunque i prezzi di ogni tipo di prodotto erano stabiliti da appositi ufficiali comunali o uomini incaricati, sia per quelli venduti negli esercizi comunali dati in appalto (come macelli, forni e osterie) sia per quelli venduti da commercianti nelle loro botteghe o da chiunque al minuto al mercato o a casa propria. Lontana appare dunque l'idea di libero

---

63 *Statuta civitatis Grosseti*, cit., pp. 185-186, I dist., rubr. 25.

64 *La Comunità di Montorsaio e i suoi statuti. Sviluppi storico-istituzionali dalla signoria rurale all'inserimento nello Stato di Siena*, a cura di M. Mordini, Grosseto, Biblioteca comunale Chelliana, 2004, pp. 162-163, III dist., rubr. 59.

65 *Statuto del Comune di Montepulciano*, cit., p. 344, IV dist., rubr. 82.

66 *Abbadia San Salvatore*, cit., p. 499, V dist., rubr. 4.

67 *Castiglione d'Orcia alla fine del Medioevo*, cit., p. 88, I dist., rubr. 42.

68 ASCO, Statuto del 1414, I dist., rubr. 80.

69 *Statuti del Comune di* Sarteano, cit., pp. 305-306, IV dist., rubr. 115.

70 Cfr. Turrini, *Per una storia di Celle*, cit., p. 145.

mercato, nella precedenza data a criteri di giustizia e ragionevole equilibrio di interessi.

Per lo statuto di Montorsaio (1432) il prezzo di tutto ciò che era venduto in piazza «a minuto» doveva essere stabilito dagli Stimatori del Comune;[71] esplicita menzione è fatta per il prezzo di carni e pesce, da esporsi presso la porta del Comune.[72] Ad Abbadia San Salvatore (1433) i prezzi dei vari tipi di carne dovevano essere stabiliti ogni mese dal Consiglio generale del Comune,[73] che indicava anche le modalità della macellazione, nonché limiti e controlli per la vendita al minuto.[74] I macellai avevano un diritto di prelazione sull'acquisto di tutto il bestiame da macello.[75] A Casteldelpiano (1571) il prezzo della carne era stabilito dai Viari del Comune, che vigilavano anche sull'osservanza di numerosissime regole e precauzioni riguardo l'attività dei macellai.[76] A Campagnatico (1521) il prezzo della carne era stabilito da Soprastanti del Comune;[77] a Montiano (1543) dai Ponitori comunali.[78]

Ad Orbetello (1414) lo statuto indica per ogni specie di pesce venduto in piazza il prezzo relativo; in tempo di Quaresima, quando la domanda saliva molto per la prescrizione religiosa di astenersi dal consumo di carne, il prezzo era leggermente aumentato. Anche i volatili, abbondanti nella laguna, dovevano essere venduti in piazza al prezzo fissato dallo statuto per ogni specie.[79] Ad Asciano (1465) erano designati annualmente due Ponitori del prezzo del pane, altri stabilivano il prezzo del pesce.[80]

A Monterotondo Marittimo (1578) la vendita in piazza di tutti i prodotti e ogni genere di mercanzie, tanto locali che provenienti da fuori, doveva avvenire previa autorizzazione di due uomini eletti dal Consiglio comunale («offitio de la Grascia»), al prezzo da essi stabilito.[81] Ovunque i vari tipi di selvaggina potevano essere commerciati solo ai prezzi prestabiliti.

Da notare è che i prezzi dei prodotti artigianali, delle merci e dei viveri venduti a bottega erano fissati dal Comune, anche dove sappiamo esistere

---

71 *La Comunità di Montorsaio*, cit., p. 161, III dist., rubr. 53.

72 *Ivi*, p. 183, III dist., rubr. 146.

73 *Abbadia San Salvatore*, cit., pp. 502-503, V dist., rubr. 12.

74 *Ivi*, p. 503, V dist., rubr.13.

75 *Ivi*, p. 502, V dist., rubr. 11.

76 *Statuti di Castel del Piano*, cit., pp. 354-356, V dist., rubr. 10.

77 ASS, *Statuti dello* Stato, 21, c. 98*v*.

78 *Il Comune di Montiano*, cit., p. 171, IV dist., rubr. 118.

79 ASCO, Statuto del 1414, rubr. 102.

80 *Lo statuto del Comune di Asciano*, cit., p. 60, I dist., rubr. 32; p. 85, III dist., rubr. 13; p. 67, I dist., rubr. 55.

81 *Lo statuto del Comune di Monterotondo*, cit., pp. 111-112, V dist., rubr. 36.

organizzazioni corporative. Lo statuto di Montepulciano (1337), ricco di regole riguardati attività commerciali e artigianali, stabilisce i prezzi esigibili da fornai, mugnai, olivieri, macellai.[82] Lo statuto di Magliano (1356) stabilisce il compenso dovuto a fabbri tessitrici, sarti, calzolai, conciatori, costruttori di aratri, macellai, barlettai, fornai, barbieri.[83] Similmente, lo statuto di Piancastagnaio, nonostante la presenza di Arti, stabilisce in dettaglio i prezzi di molti prodotti e delle prestazioni degli artigiani (1432).[84] Ma non sono certo casi isolati.

I mercati

Molti statuti contengono norme sui mercati, percepiti come eventi di pubblica utilità, di fondamentale importanza per l'approvvigionamento di viveri e altri prodotti, anche se talora potevano sorgere conflitti di interessi con le corporazioni di mestiere locali.[85]

Ma i mercati rappresentavano una costante e necessaria integrazione del commercio stabile. I Comuni si preoccupavano sempre che i mercati si tenessero regolarmente e ordinatamente, che, come abbiamo visto, fossero evitate incette e vendite all'ingrosso prima che fosse data a ciascuno la possibilità di acquisto al minuto, ma si impone anche come dovere vero e proprio ai contadini di recarsi a vendere i loro prodotti, evidentemente il surplus dell'attività agricola e dell'allevamento.

Dagli statuti emerge che di regola si teneva un mercato ordinario a cadenza settimanale, in un giorno fisso, come accade ancora oggi; ma potevano tenersi anche altri mercati più importanti, o più propriamente *fiere*, in occasione di certe festività.[86] Le normative più consistenti riguardo ai mercati, nel territorio considerato, si trovano negli statuti nell'area di con-

---

[82] *Statuto del Comune di Montepulciano*, cit., pp. 344-350, IV dist., rubb. 83-87. Anche la vendita dell'acqua avveniva con prezzi fissati: dalle calende di novembre alle calende di luglio, 5 denari la soma; dalle calende di luglio alle calende di ottobre, 6 denari la soma; dalle calende di ottobre a quelle di novembre, 10 denari la soma (IV, 107). Anche la vendita al minuto, da parte di chiunque, di uova e piccioni (IV, 79-80), pane (IV, 81) e altri generi doveva rispettare i prezzi stabiliti dagli ufficiali comunali.

[83] ASS, *Statuti dello Stato,* 61, cc. 45*v*-46*v*, V dist., rubb. 15-21; c. 47*v*, rubb. 25-28.

[84] *Il Comune medievale di Piancastagnaio e i suoi statuti*, a cura di A. Dani, Siena, Il Leccio, 1996, pp. 103-106, V dist., rubb. 46-54.

[85] Cfr. L. Zdekauer, *Fiera e mercato in Italia sulla fine del medio evo*, Macerata, Biachini, 1920; Calabi – Lanaro, *Lo spazio delle fiere*, cit., p. 117.

[86] «In età medievale – osservano Calabi e Lanaro – la fiera è un'istituzione diffusa quasi omogeneamente nella penisola italiana, nei nodi di traffico finanziario e in gran parte dei centri di attrazione dei prodotti agricoli» (*ivi*, p. 127).

fine sud-orientale, luogo di scambi anche con i territori pontifici, fiorentino e aretino.

I mercati ordinari e, in misura maggiore le fiere, com'è stato osservato, erano una fondamentale occasione di commercio di prodotti locali di ogni tipo e di importazione da terre più o meno lontane, ma anche vivacissime occasioni di incontri, di scambio di informazioni, di affari di ogni tipo, di divertimento soprattutto per chi viveva isolato in campagna. Alle fiere si compravano ogni genere di vivande, grano, vino e olio, bestiame, attrezzi, stoffe, mercerie varie; si incontravano amici come ciarlatani, buffoni o prostitute.[87] Lo statuto di Casteldelpiano (1571), dettando regole e misure d'ordine per lo svolgimento dei mercati straordinari a settembre e a gennaio, ci dice che essi «sono cose di rumore, di strepito e di confusione». Così si delimita, con estrema precisione, la parte del paese che non doveva essere occupata.[88]

Dal punto di vista giuridico, l'istituzione di fiere era considerata una prerogativa sovrana: *nundinae sunt de regalibus*. Necessitavano quindi di una concessione o la presenza di una consuetudine immemorabile (una sorta di privilegio tacito).[89] Per i mercati straordinari la *ratio* della competenza superiore era che essi comportavano l'affluenza di forestieri, una disciplina *ad hoc* delle gabelle, salvacondotti ed esenzioni, magari competenze giudiziarie specifiche e l'applicabilità di procedure sommarie, la necessità di armonizzare nel tempo e nello spazio eventi simili, contemperando dunque le aspettative di più comunità e soggetti, spesso in competizione tra loro. Diversa la situazione per i mercati ordinari, ma in questo occorreva rimettersi alle regoli locali, più che a principi generali validi ovunque.[90]

La consuetudine giocava in entrambi i casi un ruolo rilevante e, come è stato osservato, spesso i mercati nacquero dalla prassi consuetudinaria, poi magari formalmente riconosciuta.[91]

In certi statuti, nelle aggiunte, sono riportate richieste dei Comuni e relative concessioni riguardo ai mercati, attestando che la materia era di competenza delle autorità superiori, senesi prima e granducali poi, almeno quando si trattava di introdurre innovazioni. Attestazioni in tal senso si

---

87 Cfr. G. Cherubini, *Fiere e mercati nella campagne italiane del Medioevo*, in Id., *Il lavoro, la taverna, la strada. Scorci di Medioevo*, Napoli, Liguori, 1997, pp. 132-139.

88 *Statuti di Castel del* Piano, cit., pp. 409-410, V dist., rubr. 66.

89 In questo senso vari giuristi trecenteschi commentando *Cod.* 4.60.1.

90 Così, ancora nella tarda Età Moderna, G.B. De Luca, *Il Principe cristiano pratico*, Roma, Stamperia della Reverenda Camera Apostolica, 1680, pp. 477-479.

91 Per Giovanni Cherubini, «la realtà precedette la norma, la periodica spontanea riunione di venditori e compratori in un luogo specifico il riconoscimento da parte del potere pubblico». Cfr. Cherubini, *Fiere e mercati*, cit., p. 136.

trovano ad esempio in aggiunte tardo-cinquecentesche agli statuti di Trequanda e Montisi.[92]

Il caso di Asciano è particolare. Il centro più importante delle Crete, luogo privilegiato di scambi sulla via da Siena verso Perugia, fu oggetto di attenzione senese fin dal Duecento, quando il Consiglio generale di Siena stabiliva annualmente la gabella, la cui riscossione era data in appalto.[93] Gli statuti di Siena del 1262 e di primo Trecento indicano anche il luogo dove si doveva svolgere il mercato ascianese[94] e sappiamo che esso era nel Trecento assiduamente frequentato da mercanti senesi, oltre che da mercanti provenienti dall'Aretino, dall'Umbria, dalle Marche e dall'Alto Lazio.[95] Nel 1311 Siena concesse l'esenzione da gabelle per l'ingresso alla fiera di San Lorenzo e nuove franchigie furono deliberate nel 1356, con lo scopo di favorire l'afflusso di prodotti alimentari, olio e vino.[96] Nel 1416 il Comune di Asciano chiese di poter effettuare altre fiere annuali con estensione delle franchigie fino a tre giorni in occasione delle stesse, a cui il Consiglio generale senese acconsentì.[97]

Lo statuto di Asciano del 1465 si occupa del mercato straordinario di San Lorenzo contemplando la vigilanza sull'ordinato svolgimento da parte di trenta fanti sotto la guida di un Connestabile,[98] nonché la suddivisione dello spazio a disposizione tra i venditori («calçolari, piçicaiuoli, orciolari, coppari et qualunque artefice in qualunque arte») e le dimensioni dei banchi, che non dovevano superare cinque braccia per quattro.[99] Dalle aggiunte sappiamo che in quel periodo si tenevano quattro mercati straordinari

---

92 Nello statuto di Trequanda del 1571 un'aggiunta del 1° aprile 1594 riporta un rescritto del Governatore di Siena in cui si accorda che il mercato straordinario del 6 maggio, festa principale del luogo, possa protrarsi per tre giorni consecutivi (vigilia della festa, il giorno stesso ed il seguente). Ciò però senza recare pregiudizio alla riscossione delle gabelle. Cfr. *Statuti medievali e moderni del Comune di Trequanda*, cit., p. 206. Tra le aggiunte allo statuto di Montisi del 1494 è riportata una missiva del Magistrato dei Quattro Conservatori del 1580 in cui si dà notizia del rescritto del Granduca alla richiesta del Comune di Montisi «di poter fare il mercato ogni settimana in giovedì et anco l'anno tre fiere libere per tre giorni l'una, come eran soliti fare avanti la guerra». La risposta è positiva per il mercato ordinario, ma negativa riguardo alle fiere. Cfr. *Statuto di Montisi del 1494*, a cura di L. Gatti, Siena, Amministrazione Provinciale di Siena, 1994, p. 166.

93 Cfr. A. Barlucchi, *Il contado senese all'epoca dei Nove. Asciano e il suo territorio tra Due e Trecento*, Firenze, Olschki, 1997, pp. 93-94.

94 Cfr. D. Ciampoli, *Introduzione*, in *Lo statuto di Asciano*, cit., pp. 22-23.

95 Cfr. Barlucchi, *Il contado senese*, cit., pp. 96-97.

96 *Ivi*, pp. 22-23.

97 *Ivi*, p. 23 e p. 36, dove è trascritta la deliberazione del Consiglio Generale del Comune di Siena del 29 giugno 1416.

98 *Lo statuto di Asciano*, cit., p. 55, I dist., rubr. 16.

99 *Ivi*, p. 90, III dist., rubr. 38.

o fiere e un mercato settimanale il venerdì, il cui inizio era annunciato dal suono di una campana.[100]

A Buonconvento, centro lungo la Francigena naturalmente vocato agli scambi, sappiamo dallo statuto del 1522 che, oltre al consueto mercato di ogni giovedì, si tenevano mercati straordinari alle calende di gennaio, per le feste di San Giacomo e San Cristofano a luglio, per Ognissanti, per Sant'Andrea di novembre, per Santa Lucia e per San Tommaso a dicembre.[101] Ma nella vicina San Quirico (1560), dove si impone per statuto «che in ciascuno lunedì si facci il mercato»,[102] i mercati straordinari menzionati sono due e si tenevano per la festa di San Quirico e per quella di San Luca.[103]

Di regola il mercato si teneva nella piazza principale, con qualche eccezione. Ad esempio, a Celle sul Rigo (per lo statuto del 1471) il mercato si svolgeva il sabato nella piazza davanti alla chiesa di San Paolo, salvo che per maltempo il Vicario o i Priori destinassero altro luogo; le mercanzie che solitamente venivano messe in vendita erano «olio, pesce, aceto, fructa o simile cose o vasa o terra o lavori di vetro».[104]

Vari statuti, come quelli di Pienza, Sarteano e Chiusi, impongono, sotto pena di una multa, di recarsi al mercato settimanale a vendere loro prodotti.

A Pienza (1564), dove per inciso si menziona anche un «piazzaiolo», incaricato di vigilare sull'osservanza dello statuto, è fatto obbligo per ogni contadino mezzadro di portare prodotti a vendere nel mercato settimanale del giovedì.[105] Anche nella vicina Chiusi, per lo statuto del 1538, la parteci-

---

100 Cfr. Barlucchi, *Il contado senese*, cit., p. 24.

101 *Gli statuti del Comune di Buonconvento del 1522*, a cura di S. Pucci, Buonconvento, Circolo culturale Amici di Buonconvento, 1991, p. 75, rubr. 39.

102 ASS, *Statuti dello Stato*, 129, c. 11*r*, I dist., rubr. 36.

103 *Ivi*, c. 11*v*, I dist., rubb. 37-38.

104 Turrini, *Per una storia di Celle*, cit., p. 145.

105 ASS, *Statuti dello Stato*, 101, c. 28*r*, I dist., rubr. 30. Nella rubrica «Che ciascuno giovedì si facci il mercato» si legge: «Providdero parimente et ordinorno, per utile e benefitio publico, ciascheduno giovedì si faccia il mercato nella piazza principale della città di Pientia et che a esso sia tinuto venire o mandare ciascuno mezzaiolo della corte di detta città uno per casa, portando a vendere a detto mercato qualche sorte di vivande secondo la stagione, pena a chi contraverrà di lire una di denari per ciascuno e ciascuna volta, se già non fussero impediti da legittime cause, da ammetarsi e dichiararsi dai rappresentanti che per li timpi saranno con espressa prohibitione che non sia lecito ad alcuna persona forestiera di comprare cos'alcuna prima del suono della campana, come anco non sia lecito ad alcuno, sì forestiero come terrazzano e della corte di Pienza, comprare all'ingrosso mercantia o robbi alcuna in detto mercato prima del suono di detta campana, sotto pena della perdita della robba e di lire due di denari per ciascuna volta, in che incorgha tanto il venditore quanto il compratore. Ordinando di più che il piazzaiolo che per i tempi sarà, sia tenuto et obbligato referire al cancelliere della comunità ogni giorno al mercato il prezzo maggiore, mezzano e minore del grano che corrirà nel detto mercato, pena a detto piazzaiolo di lire una manchando di quanto sopra con dichiaratione de

pazione al mercato settimanale del sabato era obbligatoria per gli abitanti del territorio chiusino. Leggiamo infatti nel testo: «Tutti li habitatori della corte di Chiuscio sieno tenuti el sabbato venire o mandare uno o una di sua fameglia con quelle robbe che havaranno da vendere nella piaza di Chiuscio, sotto pena di soldi sette per ciascuno che contra farà». L'Ufficiale del danno dato doveva «farne la rasegna a mezogiorno sonata la campana del palazo del Podestà», e poteva trattenere un terzo delle multe inflitte.[106]

La normativa più dettagliata che abbiamo trovato nell'ambito spaziale e cronologico considerato è quella del Comune di Sarteano. Si tratta dei *Capitula Mercati Veneris*, redatti nel 1525 dai Priori comunali e da cinque uomini del luogo incaricati dal Consiglio generale del Comune.[107] Il testo, scritto da un notaio del luogo, si articola in tredici capitoli, preceduti da un preambolo con i nomi degli estensori.

Pure qui si impone la partecipazione al mercato: «qualunche persona tanto sarteanese, quanto forestiera, habitante continuo fuore nella corte di Sarteano, contado o iurisditione, sia obligata venire o andare uno della sua fameglia ogni venardì in detto mercato et in quello portare qualche cosa da vendare, come sono polli, papari, oche, anatre, piccioni, ova, cascio, capretti, porchetti, agnelli, caggiagioni, ucellagioni et pescagioni, frutti et ortaggi, et ogni altra cosa necessaria al vitto humano senza pagamento d'alcuna gabella». Chi non si fosse recato, entro l'ora terza, annunciata dalla campana grossa, sarebbe incorso in una multa di venti soldi (capp. 3-4). Gli ufficiali del danno dato erano obbligati a «fare la rassegna et diligente ricerca di tutte quelle fameglie habitante fuore nella corte et contado et iurisditione della terra di Sarteano, quale non saranno venute al detto termine con lor robbe al mercato» (cap. 6). Si prevede inoltre (cap. 10) che «nessuna persona, tanto terriere quanto forestiera (...), venendo in detto mercato in detto giorno di venardì a vendere et comprare robbe come in detti capitoli, non possi essere preso, né detenuta lei o sue robbe, o mercantie, per debito civile particulare». In occasione del mercato era prevista esenzione dal pagamento di gabelle per grano, orzo, biado e legumi, nonché per il bestiame (capp. 11-12). Infine (cap. 13) «nel detto giorno del mercato ogni et qualunche persona forestiera, fuora del distretto di Sarteano, s'intenda essere esente d'ogni gabella per trarre et mettere robbe, mercantie et bestiami della terra, corte et distretto di Sarteano».

---

ogni primo giovedì del mese e sia libero da ogni gravamento reale e personale e da ogni gabella escetto però del piè tondo come appare al libro dei privilegi di detta città».

[106] *Statuti della città di Chiusi*, cit., p. 167, IV dist., rubr. 6.

[107] Il testo si legge in appendice alla copia seicentesca dei Capitoli del danno dato ed è edito in *Statuti del Comune di Sarteano*, cit., pp. 486-488.

Misure di tutela a favore dei mercanti

Da molti statuti si prevede, per i mercati in cui affluivano forestieri, il divieto di essere perseguiti (con arresto o pignoramenti) per debiti precedentemente contratti. Una sorta quindi di salvacondotto che i giuristi, come ad esempio Baldo degli Ubaldi nel suo commento alla *lex Nundinis* del Codice giustinianeo (*Cod.* 4.60.1), collegavano alla natura pubblica delle fiere e alla fiducia che chi l'aveva istituita attribuiva ai venditori.[108] Il mercato era dunque qualificato come un'istituzione pubblica, con un suo regime giuridico privilegiato ed eccezionale, al fine di favorire i commerci e il necessario approvvigionamento dei prodotti.

Lo statuto di Montepulciano del 1337, soffermandosi a lungo sui mercati nel luogo, informa che il mercato per San Giovanni, in agosto, durava cinque giorni ed era previsto che nessuno potesse essere arrestato per debiti precedenti o subire pignoramento di beni, o essere molestato per via di rappresaglie. Ciò non valeva però per omicidi, falsari, rapinatori e persone bandite dal Comune.[109] Simili regole vigevano anche per un altro mercato straordinario, quello di Sant'Agnese, a maggio.[110]

Nel Vescovado di Murlo, per lo statuto del 1324, si garantiva il libero accesso ai mercati locali nei vari paesi del feudo ed era proibito arrestare i venditori e gli avventori, o pignorare loro beni. A beneficio del commercio e del necessario approvvigionamento dei prodotti, il mercato era considerato 'zona franca' e nessuno può essere molestato per debiti o reati.[111]

---

108 Cfr. M. Fortunati, *Note sul diritto di fiera nelle fonti giuridiche di età moderna*, in *Fiere e mercati*, cit., p. 956. Anche per Bartolo i mercanti che si recano alle fiere «non debeant inquietari» (*ivi*, p. 955).

109 *Statuto del Comune di Montepulciano*, cit., pp. 48-49, I dist., rubr. 31.

110 *Ivi*, I dist., rubr. 32. Anche qui si prevede che «omnes volentes venire ad dictum forum possint libere et secure venire, stare et redire in persona et rebus, toto tempore supra dicto, non obstantibus aliquibus represalliis vel debitis quibuscumque; et nulla sequestratio vel detemptio personalis fieri possit contra venientes ad forum predictum».

111 Cfr. L. Mengozzi, *Il Feudo del Vescovado di Siena*, Siena, Tipografia Sordomuti, 1911 (ristampa anastatica Firenze, Pugliese, 1980), p. 209, rubr. 30: «Che coloro che vengono a' mercati ne le Terre del Vescovado non possano essere costretti personalmente o realmente [...]. Acciò ch'e mercati che si fanno ne le Terre del Vescovado sieno liberi et franchi et coloro che vi vengano possano sicuramente venire, in avere et in persona, et niuno impedimento possano ricevere, né danno sostenere, che niuna persona la quale venga al mercato de la villa di Befa o al mercato di Murlo o vero di Tinone et a la festa di Sancta Maria di Monte Speculo, del Vescovado di Siena, possa o debba per alcuno modo o per qualunche ragione, essere costretto, ritenuto, compulso in avere o in persona o sue cose o mercantie, le quali ove avesse per alcuno debito contracto fuori de' decti mercati et fuori de' decti luoghi, cioè el dì del mercato, tanto s'intenda questo et uno dì 'nanzi et uno dì doppo il mercato».

La proibizione dell'arresto per debiti e di pignoramenti era prevista, come abbiamo visto, dai Capitoli del mercato di Sarteano.

Lo statuto di Buonconvento del 1522 prescrive che «di robbe che vennisseno alli mercati di Buonconvento non si possi fare integina alcuna», cioè non si poteva procedere al sequestro conservativo di beni. In occasione di fiere o mercati straordinari (lo statuto ne menziona ben sette) ogni abitante del contado di Siena poteva «stare et ritornare libero, salvo et securo in havere et in persona per debiti civili» e questa garanzia valeva per il giorno della festa e del mercato, come anche per il giorno precedente e per quello successivo.[112] Per l'ufficiale comunale che non avesse osservato questa disposizione era prevista una cospicua pena di cento fiorini, da pagarsi al Comune di Siena.[113]

A Chiusi sappiamo dallo statuto del 1538 che si svolgevano due mercati straordinari: quello di Pentecoste, che durava cinque giorni, e quello ad ottobre per la festa dei Santi Simone e Giuda.[114] A questi mercati i forestieri potevano portare a vendere mercanzie senza pagare gabelle. Riguardo al mercato di ottobre si legge:

> Ciaschuno anno del mese di octobre nella festività deli gloriosi appostoli Simone et Iuda, per honore dela città adciò si manifestino le sante reliquie et sia abundante di mercantie (...) sia ordinato publico mercato nela città et corte di Chiuscio libero, franco, immune et exempte di tutte et ciascune mercantie di quale sia sorte et altri beni et bestiami, tanto piccoli, overo minuti, quanto grossi, per tucti li cittadini habitatori o forestieri donde si sieno che venisseno al decto mercato, li quali tucti sieno liberi, securi, franchi et exempti di qualunque debito civile o criminale di Commune o particulari, et di tucte et ciascune cabelle in qualunche modo, per tempo et termine di giorni sedici, cioè giorni septe inanzi ad tale festa, el dì d'epsa, et giorni octo immediate sequenti.[115]

I Priori comunali avevano facoltà di stabilire il luogo ed eventuali proroghe al periodo franco. Essi eleggevano inoltre quattro uomini incaricati di prendere tutte le misure necessarie all'ordinato svolgimento del mercato, di comporre e decidere controversie, di verificare pesi e misure. Potevano altresì designare un Conestabile della festa, a capo di venticinque guardie ben armate.[116]

Ovunque gli statuti dispongono che nelle cause tra mercanti, in quelle in cui fosse parte un mercante e nelle controversie riguardanti prodotti

---

112 *Gli statuti del Comune di* Buonconvento, cit., p. 54, II dist., rubr. 17.

113 *Ivi*, p. 75, IV dist., rubr. 39.

114 *Statuti della città di Chiusi*, cit., pp. 166-167, IV dist., rubb. 4-5.

115 *Ivi*, p. 167, IV dist., rubr. 5.

116 *Ibid.*

alimentari, da chiunque venduti, si dovesse procedere per via sommaria, al di fuori delle formalità altrimenti previste per il processo civile. Ciò significava anche semplificazione del regime probatorio (ad esempio con valorizzazione del giuramento, presunzioni, fede alle scritture contabili), particolare riguardo all'equità e alla buona fede.[117] Al divieto di essere perseguiti per debiti precedenti si accompagnava però il rigore della procedura di esecuzione per i debiti assunti in fiera, con possibilità di arresto in caso di sospetto di fuga.[118]

Le gabelle

In base agli statuti sappiamo che certi Comuni potevano esigere gabelle per l'immissione, l'esportazione e il semplice transito di ogni tipo di merce sul loro territorio. L'esazione di tale gabelle era di regola concessa annualmente in appalto, mediante asta pubblica.

A Montepulciano accanto allo statuto comunale principale del 1337 vigevano appositi *Capitula seu statuta Cabelle*, di 87 rubriche o capitoli, con una tassazione penetrante riguardante il commercio di ogni tipo di prodotto e il pedaggio per il transito nel territorio comunale.[119] Il cap. VI prevede che presso ciascuna porta del castello vi fosse un gabelliere «ad exigendum cabellam pro dicto Comuni de introhitu et exitu omnium rerum de quibus secundum formam statutum solvi debeat cabella ad dictas portas».[120] Il

---

117 Sul processo sommario imposto in materia mercantile si può seguire, a titolo di esempio, lo statuto di Chianciano del 1544, dove si legge: «De' mercanti et qualmente in le cause della mercantia procedere si debbi. Statuirno et ordinorno che per l'advenire in qual si vogli cause di mercantie infra qual si vogli mercante, over infra un merchante et non mercante, per occasione di alcuna mercantia, summariamente et de plano, senza strepito et figura di iudicio, et ogni solennità di raggione, o messa per il Potestà o suo Vicario di detta terra, si proceda sola et pura mera verità del fatto risguardate. Intendo tutti quelli essere merchanti nella terra di Chianciano, quali quottidianamente si esercitano overo per la maggior parte del anno usano alcuna mercantia o arte, comprando mercantilmente o vendendo in ditta terra o suo distretto. Altrimenti per mercanti non si habbino, né intendinsi. Et si infra alcuni mercanti o vero un mercante et l'altro non merchante, questione et differrentia alcuna si vertisse per occasione di alcuna mercantia sopra la quale il Potestà o suo Vicario dubitasse, in qual caso, possino, et alhor sia lecito, chiamare uno o dui in ditta terra habitanti esperti et pratichi in simil merchantia sopra la quale discordia fusse, quali non siino suspetti ad alcuna delle parti, il conseglio de' quali ditti officiali, o alcuno di loro prompto come iusto et conveniente li parà che sia». Cfr. *Chianciano e i suoi statuti in età moderna. Una comunità federata dello Stato di Siena*, a cura di A. Dani e A. Rondoni, Siena, Il Leccio, 2014, p. 165, II dist., rubr. 68.

118 Fortunati, *Note sul diritto di fiera*, cit., p. 962.

119 *Statuto del Comune di Montepulciano*, cit., pp. 425-480.

120 *Ivi*, p. 434.

cap. VIII prescrive che altri quattro gabellieri dovessero vigilare nei giorni di mercato, altri si recavano in perlustrazione nella campagna del distretto comunale.[121] Anche dalla vicina Radicofani è giunto a noi uno statuto di gabella del 1397, di 74 capitoli, con aggiunte fino al 1412.[122]

A Gavorrano (1465) la concessione in appalto avveniva ad ottobre[123] e all'argomento è dedicata la pur breve VI distinzione dello statuto *De gabellis et passagiis.*[124] Erano esclusi dal pagamento della gabella i cittadini senesi e gli appartenenti a comunità che a loro volta non facevano pagare gabelle agli uomini di Gavorrano.[125]

Gabelle venivano riscosse nel Quattrocento anche dai Comuni di Casole, Montorsaio, Sarteano (con capitoli di gabella a sé), Celle sul Rigo. A Casole (1492) l'appalto avveniva a novembre e lo statuto fa riferimento ad appositi *Capitoli* da osservare al riguardo, non inseriti nello statuto.[126]

A Montorsaio (1432) si prescrive di mettere «tutti gli ordini delle cabelle» nel volume dello statuto,[127] come sembra che fu fatto, considerando, oltre nel testo, la rubrica che indica le gabelle di carni, vino, pane e pesce.[128] Anche qui la riscossione delle gabelle veniva appaltata.[129]

A Sarteano la normativa sulle gabelle non si trova nello statuto comunale principale, ma acclusa, insieme ai Capitoli del mercato, nel testo a sé sui danni dati, giunto in copia seicentesca.[130] È tuttavia da ritenere che la redazione risalga a tempi molto anteriori, giacché sembra che fu ripresa dagli statuti di Celle del 1471. I prodotti e le merci menzionati, con il relativo importo da pagare, sono veramente numerosi ed offrono un quadro interessante sui traffici commerciali nel luogo.

Alla normativa di gabella sarteanese si ispirò, come accennavamo, quella della vicina Celle sul Rigo, nel cui statuto si legge che «anticamente si usava a Celle farla pagare secondo quanto prescritto a Sarteano». Come osserva Patrizia Turrini, lo statuto attesta «con tutta evidenza merci di passaggio sulla Francigena o Strada Romana, come ormai si chiamava comunemente, provenienti dall'Europa e dal settentrione dell'Italia verso Roma

---

121 *Ivi*, p. 435.

122 ASS, *Statuti dello Stato*, 104.

123 Monaci – Simonetti, *Gavorrano*, cit., p. 126, V dist., rubr. 11.

124 *Ivi*, pp. 141-147.

125 *Ivi*, p. 141-142, VI dist., rubr. 1.

126 *Lo statuto di Casole*, cit., p. 35, I dist., rubr. 24.

127 *La Comunità di Montorsaio*, cit., p. 184, III dist., rubr. 147.

128 *Ivi*, p. 185, III dist., rubr. 153.

129 *Ivi*, p. 186, III dist., rubr. 154.

130 Cfr. *Statuti del Comune di Sarteano*, cit., pp. 491-507.

e dal sud e dal centro dell'Italia verso il nord e l'Europa, tramite e per la Toscana. Notevole risulta lo smercio con l'Umbria e il Lazio e anche le Marche e la zona 'lombarda'».[131] Lo statuto precisa le modalità di riscossione della gabella del passaggio nella «corte di Celle», con esenzione per i Senesi e gli abitanti del contado senese e l'esenzione per tutti in occasione della festa di San Paolo, patrono di Celle (25 gennaio), quando, scrive la Turrini, «per tre giorni – la vigilia, il giorno della festa e il giorno successivo – merci di tutti i tipi si riversavano sulla piazza davanti alla chiesa parrocchiale (posta all'epoca nell'attuale piazza principale), a meno che il maltempo non costringesse i priori a indicare una collocazione alternativa».[132]

Lo Statuto di Monterotondo Marittimo (1578) stabilisce che «tutti li forestieri, che trahessero robbe, o bestiami dela Terra o distretto di Monterotondo, excepto però che quelli de le terre capitolate, e franche con la nostra comunità, o altra Terra che non facessero pagar gabella a noi, paghino in le mani de' Gabellieri per gabella de le robbe che trahessero come qui di sotto, sotto pena del frodo». I prodotti di cui si specifica la gabella in soldi sono: grano (20 soldi il moggio), vino (7 soldi la soma), olio (20 soldi la soma), bestiame grosso e minuto (da 20 a due soldi in relazione alla specie), «ogn'altra mercanzia o robbe, denari sei per lira di quello che costarà». Tuttavia si precisa che «a tutti li homini di Monteritondo sia lecito poter trarre, menare, portare e vendere fuor del distretto di Monteritondo d'ogni qualunche sorte di bestiami e robbe senza alcuna gabella di tratta da pagarsi, anzi s'intendino liberi e franchi».[133]

Nel piccolo Comune a contado di Montisi lo statuto (1494) dà notizia di gabelle e Gabellieri per la vendita di ogni prodotto e del pesce in particolare,[134] nonché del divieto assoluto di importare e lavorare panni forestieri.[135]

Per concludere

Le attività commerciali e i mercati rispondevano ad esigenze basilari della vita sociale, a partire dall'approvvigionamento dei beni di prima necessità, e per questo ricevevano protezione, ma anche regolamentazione, dal Comune.

---

131 Turrini, *Per una storia di Celle*, cit., p. 146.

132 *Ibid.*

133 *Lo statuto del Comune di Monterotondo*, cit., p. 117, V dist., rubr. 45.

134 *Statuto di Montisi*, cit., p. 114, rubb. 197-198.

135 *Ivi*, p. 142, rubb. 298-301.

Un primo elemento generale e caratterizzante che emerge con forza da tutti gli statuti è la subordinazione delle attività commerciali e dei mercati all'interesse comunitario. Un pur vario insieme di prescrizioni, vincoli, obblighi, divieti indica che il bene comune doveva prevalere su quello particolare, individuale o di categoria. La concorrenza, le speculazioni, gli eccessivi profitti, gli stratagemmi lucrativi e gli accaparramenti erano fenomeni che i Comuni cercavano di tenere a freno. Il Comune interveniva ovunque pesantemente non solo nel punire comportamenti fraudolenti come alterazione di pesi e misure o vendita di prodotti scadenti, ma anche nello stabilire i prezzi di ogni cosa, i luoghi e i tempi in cui si poteva commerciare (con possibilità di controllo), assicurando a tutti almeno l'accesso ai beni essenziali.

In altri termini, potremmo dire che la libertà di commercio era subordinata al bene comune, idea questa centrale, com'è noto, nel pensiero dei teologi e nella parola dei predicatori. Ciò non toglie affatto l'emergere di appetiti lucrativi, di singoli, di ceti e di categorie: ma anche appunto per questo si redigevano gli statuti, si dettavano regole precise per evitare il caos ed eccessive ingiustizie.

Maria Luisa Ceccarelli Lemut – Gabriella Garzella

I MERCATI DEL PISANO E DELLA FASCIA TIRRENICA

Le informazioni sui mercati nei centri minori non sono numerose all'interno del vasto contado che faceva capo a Pisa in età medievale. Nei secoli XIII e XIV, al culmine dell'espansione territoriale, dalla città dipendeva un ambito esteso dalla Versilia a Castiglione della Pescaia e verso Est il Valdarno fino alla Chiecina e in Valdera a comprendere Orciàtico, mentre la proiezione marittima includeva le isole dell'Arcipelago fino all'Elba e al Giglio.[1]

La toponomastica ha cristallizzato la memoria della funzione di centri di scambi in alcuni punti del territorio. Una località detta Mercato esisteva a San Casciano nel Valdarno ed è attestata il 29 luglio e il 17 settembre 1080, presso la locale pieve.[2] Il luogo appare ideale come punto di convergenza di merci e di commercianti: la pieve di San Casciano, ancora esistente nelle sue splendide forme romaniche ad opera di Biduino, sorge tuttora in prossimità della riva sinistra dell'Arno, la grande via d'acqua che metteva in comunicazione Pisa e Porto Pisano con l'interno della regione. Lungo il fiume correva poi, sull'argine rialzato, la via romana per Firenze, ricostruibile attraverso la sequenza medievale della toponomastica miliare, che proprio a San Casciano poneva il sesto miglio dal punto di origine individuato nell'innesto tra questo percorso e la *via Emilia Scauri* proveniente da Roma. La via d'acqua non rappresentava un ostacolo, ma anzi univa le due spon-

---

1 Per l'espnsione in Maremma cfr. M.L. Ceccarelli Lemut, *La Maremma populoniese nel Medioevo*, in *Campiglia. Un castello e il suo territorio*, a cura di G. Bianchi, I, *Ricerca storica*, Firenze, All'Insegna del Giglio, 2003 (Biblioteca del Dipartimento di Archeologia e Storia delle Arti – sezione archeologica. Università di Siena, 6), pp. 1-116: 59-67; per l'entroterra Ead., Ad honorem Pisane civitatis. *La politica territoriale del vescovo e del Comune di Pisa*, in *Medioevo in Valdera tra storia e archeologia*, a cura di A. Alberti, San Miniato, Tipografia Bongi, 2012 (*Quaderni* Rete Museale Valdera, 3), pp. 13-31.

2 Ed. *Carte dell'Archivio Arcivescovile di Pisa. Fondo arcivescovile*, 1 (720-1100), a cura di A. Ghignoli, Pisa, Pacini, 2006 (Biblioteca del «Bollettino Storico Pisano». Fonti, 11, I), nn. 177-178 pp. 424-432.

de: ne è riprova l'estensione del piviere sulla riva destra con le tre chiese di Uliveto (San Salvatore, San Prospero e San Martino al Bagno) e con Santa Maria di Zambra, finita sulla riva sinistra in Età Moderna. Evidentemente in corrispondenza di queste località esistevano attraversamenti del fiume, probabilmente passi di barca, come è testimoniato in altre località vicine.[3] A favorire in modo speciale la presenza di un mercato era dunque il ruolo di crocevia di terra e d'acqua rivestito dalla località sede pievana.

Caratteristiche del tutto analoghe aveva anche Vicopisano, centro tra i più rilevanti del territorio sotto il profilo strategico ed economico. Un tempo sulla riva dell'Arno, fino al taglio dell'ansa voluto dal governo mediceo negli anni Sessanta del Cinquecento, si affacciava anche sulla Serezza, emissario naturale del Lago di Bientina o di Sesto, formato dal ramo orientale dell'*Auser* proveniente da Lucca e che consentiva quindi di raggiungere la città di San Martino per via d'acqua fino al Porto della Formica. Anche in questo caso la presenza di una via romana pedemontana, testimoniata dal toponimo Sesto, agevolava le comunicazioni.[4]

Un ponte sull'Arno univa Vicopisano all'importante strada sulla riva sinistra del fiume: attestato dal 12 dicembre 1170 nell'*actum* di un impegno di pagamento di privati al visdomino dell'arcivescovo di Pisa: «hec acta sunt secus flumen Arni et Vicanum pontem ex parte Cisani», località ancora ricordata dal microtoponimo Casa Cesana.[5] Pochi anni dopo, il 9 febbraio

---

[3] Sull'edificio sacro F. Barsotti, *Pieve dei Santi Ippolito e Cassiano*, in *Fede e arte nel Valdarno Pisano. Edifici ecclesiastici nel territorio di Cascina*, a cura di M.L. Ceccarelli Lemut e G. Garzella, Pisa, Pacini, 2014, pp. 88-99; per il piviere G. Garzella, *Càscina. L'organizzazione civile ed ecclesiastica e l'insediamento*, in M. Pasquinucci – G. Garzella – M.L. Ceccarelli Lemut, *Cascina*. II. *Dall'antichità al Medioevo*, Pisa, Pacini, 1986, pp. 69-108: 86-95; per il percorso dell'Arno e della strada M.L. Ceccarelli Lemut, *Cascina. Economia e società*, *ivi*, pp. 113-157: 154-156.

[4] Su Vicopisano esiste una ricca bibliografia. Qui segnaliamo *Studi di storia medievale e moderna su Vicopisano e il suo territorio*, Atti del convegno della Società Storica Pisana (Vicopisano, 27 giugno 1982), Pisa, Pacini, 1985 (Biblioteca del «Bollettino Storico Pisano». Collana Storica, 28); L. Carratori Scolaro, *Vicopisano, Buti, Bientina e Calcinaia*, in *La Pianura di Pisa ed i rilievi contermini. La natura e la storia*, a cura di R. Mazzanti, Roma, Società Geografica Italiana, 1994 (Memorie della Società Geografica Italiana, L), pp. 251-288: 251-266; F. Redi – M. Fanucci Lovitch, *Nuovi studi di storia e di archeologia su Vicopisano*, Pisa, Pacini, 1998 (Biblioteca del «Bollettino Storico Pisano». Collana Storica, 45); *Le fortificazioni di Vicopisano. Storia archeologia restauri*, a cura di M. Ciampa, Pisa, Pacini, 2018. Per il quadro idrografico M.L. Ceccarelli Lemut – R. Mazzanti – P. Morelli, *Il contributo delle fonti storiche alla conoscenza geomorfologica*, in *La Pianura di Pisa ed i rilievi contermini*, cit., pp. 401-429: 412-414, 422-423. Per la via romana cfr. M.L. Ceccarelli Lemut – G. Garzella, *Il Medioevo*, in *Un territorio all'incrocio di vie di terra e d'acqua: Bientina dall'antichità al Medioevo*, a cura di M.L. Ceccarelli Lemut e G. Garzella, Pisa, Pacini, 2002, pp. 67-92: 83.

[5] *Carte dell'Archivio Arcivescovile di Pisa. Fondo arcivescovile*, 3 (1151-1200), a cura di S.P.P. Scalfati, Pisa, Pacini, 2006 (Biblioteca del «Bollettino Storico Pisano». Fonti, 11, III), n. 53, pp. 91-93.

1187, veniamo a conoscenza che il ponte aveva un proprio *dominus et rector*, il prete Dato: è probabile che il manufatto dipendesse dall'arcivescovado, dal momento che l'atto fu redatto a Pisa nella «curia archiepiscopatus» e il presule pisano esercitava diritti signorili su Vico.[6]

Nel medesimo anno, il 10 marzo, si ha notizia dell'esistenza di un mercato ubicato «in Campo sancte Marie de Vico [...] prope ipsam ecclesiam», ossia la pieve, posta immediatamente fuori delle mura castellane verso Occidente.[7] Il luogo era collegato all'abitato fortificato attraverso una porta, detta appunto del Mercato, attestata il 18 ottobre 1215.[8] Il rilievo economico dell'area vi favorì uno sviluppo insediativo testimoniato dall'esistenza del borgo di Mercato in pieno Trecento, il 14 gennaio 1347, e nel corso del Quattrocento.[9]

Se Vicopisano rappresentava un nodo primario di comunicazioni, un ruolo di analogo rilievo fu svolto dal vicino castello di Bientina, nato in seguito all'accordo stipulato il 25 febbraio 1179 tra l'arcivescovo di Pisa Ubaldo e i consoli del comune di Bientina – qui per la prima volta nominati –, con il quale i Bientinesi, oltre cento capifamiglia, promettevano di trasferirsi ad abitare nell'ambito dei confini di Bientina in un unico luogo a formare una sola comunità («in uno loco et in una vicinantia»), su un terreno che l'arcivescovo avrebbe acquistato a quello scopo a Oriente del ponte sull'Arno e non lontano da esso.[10] Per il trasferimento fu scelto un luogo particolarmente strategico sul piano delle comunicazioni: al ponte sull'Arno giungeva l'antica via di origine romana proveniente da Lucca con percorso pedemontano e nel fiume sboccava il canale navigabile del Cilecchio, che collegava l'Arno al Lago di Sesto consentendo di raggiungere Lucca per via d'acqua, mentre non lontana correva la *strata* che da

---

6 *Ivi*, n. 116 pp. 247-248. Sulla signoria arcivescovile M.L. Ceccarelli Lemut, *Terre pubbliche e giurisdizione signorile nel* comitatus *di Pisa (secoli XI-XIII)*, in *La signoria rurale nel Medioevo italiano*, Atti del Seminario di studi (Pisa, 23-25 marzo 1995), II, a cura di A. Spicciani e C. Violante, Pisa, ETS, 1998, pp. 87-137, ora in M.L. Ceccarelli Lemut, *Medioevo Pisano. Chiesa, famiglie, territorio*, Pisa, Pacini, 2005 (Collana Percorsi, 13), pp. 453-503: 488-489.

7 *Carte dell'Archivio Arcivescovile di Pisa. Fondo arcivescovile*, 3, cit., n. 119 pp. 250-255.

8 Archivio Arcivescovile di Pisa, *Diplomatico San Matteo*, ed. A. Pelù, *Le pergamene dell'Archivio Arcivescovile di Pisa, Fondo S. Matteo dal 1173 al 1285*, Tesi di laurea, relatore Prof. O. Banti, Università di Pisa, a.a. 1970-1971, n. 30; cfr. F. Redi, *Le fortificazioni medievali e brunelleschiane di Vicopisano nella storia e nell'archeologia*, in *Le fortificazioni di Vicopisano*, cit., pp. 17-40: 23, con l'immagine dei resti dell'arco.

9 L. Carratori Scolaro, *I regesti delle pergamene Luoghi Vari*, consultabile in: https://www.beweb.chiesacattolica.it/beniarchivistici/fondo/262000012005001000105/Raccolta+pergamene+%22Luoghi+vari%22+%28Pisa%29), n. 457, pp. 201-202; 30 marzo 1434, 18 ottobre 1476 (?), *ivi*, n. 1070, pp. 502-503, n. 1177, pp. 556-557.

10 Ed. *Carte dell'Archivio Arcivescovile di Pisa. Fondo arcivescovile*, 3, cit., n. 74, pp. 130-136.

Montecchio attraverso le alture delle Cerbaie raggiungeva Altopascio.[11] Il nuovo centro fu costruito rapidamente: detto «castello novo», è attestato già il 4 dicembre 1181.[12]

Sulla nuova località particolarmente favorevole ai traffici e ai commerci, importante crocevia d'itinerari terrestri e fluviali, l'arcivescovo pisano esercitò per più di un secolo diritti di carattere economico-finanziario.[13] L'interesse per tali aspetti e per lo sfruttamento delle vie d'acqua appare chiaramente dal fatto che i presuli vi istituirono il mercato. Ne siamo informati dall'atto con cui il 18 dicembre 1225 i pubblici arbitri di Pisa, su richiesta del sindaco dell'arcivescovo Vitale, verificarono i confini della *platea* ove era consuetudine tenere il «forum sive mercatum», parte della quale alcuni privati avevano abusivamente occupato. I giudici, con il parere dei consoli locali, si avvalsero delle testimonianze di sette uomini anziani (*antiqui*) e di provata integrità morale («de melioribus de Blentina») che, sotto giuramento, indicarono i confini e chi e come ne ingombrava alcuni settori. Evidentemente lo svolgimento del mercato era una consuetudine esistente da diversi decenni, come si dichiarava nella sentenza e come provato dall'avanzata età dei testimoni. Ripristinato l'ordine, uno solo degli occupanti abusivi, Bernardo di Panfollia, dichiarò di voler ricorrere in tribunale, ma tre anni dopo, il 15 novembre 1228, la sentenza venne confermata anche dai pubblici giudici degli appelli.[14]

Certamente al mercato faceva capo l'intenso movimento economico e commerciale che caratterizzava quell'area: nel citato atto del 1225, a garanzia dei diritti arcivescovili, si provvide anche a liberare le rive del Cilecchio nel suo corso dall'Arno al Lago di Sesto in modo da consentire sia il traffico dei natanti trainati dalla riva con il sistema dell'alzaia sia l'asciugatura delle reti impiegate per la pesca. Anche l'esercizio della pesca, attività particolarmente fiorente in un territorio così ricco di acque, dipendeva dai presuli pisani, come appare dall'atto con cui il 29 agosto 1194 il rappresentante dell'arcivescovo Ubaldo concesse in affitto perpetuo una quota – tre ottavi – del diritto di pesca in una *fovea piscariccia* denominata Serchio ad un

---

[11] La *strata* che percorreva le Cerbaie è ricordata il 28 settembre 1177: ed. *ivi*, n. 67, pp. 114-117; cfr. P. Morelli, *Due antiche chiese alla periferia di Pontedera. S. Michele di Travalda e S. Lucia di Pedisciano*, Pontedera, Centrostampa Pontedera, 1992, p. 32.

[12] Ed. *Carte dell'Archivio Arcivescovile di Pisa. Fondo arcivescovile*, 3, n. 92, pp. 169-170. Su tutto questo cfr. Ceccarelli Lemut – Garzella, *Il Medioevo*, cit., p. 76.

[13] Cfr. ancora per tutti questi aspetti *ivi*, pp. 76-83.

[14] Ed. *Le carte arcivescovili pisane del secolo XIII*, I (1201-1238), a cura di N. Caturegli e O. Banti, Roma, Istituto Storico italiano per il Medioevo, 1974 (Regesta Chartarum Italiae, 37), n. 112, pp. 261-262, n. 132, pp. 307-310.

gruppo di cinque persone per il censo annuo in febbraio, ossia durante la Quaresima, di venticinque *verrocchia* di anguille e di un'anguilla grossa.[15]

Un'altra importante fonte di reddito era rappresentata dal transito delle merci per via fluviale con la riscossione del ripàtico, sul quale siamo informati da una raccolta di testimonianze presentate dal sindaco dell'arcivescovo Lotario il 16 febbraio 1209, in occasione di una vertenza a noi altrimenti sconosciuta. I diversi testimoni affermavano come da più di quarant'anni i *riparii* arcivescovili riscuotessero il ripàtico sulle imbarcazioni che, cariche di sale, formaggio, ferro, *buctes*, *vasa fictilia* o altre merci, più raramente pietre, risalivano l'Arno o la fossa del Cilecchio verso il Lago di Sesto, ma non da quelle che discendevano quei corsi d'acqua. I pagamenti avvenivano in natura e in denaro: per un carico di sale era dovuto un mezzino o staio alla vecchia misura, corrispondente a più di un quarto dello staio pisano corrente, per i contenitori in ceramica (*vasa fictilia*) quattro o cinque vasi o il loro corrispettivo in moneta, per le botti (*buctes*) due denari, otto per il ferro, da quattro a dodici per le altre merci.[16] I testimoni, uomini ultrasessantenni spesso legati da parentela agli amministratori arcivescovili, ricordavano episodi risalenti a più di un quarantennio prima, ossia agli anni Sessanta del XII secolo, periodo cui rimanda anche la menzione di una misura ormai caduta in disuso in seguito alla generale riorganizzazione politico-amministrativa del Comune di Pisa che investì anche il sistema dei pesi e delle misure.[17]

Allontanandoci dal Valdarno, requisiti di nodo viario importante possedeva anche San Lorenzo in Piazza, centro della Val di Fine ove nel *Breve* del Comune di Pisa del 1287 si decise d'istituire un «forum publicum sive mercatum [...] semel in mense», ossia la prima domenica di ogni mese, e un «forum annuale» per la festa di san Lorenzo il 10 agosto per la durata di otto giorni.[18]

---

[15] Reg. *Regesto della Chiesa di Pisa*, a cura di N. Caturegli, Roma, Casa Editrice Libraria Italiana, 1938 (Regesta Chartarum Italiae, 24), n. 606.

[16] Ed. *Le carte arcivescovili pisane del secolo XIII*, I, cit., n. 48, pp. 85-88. Del diritto a percepire una tassa sul sale in transito si ha notizia ancora settant'anni più tardi, allorché l'arcivescovo Ruggero nel novembre 1278 ne cedette i redditi alla società degli acquirenti della *doana salis* della città di Pisa: ed. *ivi*, III (1272-1299), Roma, Istituto Storico italiano per il Medioevo, 1989 (Regesta Chartarum Italiae, 40), n. 426, pp. 75-78.

[17] Sulla generale riorganizzazione comunale cfr. G. Garzella, *Pisa com'era. Topografia e insediamento dall'impianto tardoantico alla città murata del secolo XII*, Napoli, Liguori, 1990 (Europa Mediterranea Quaderni, 6), pp. 162-163; per il sistema dei pesi e delle misure cfr. M. Luzzati, *Note di metrologia pisana*, «Bollettino Storico Pisano», XXXI-XXXII, 1962-1963, pp. 191-220.

[18] *I Brevi del Comune e del Popolo di Pisa dell'anno 1287*, a cura di A. Ghignoli, Roma, Istituto Storico italiano per il Medioevo, 1998 (Fonti per la storia dell'Italia medievale, Antiquitates, 11), l. IV rubr. XLVIII, p. 451.

La località prendeva nome dal titolare della pieve, attestata fin dal 4 maggio 1061:[19] il suo piviere sia per estensione – da Nugola a Cológnole – sia per numero di chiese, ben venticinque, era uno tra i più grandi della diocesi pisana, segno della sua antichità, risalente probabilmente a diversi secoli prima di tale data. Situata nell'attuale località Torretta, si trovava infatti in una posizione particolarmente favorevole all'accesso dei fedeli, presso la *statio* romana di *Turrita* sull'antica *via Aemilia Scauri*, cui può essere attribuito un vasto edificio di età tardorepubblicana ed imperiale rinvenuto negli anni 1989-1991. Il percorso stradale costiero proveniente da Roma, superato il fiume Cècina raggiungeva Vada e da lì proseguiva per il Marmigliaio – luogo di ritrovamento del miliario C.I.L. XI/2, n. 6664 – con un itinerario simile all'odierna S.S. 206, con la quale in alcuni tratti coincideva ma in altri si discostava sia verso Est sia soprattutto verso Ovest, risaliva le valli dei fiumi Fine e Tora dirigendosi verso Pisa.[20] Una via perpendicolare all'*Aemilia* univa San Lorenzo in Piazza con Porto Pisano, legame denunciato in maniera chiara dall'appartenenza del locale Comune alla capitania dei pivieri di Porto Pisano.[21]

La centralità della posizione rispetto ai due maggiori porti del litorale pisano, Porto Pisano e Vada, e alla *via Aemilia Scauri*, che univa Pisa alla sua Maremma, con l'ampiezza del territorio facente capo a San Lorenzo appaiono motivi più che sufficienti per istituirvi un mercato mensile: coinvolti nell'iniziativa furono i circostanti Comuni di Castell'Anselmo, di Farneta, di Cugnano, di Nugola, di Valignano, di Parrrana, di Colognole, di Postignano, di Santo Regolo, di Abbazia di Decimo, di Collesalvetti, di Vicarello, tenuti dallo statuto a garantire incolumità e sicurezza a persone e cose. Altro elemento interessante che emerge dalla medesima rubrica è l'impegno assunto dalle autorità cittadine a segnalare all'inizio del loro mandato il mercato di San Lorenzo «ad alia fora Pisani districtus», segno di analoghe attività commerciali nel contado pisano, di cui peraltro mancano notizie.[22]

---

19 Ed. *Carte dell'Archivio di Stato di Pisa*, 1 (780-1070), a cura di M. D'Alessandro Nannipieri, Roma, Edizioni di Storia e Letteratura, 1978 (Thesaurus Ecclesiarum Italiae, VII, 9), n. 63, pp. 164-165.

20 Cfr. M.L. Ceccarelli Lemut – M. Pasquinucci, *Fonti antiche e medievali per la viabilità del territorio pisano*, «Bollettino Storico Pisano», LX, 1991, pp. 111-138: 116-117, 120. Il miliario è conservato nel Campo Santo Monumentale di Pisa.

21 23 giugno 1318, Archivio di Stato di Pisa (ASP), *Comune, Divisione A*, n. 48, c. 116*r*, ed. M. Zeppi, *Le provvisioni dei Savi del 1318-1319 (Archivio di Stato di Pisa, Comune, Divisione A*, n. 48*)*, Tesi di laurea, relatore Prof. E. Cristiani, Università di Pisa, a.a. 1969-1970, n. 47.

22 Testo citato alla nota 18. Per le località qui elencate cfr. E. Virgili, *Le pievi e i castelli della diocesi pisana nella Marittima (secoli XI-XVI)*, Pisa, Pacini, 1995, *sub voce*.

Non si hanno notizie successive sullo svolgimento di tale mercato: la sua istituzione potrebbe far pensare ad un tentativo del Comune pisano di promuovere la zona da un punto di vista economico, forse fallito dal momento che, a differenza dei centri del Valdarno esaminati sopra, San Lorenzo in Piazza appare destinato alla decadenza, manifesta nella prima visita pastorale sopravvissuta per la diocesi di Pisa, compiuta dall'arcivescovo Filippo de' Medici nel 1462-1463. Domenica 21 novembre 1462 fu visitata la pieve di San Lorenzo in Piazza, trovata in totale rovina («dirutam et discopertam et plenam vepribus et arboribus») e priva di parrocchiani e di sacramenti («nullum habet parrochianum et non sunt ibi sacramenta aliqua, non altare, non baptisma»). Il pievano, Alberto da Firenze, risiedeva nella chiesa di San Martino di Torciano o di Parrana. Non era una situazione sconosciuta a quest'area: in generale, man mano che ci si allontanava dalla città, le condizioni erano sempre più degradate, quadro che nella fascia costiera e nelle Colline era decisamente desolante. In particolare, nel piviere di San Lorenzo in Piazza delle numerose chiese esistenti ne sopravvivevano solo quattro, ed era scomparso anche buon numero di pievi di quest'ambito territoriale, dalla fascia costiera (San Paolo di Ardenza, Sant'Andrea di Limone, San Giovanni di Vada) all'area più interna (Santa Gerusalemme di Camaiano, San Giovanni di Scotriano, Santo Stefano di Pomaia, San Giovanni di Vallaneto). Si trattava di edifici sorti tutti, secondo la prassi altomedievale, ad una certa distanza dai centri abitati: il loro abbandono era legato da un lato ad una diminuzione della popolazione, dall'altro al concentramento degli abitanti in poli demici di maggiore consistenza, che garantivano un più alto grado di sicurezza e una più vasta gamma di servizi.[23] Si può dire che nei decenni successivi l'erede di San Lorenzo in Piazza sia divenuto Castell'Anselmo.

Conosciamo anche un'altra istituzione di mercato, allorché il 30 settembre 1226 i rappresentanti dell'arcivescovo di Pisa e del vescovo di Lucca, insieme con tre persone definite consorti, concessero ai consoli del Comune di Forcoli in Valdera «ad faciendum mercatum» un terreno «que dicitur Mercatale» presso il locale castello.[24] Il toponimo induce a pensare che già in precedenza vi fosse un luogo di scambio, forse da rivitalizzare. Forcoli

---

[23] Per queste pievi cfr. M.L. Ceccarelli Lemut – S. Sodi, *La Chiesa di Pisa dalle origini alla fine del Duecento*. Pisanorum ecclesia specialis sancte Romane Ecclesie filia, Pisa, ETS, 2017 (*Vos estis templum Dei vivi*. Studi di storia della Chiesa, 7), pp. 182-187, 189-195; per le condizioni nella seconda metà del Quattrocento *La visita pastorale alla diocesi di Pisa dell'arcivescovo Filippo de' Medici (1462-1463)*, a cura di M.L. Ceccarelli Lemut, †M. Luzzati e S. Sodi, Pisa, Pacini, 2021 (Biblioteca del «Bollettino Storico Pisano». Collana Fonti, 14), pp. 38-42, 67, 214-218, 220.

[24] Ed. *Le carte arcivescovili pisane del secolo XIII*, I, cit., n. 114, pp. 266-268.

costituiva un'importante località sulla destra dell'Era, attestata come castello il 21 giugno 1116, data in cui era già passato nelle mani dei conti Gherardeschi dai precedenti proprietari, i marchesi Obertenghi. Nei decenni successivi si assisté a complesse operazioni che portarono alla compresenza dei due vescovi, di Pisa e di Lucca, cui alternativamente i conti cedettero le loro quote: tali vicende testimoniano l'importanza strategica del luogo per il controllo della Valdera, dove aveva vita una sorta di zona di frontiera che vedeva il presule pisano interessato a rafforzarsi per favorire l'espansione territoriale del Comune di Pisa e il lucchese a difendere le posizioni.[25]

Il 30 settembre 1226 nell'esercizio delle loro prerogative signorili i due ecclesiastici incrementarono l'economia locale con l'istituzione di un mercato settimanale («semel in edomada»), i cui gettiti fiscali («introitum et curaturam») sarebbero stati divisi tra le due autorità e i consorti, con l'unica eccezione del mercato per la festa di san Frediano il 18 novembre, cui i consorti non avrebbero avuto parte. Le spese per l'allestimento («scilicet pro bancis, pro quarris et apothecis seu mensuris») sarebbero state sostenute per metà dai «prefati domini» e per metà dal Comune locale. Da parte loro i consoli s'impegnavano a far giurare gli *homines* dai 15 anni in su a garantire il funzionamento del mercato e il libero transito di uomini e cose. Tali accordi sarebbero stati registrati «in carta seu breve predicti Communis».

Un secolo più tardi, una petizione indirizzata dagli abitanti di Petriolo al Comune di Pisa nel 1325 dà notizia dell'esistenza nell'ambito di quel Comune, nella zona del ponte di Ponsacco sulla Cecina, di un mercato la prima e l'ultima domenica di ogni mese.[26] La località, crocevia per gli scambi tra il Valdarno e il Volterrano da una parte, e tra la costa e le valli interne del comitato pisano dall'altra, la rendeva sede ideale e 'naturale' per gli scambi commerciali.

---

[25] Cfr. su tutto questo M.L. CECCARELLI LEMUT, *Nobiltà territoriale e Comune: i conti Della Gherardesca e la città di Pisa (secoli XI-XIII)*, in *Progetti e dinamiche nella società comunale italiana*, a cura di R. Bordone e G. Sergi, Napoli, Liguori, 1995 (Europa Mediterranea Quaderni, 9), pp. 23-100, ora in CECCARELLI LEMUT, *Medioevo Pisano*, cit., pp. 163-258: 181-184; e anche P. MORELLI, *Forcoli. Dalle proprietà longobarde al comune rurale (secoli VIII-XIII)*, Pontedera, Bandecchi e Vivaldi, 1992, pp. 32-41.

[26] Il documento è riprodotto fotograficamente e trascritto in M. LUPI – M. NOFERI, *Ponsacco: il suo castello e aspetti del suo territorio dal XV al XIX secolo*, Perignano Casciana Terme, Art EventBook, 2013, pp. 226-227. Petriolo, odierna Sant'Andrea, tra l'Era e la Cascina a Est di Ponzacco: cfr. R. PESCAGLINI MONTI, *Strade, castelli, chiese, ospedali: viabilità e insediamenti nel basso Valdarno tra la Chiècina e l'Isola*, in *La via Francigena e il basso Valdarno. Vie di terra e d'acqua nel Medioevo fra l'Elsa e il mare. Prospettive della ricerca e primi risultati*, Atti del Seminario di studi (Pisa, 4 dicembre 1996), a cura di M.L. Ceccarelli Lemut e G. Garzella, Pontedera, Bandecchi e Vivaldi, 1998, pp. 41-58, ora in EAD., *Toscana medievale. Pievi, signori, castelli, monasteri (secoli X-XIV)*, a cura di L. Carratori Scolaro e G. Garzella, Pisa, Pacini, 2012 (Collana Percorsi, 17), pp. 377-392: 384-385.

Qualcosa di analogo dovette avvenire anche in altre località della Valdera, ma è solo la toponomastica a darne notizia, registrando la denominazione Mercatale. Nella vicina Palaia il toponimo è attestato dal I marzo 1294, e nel catasto del 1428 dava il nome ad uno dei terzieri del castello, segno che quell'attività aveva favorito in quell'area lo sviluppo dell'insediamento.[27] Non lontano di lì, a Treggiaia, il *Breve Pisani Communis* del 1302 prevedeva, per migliorare i transiti invernali verso Pisa, la costruzione di una *strata nova* dal Mercatale di Treggiaia da un lato fino alla via per Ponsacco e dall'altro alla chiesa di Sant'Andrea di Forcoli sul percorso della vecchia strada («per stratam veterem»), a spese dagli uomini e dei Comuni della capitania «ab Hera supra»,[28] cioè lungo il corso inferiore del fiume. Sappiamo inoltre che «in loco dicto al Mercatale» sorgeva anche una chiesa, dedicata a San Vittore.[29]

Niente più di un toponimo, infine, fa memoria il 15 giugno 1325 di un mercato presso Bagno ad Acqua, attuale Casciana Terme, dove un terreno lavorativo oggetto di vendita era ubicato nel luogo detto al Tufo o al Mercatale.[30]

Sorprende invece la mancanza di qualunque riferimento ad un mercato a Piombino, il centro più importante del contado: porto secondo solo a Porto Pisano, difeso da un castello, rappresentava un punto chiave per il controllo della costa maremmana e delle rotte marittime, collettore dei prodotti – cereali, sale, metalli – forniti dal territorio circostante e utilizzati dai Pisani per l'approvvigionamento cittadino e per il commercio, e tappa di fondamentale rilievo sulle rotte per l'isola d'Elba con le sue miniere di ferro e cave di granito, per le altre minori isole tirreniche e per la Sardegna, produttrice di sale, argento, grano, lana e pellami, ponte a sua volta verso l'Italia meridionale e la Sicilia.[31]

---

27 Rispettivamente Archivio di Stato di Firenze, *Diplomatico Riformagioni*; ASP, *Ufficio Fiumi e Fossi*, n. 1538, c. 316*v*; su tutto questo cfr. A. Giglioli, *La Valdera tra XII e inizio XV secolo. Dalla frammentazione signorile a 'contado' di Pisa: evoluzione degli assetti politici, istituzionali, sociali ed economici*, Tesi di dottorato, Università di Pisa, Scuola di Dottorato in Storia, 2010, tutore Prof. Gabriella Rossetti, p. 314, nota 148.

28 *Statuti inediti della città di Pisa dal XII al XIV secolo*, a cura di F. Bonaini, II, Firenze, Vieusseux, 1870, p. 433.

29 Cfr. P. Morelli, *La pieve di S. Gervasio di Verriana e il suo territorio (secoli VIII-XV)*, in *Palaia ed il suo territorio fra Antichità e Medioevo*, Atti del convegno di studi (Palaia, 9 gennaio 1999), a cura di P. Morelli, Pontedera, Bandecchi e Vivaldi, 2000, pp. 41-67: 61.

30 Carratori Scolaro, *I regesti delle pergamene Luoghi Vari*, cit., n. 197, p. 88.

31 Su Piombino si vedano i numerosi studi di Maria Luisa Ceccarelli Lemut: citiamo per ultimo *Tre porti e un promontorio*, in *Il porto di Piombino tra storia e sviluppo futuro*, a cura di M.L. Ceccarelli Lemut, G. Garzella, G. Petralia e O. Vaccari, Pisa, Pacini, 2014 (Collana Centro di Studi Marco Tangheroni, 3), pp. 31-49: 31-32, 38-42, con i lavori precedenti *ivi* citati.

Il quadro si fa più chiaro nel corso del Trecento, grazie alla maggiore disponibilità di fonti, in particolare i registri del Comune di Pisa, perduti per il secolo precedente. Il 17 novembre 1323 si ha notizia di due barcaioli che con le loro imbarcazioni trasportavano mille staia d'orzo da Pisa al porto di Piombino proseguendo per l'Elba fino a Terranuova di Gallura: il carico appare particolarmente prezioso, visto che era in corso la guerra di conquista dei Catalani per occupare la Sardegna,[32] in cui il porto di Piombino rivestì un ruolo di primo piano per garantire i rifornimenti e potenziare lo svolgimento dell'attività militare.[33] Ancora a tale periodo rimanda la perdita, riferita il 4 febbraio 1325, di un grosso carico di pelli (bovine e vaccine, di cervo e di volpe) stimato novecento lire in viaggio dalla Sardegna a Pisa sull'imbarcazione di un Piombinese, sorpresa all'altezza dell'isola di Pianosa da un legno genovese armato con settanta remi, che catturò la barca con le mercanzie e lasciò le persone sull'isola «sensa pane e sensa vino».[34]

Questi episodi testimoniano l'impegno marittimo dei Piombinesi, che si esplicava intensamente in diversi ambiti, dal servizio militare per il Comune di Pisa al trasporto e al commercio delle più varie mercanzie sulle rotte dell'intero bacino mediterraneo, da Genova a Roma, da Terracina a Napoli e fino all'Adriatico,[35] e addirittura sulle coste tunisine e del Regno di Gerusalemme.[36] A tutta questa attività si univano funzioni di armamento e di manutenzione delle imbarcazioni.

Anche in un raggio più ristretto abbondavano le risorse. L'agricoltura e l'allevamento con la transumanza dall'Appennino rivestivano un ruolo considerevole e grande rilevanza avevano le attività economiche legate alla morfologia del territorio e alla posizione marittima. Lo stagno forniva due importanti prodotti, il pesce ed il sale, quest'ultimo elemento fondamentale nell'alimentazione umana e ampiamente utilizzato per la conservazione delle carni e del pesce, per l'allevamento del bestiame e per la lavorazione delle pelli.

---

32 ASP, *Comune, Divisione A*, n. 90, c. 23r; ed. M.L. Pieroni, *Le provvisioni degli Anziani del Comune di Pisa del novembre-dicembre 1323 (Archivio di Stato di Pisa, Comune, Divisione A*, n. 90*)*, Tesi di laurea, relatore Prof. E. Cristiani, Università di Pisa, a.a. 1969-1970, p. 53.

33 ASP, *Comune, Divisione A*, nn. 49-50, 88-91.

34 *Ivi*, n. 50, cc. 87*r*-89*r*; ed. R. Saletti, *Il registro di provvisioni dei Savi del Comune di Pisa, gennaio-maggio 1325 (Archivio di Stato di Pisa, Comune, Divisone A, n. 50)*, Tesi di laurea, relatore Prof. E. Cristiani, Università di Pisa, a.a. 1969-1970, nn. 87-89.

35 Cfr. Ceccarelli Lemut, *Tre porti e un promontorio*, cit., pp. 41-42.

36 *Cronaca del Templare di Tiro (1243-1314). La caduta degli Stati Crociati nel racconto di un tastimone oculare*, a cura di L. Minervini, Napoli, Liguori, 2000, pp. 180-182, con riferimento agli anni dello scontro con Genova (1282-1284).

Oggetto di monopolio da parte del Comune di Pisa attraverso l'ufficio della dogana del sale, tale merce rappresentava un rilevante aspetto del commercio pisano: la città marinara disponeva di saline in Sardegna e lungo la costa toscana, la cui ingente produzione consentiva una larga esportazione verso l'interno della regione. A Piombino le saline erano dislocate nello stagno e lungo la costa a levante della foce di esso: il Comune di Pisa vi teneva un proprio ufficiale, il *dovanerius doane salis*, coadiuvato da un notaio e da un nunzio, i cui uffici, annuali, non potevano essere assegnati a persone di quella località o che ivi avessero interessi commerciali. Compito del doganiere era sovrintendere all'estrazione del sale da parte dei *salaioli* ed evitare che venisse sottratto al monopolio del Comune di Pisa: tutto il sale prodotto doveva infatti essergli venduto ad un prezzo stabilito, per essere poi conservato e misurato nella sede della dogana. Al doganiere spettava farlo pervenire a Pisa oppure venderlo secondo le indicazioni pervenutegli dai governanti della città. Annualmente «intra salem et dirictum» il Comune di Pisa ricavava, secondo il bilancio presentato nel 1313 all'imperatore Enrico VII, la cospicua somma di 6.000 fiorini, escluse le spese.[37]

Non conosciamo però la produzione delle saline, sicuramente ingente: il 20 maggio 1325, ad esempio, il doganiere Bacciameo Kalende scrisse al governo pisano che un Piombinese, nottetempo, aveva sottratto dal sale da lui stesso prodotto, e ancora nella propria dimora ne conservava mezzo moggio per venderlo ad un Genovese; Bacciameo si trovava impossibilitato ad evitare fatti del genere, perché la casa del Comune adibita a magazzino del sale era piena e fuori di essa giacevano altri 1.100 moggi e già cominciava la nuova produzione. La risposta pisana fu di permettere al doganiere di vendere il sale, ma solo quello giacente fuori della casa, a sei lire il moggio, misura corrispondente a circa 1128 kg.[38]

Come risulta chiaro, il Comune di Pisa esercitava un forte controllo su Piombino, principale centro del contado e importante fonte di reddito, cui si accompagnava una pressione fiscale sempre più gravosa nell'avanzato Trecento, in corrispondenza con le crescenti necessità imposte dalla situazione politica. A riprova della posizione di Piombino nel contado pisano,

---

[37] Ed. *Acta Heinrici VII imperatoris Romanorum et monumenta quaedam alia Medii Aevi*, ed. G. Doenniges, II, Berolini, in Officina Libraria Nicolai, 1839, p. 95. Sugli introiti provenienti dal monopolio del sale cfr. R. Castiglione, *Gabelle e diritti comunali nel Trecento a Pisa*, «Bollettino Storico Pisano», LXXII, 2002, pp. 41-79: 67-69.

[38] ASP, *Comune, Divisione A*, n. 50, cc. 27*v*-28*v*. Ivi si stabilì anche che ogni porta dell'edificio ove si conservava il sale avesse due chiavi, una tenuta dal doganiere, l'altra dagli Anziani del Comune di Piombino. Sulla produzione e la gestione del commercio del sale cfr. Ceccarelli Lemut, *Tre porti e un promontorio*, cit., pp. 31-49. Per il moggio Luzzati, *Note di metrologia pisana*, cit., pp. 191-220: 219.

vediamo come in quel centro, caso unico nel territorio, erano presenti le medesime fazioni operanti in città, i Bergolini e i Raspanti, e le loro vicende vi ebbero immediate ripercussioni provocando ribellioni e spargimenti di sangue. Particolarmente duri furono gli avvenimenti successivi alla presa di potere nel 1369 di Pietro Gambacorta e dei Bergolini: nel 1370 e poi nel 1374 la fazione raspante reagì violentemente attirando la sanguinosa repressione del Comune di Pisa.[39] Episodi come questi racchiudevano sempre il pericolo di tentativi di autonomia o addirittura di passaggio ad altra dominante, rendendo quindi sempre più stretto il dominio pisano: un rischio che può probabilmente spiegare la mancanza di mercato, come ci si potrebbe aspettare in un centro di tale vivacità economica.

Ricomponendo la geografia dei mercati individuati, si può notare il loro limitato numero, non imputabile solo alla carenza di documentazione ma anche ad un sistema economico fortemente accentrato su Pisa. Il rapido e precoce sviluppo comunale consentì alla città di coordinare intorno a sé un ambito corrispondente grosso modo all'antico *comitatus*, il Valdiserchio fino ai monti di Vecchiano compresi, il Valdarno fino al lago di Sesto e alla confluenza dell'Era in Arno, la Val di Tora e la Val di Fine fino al fiume Cecina, impedendo o limitando la formazione di giurisdizioni concorrenti e precludendo ai castelli lo svolgimento di un effettivo ruolo signorile.[40]

Un'analoga capacità di controllo regolò probabilmente anche i movimenti commerciali, convergenti sull'area cittadina. Le importazioni provenienti dall'intero Mediterraneo confluivano a Pisa passando sotto il controllo fiscale della degazia – termine bizantino per indicare la dogana –attestata alla metà del XII secolo,[41] per essere poi redistribuite verso l'interno della regione e oltre, lungo l'Arno con gli importanti snodi di Bientina e di Vicopisano per i flussi verso l'area lucchese.

Piombino rappresenta un caso a sé, in quanto il secondo porto del contado, con importanti relazioni commerciali con l'Elba e la Sardegna, ma ubicato in area maremmana, in un contesto diverso e pericoloso, con centri signorili, che non di rado mostrarono insofferenza verso la dominante.[42] Queste particolari condizioni spiegano il forte controllo esercitato da Pisa.

---

39 Su questi eventi cfr. M.L. Ceccarelli Lemut, *Il contesto storico: il castello di Piombino nel Medioevo*, in *La Fonte dei Canali alla Marina di Piombino. Storia e restauro*, a cura di M.T. Lazzarini, Pisa, Pacini, 2010, pp. 11-43: 29-30.

40 Cfr. Ceccarelli Lemut, *Terre pubbliche e giurisdizione signorile*, cit., p. 453.

41 Garzella, *Pisa com'era*, cit., p. 173.

42 Cfr. Ceccarelli Lemut, *La Maremma populoniese nel Medioevo*, cit., pp. 64-66.

Mario Marrocchi

I MERCATI DELLA VALDICHIANA TRA DINAMICHE INTERNE E PROSPETTIVE ESTERNE

Le dinamiche dei centri cosiddetti 'minori', toscani e non solo, sono oggetto di crescente attenzione, anche depurata da una certa prospettiva di subalternità al modello cittadino, nel tentativo di analizzare la relazione tra elemento antropico e dimensione ambientale. Di tale impostazione si possono cogliere alcuni prodromi – nella dimensione regionale qui di interesse – già nell'ormai lontano convegno *Incolti, fiumi e paludi*, tenutosi proprio a Fucecchio nel 2001, che conobbe diverse relazioni caratterizzate dall'approccio appena rammentato.[1] In tale prospettiva, l'utilizzo dell'aggettivo 'minore' è ancora possibile qualora si voglia indicare con esso solo una non elevata concentrazione demografica dei centri studiati; dunque, senza un'immediata accezione negativa, come spesso è accaduto in una storiografia tendenzialmente urbanocentrica e ponendo, invece, l'accento sulla semplice dimensione demografico-insediativa. Così il tema dei centri minori va ad inserirsi nella crescente attenzione alla storia dell'ambiente – o ecologica o ecologia storica che dir si voglia – [2] che comincia a conoscere un certo radicamento anche nel dibattito storiografico italiano.[3] Sebbene si registri ancora una minore vivacità di indagini per il Medioevo rispetto ad altre spanne cronologiche, non mancano ricerche ecostoriche anche su tale periodo accanto a ulteriori elaborazioni di sintesi.[4]

---

1 Cfr. *Incolti, fiumi, paludi: utilizzazione delle risorse naturali nella Toscana medievale e moderna*, a cura di A. Malvolti e G. Pinto, Firenze, Olschki, 2003. Avendo partecipato sia a quell'incontro (M. Marrocchi, *L'impaludamento della Valdichiana in epoca medievale*, *ivi*, pp. 73-93) sia a questo del 23 novembre 2024, si ringraziano di cuore Alberto Malvolti e Giuliano Pinto per entrambi gli inviti.

2 Cfr. R.C. Hoffmann, *An Environmental History of Medieval Europe*, Cambridge, Cambridge University Press, 2014.

3 Basti qui pensare a R. Rao, *I paesaggi dell'Italia medievale*, Roma, Carocci, 2015.

4 Cfr. M. Panato, *River and Society in Northern Italy. The Po Valley, 500-1000 AD*, Amsterdam,

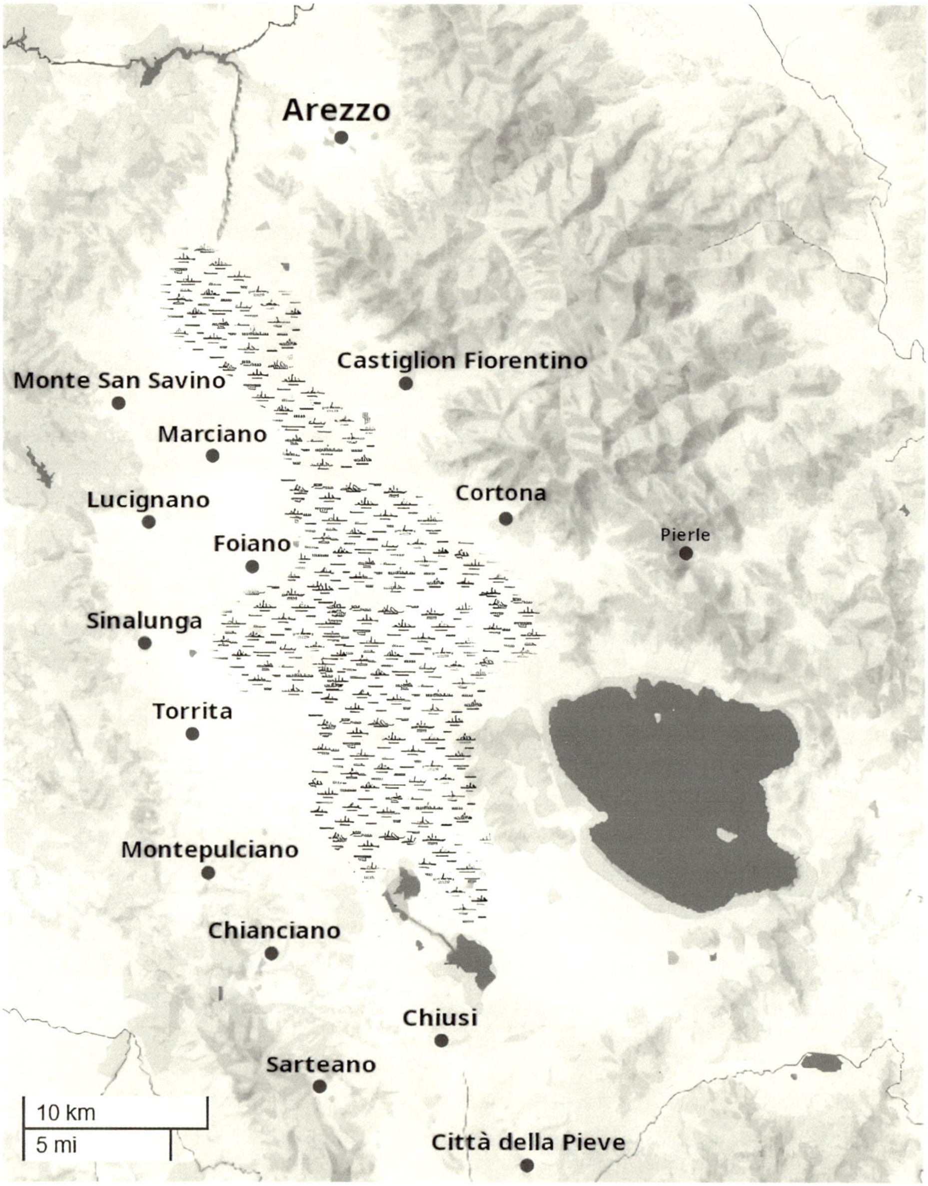

Fig. 1. La Valdichiana nel Medioevo.

Anche un'indagine che si focalizzi sui mercati, può così risultare interessante nella prospettiva esposta, consentendo di affiancare dati su centri minori di diverse aree della regione in modo da approfondire la conoscenza delle forme di sfruttamento e di circolazione delle risorse con una prospettiva di sostenibilità ecologica più che economica.[5] Senza poter dar conto in misura esaustiva di una bibliografia ormai cospicua, tanto in una dimensione nazionale quanto in quella regionale toscana, si dovrà qui ricordare almeno il convegno su *I centri minori della Toscana nel Medioevo* tenutosi a Figline Valdarno ormai quindici anni or sono.[6] Già allora, del resto, introducendo i lavori, i due curatori notavano che un'attenzione alla varietà degli insediamenti era stata prestata agli albori del Novecento da Gioacchino Volpe; ciò avveniva, però, in una prospettiva pienamente urbanocentrica, seppur mitigata dalla celebre immagine della foresta in cui si trova «l'arbusto» come la «pianta altissima e ramosa», con uno sguardo sul territorio considerato in una sua integrità che comunque, prevede una relazione tra gli arbusti e le piante ad alto fusto.[7] Con riferimento al convegno di Figline, si sono tenute particolarmente presenti le indicazioni scaturite da almeno tre relazioni: quella di inquadramento generale sui centri minori della Toscana senese e grossetana, di Roberto Farinelli e Maria Ginatempo; quella di Gabriele Taddei che si concentrava sulla Valdichiana settentrionale, e ancora quella su Cortona di Céline Perol, la quale ne metteva anche in dubbio il profilo di centro minore, non tanto per le dimensioni demografiche e insediative quanto per la vivacità economica e commerciale.[8] Il tema, peraltro, ha implicazioni giuridico-istituzionali di non semplice soluzione alle quali ha fatto riferimento l'altro convegno *Poteri centrali e autonomie nella Toscana medievale e moderna*, nei cui atti com-

---

AUP, 2024, recente esempio di studio su un peculiare ma ampio ambito, quello appunto della pianura padana. Oltre al pionieristico Rao, *I paesaggi dell'Italia medievale*, cit., cfr. l'agile riflessione di metodo proposta da M. Campopiano, *Storia dell'ambiente nel Medioevo. Natura, società, cultura*, Roma, Carocci, 2025. Sia permesso anche un rinvio a M. Marrocchi, *Ecologia e storia, a partire da alcuni recenti contributi sulla Maremma toscana*, «Ricerche Storiche», LIV, 1, 2024, pp. 113-125.

[5] Cfr. R. Rao, *Economic Sustainability vs. Environmental Sustainability: The Commodification of Environmental Resources in the Central Alps in the Late Middle Ages and the Animal Crisis (Upper Valtellina, 1300-1500)*, «Journal of Interdisciplinary History», 56, 2, 2025 (i.c.s.). Si ringrazia l'Autore per la condivisione dell'articolo prima della sua uscita.

[6] *I centri minori della Toscana nel Medioevo*, Atti del convegno internazionale di studi (Figline Valdarno, 23-24 ottobre 2009), a cura di G. Pinto e P. Pirillo, Firenze, Olschki, 2013.

[7] G. Pinto – P. Pirillo, *Introduzione*, in *I centri minori della Toscana*, cit., pp. VII-IX: VIII.

[8] Le tre relazioni negli Atti suddetti sono: G. Taddei, *I centri minori della Val di Chiana*, pp. 97-125, C. Perol, *Cortona, città o centro minore?*, pp. 127-135 e M. Ginatempo – R. Farinelli, *I centri minori della Toscana senese e grossetana*, pp. 137-197.

paiono le fondamentali considerazioni di Maria Ginatempo.[9] Va anche aggiunto che proprio Taddei, nel saggio sopra ricordato sui centri chianini, rammentava come alcuni di loro riuscissero a «porsi in forme dialettiche con tutti i possibili interlocutori, fossero le autorità senesi, aretine, perugine, fiorentine o orvietane»;[10] una lettura che portava Taddei a definire la Valdichiana «un ambiente multipolare».[11]

In questa prospettiva di ricerca, quella che è stata definita da Robert Davidsohn come «la paludosa Val di Chiana, ricca di frutta e di vino»[12] – con parole che già rivelano l'importanza rivestita per questa vallata dalla dimensione agricola – si mostra come un contesto su cui insistevano pressioni di più città in contesa che però finivano per lasciare ampi margini di autonomia almeno ad alcune realtà particolarmente intraprendenti. Piuttosto la presenza del fiume, più che l'affacciarsi delle città, sembra essere l'elemento determinante anche per lo sviluppo dei mercati; ciò non solo per il ruolo di riserva idrica fondamentale per l'agricoltura – i cui prodotti comparivano massicciamente sul mercato – ma anche per lo sviluppo dei commerci che erano agevolati dal trasporto via acqua.

In questa sede non sarà possibile considerare la valle nella sua interezza, nemmeno in relazione alla porzione toscana; tuttavia si cercherà di non trascurare almeno quegli eventuali indicatori emergenti dalle fonti e che potrebbero parlare di una dinamica commerciale lungo tutto il fiume, nonché alcuni aspetti specifici e relativi a centri per i quali sono maggiormente necessari ulteriori scavi nella documentazione.

La rubrica 61 del terzo libro degli Statuti di Foiano del 1387 affronta il tema della navigazione sulle Chiane con un testo che restituisce una assai vivida immagine della presenza di imbarcazioni: infatti, veniva stabilita una pena di cento libre per chiunque danneggiasse «aliquam navem seu garavellam comunis existentem in Clanibus seu in aliquo portu vel aliquo alio loco» mentre per chi avesse danneggiato un'imbarcazione privata, la multa prevista era di venti soldi. Dallo Statuto di Cortona si ricava, invece, l'infor-

---

9 M. Ginatempo, *Le autonomie nella Toscana senese del basso Medioevo*, in *Poteri centrali e autonomie nella Toscana medievale e moderna*, Atti del convegno di studi (Firenze, 18-19 dicembre 2008), a cura di G. Pinto e L. Tanzini, Firenze, Olschki, 2012, pp. 107-133: 119-126.

10 Taddei, *I centri minori*, cit., p. 104.

11 *Ivi*, p. 105. Questa prospettiva è rafforzata dalle considerazioni di uno storico del diritto, Alessandro Dani, per altri centri posti nella porzione meridionale della Valdichiana, Sarteano e Chianciano: A. Dani, *Sarteano e Siena: un'alleanza strategica presupposto di un'ampia autonomia normativa*, in *Statuti del Comune di Sarteano (secoli XV-XVIII)*, a cura di A. Dani, M. Marrocchi e A. Niccolucci, Canterano (RM), Onorati editore, 2018, pp. 27-52: 27-28.

12 R. Davidsohn, *Storia di Firenze*, trad. it., 8 voll., Firenze, Sansoni, 1963-1978: vol. II parte I, p. 229.

mazione relativa a una sola ma ben importante nave, il che non significa fosse l'unico mezzo presente sulle acque cortonesi quanto, piuttosto, quello con la maggiore capacità di carico. Nella rubrica LXVI del quarto libro si stabiliva, infatti, che venisse posta una nuova nave nel porto di Fasciano e si ipotizzava di proporne al Comune di Montepulciano la condivisione delle spese. Queste due informazioni puntuali orientano a una visione delle acque chianine come caratterizzate da mobile vivacità antropica, con battelli comunali e privati a solcarle. Sembra ci fosse una certa vivacità di relazioni commerciali e scambi interni alla valle tra più centri, quando non di più lunga distanza. Anche se con una documentazione discontinua, Castiglion Fiorentino sembra confermare l'importanza del mercato ittico per i centri chianini, tenendo presente la grande quantità di pesce che ogni giorno entrava nel centro abitato e considerando che vi era una gabella relativa al commercio del pescato; sebbene non si ricordi l'esistenza di un'arte di pescivendoli, si sa però di una loggia destinata all'attività di vendita del pesce.[13]

La porzione più settentrionale della valle, lo si è già accennato, si trovava grosso modo equidistante da Perugia e da Siena mentre la più vicina Arezzo, com'è noto, con la fine del secolo XIII perdeva gradualmente la propria influenza sul territorio. Di ciò si giovava inizialmente Perugia, la cui influenza arrivava sino a Lucignano, come mostra lo Statuto del 1348. Lo stesso corpo normativo indica l'esistenza a Lucignano di due consoli dei mercanti che dovevano intervenire in caso di eventuali controversie.[14] Presto, però, l'avanzata di Perugia sulla Valdichiana si arrestò a vantaggio di Siena che, nel 1370, otteneva che coloro i quali fossero del proprio distretto, non avrebbero pagato nessun pedaggio né per introdurre né per portare fuori merci da Lucignano.[15] Anche un centro come Foiano, che rimaneva in linea di massima fedele ad Arezzo, godeva del clima aperto e dinamico della valle. Non a caso nel pieno Trecento vi si teneva un mercato a dimensione interregionale.[16]

---

13 G. Taddei, *Castiglion Fiorentino fra XIII e XV secolo. Politica, economia e società di un centro minore toscano*, Firenze, Olschki, 2009, p. 198.

14 Si veda la scheda in https://ast.sns.it/public/sp/648/Lucignano_SP_Ente_01_ComunediLucignano che rimanda ad ASF, *Statuti delle comunità autonome e soggetto*, 407, c. 6. Sui rapporti con Perugia cfr. M. Pecugi Fop, *Perugia in Toscana. I centri aretini e senesi sottomessi al Comune di Perugia nel Trecento. Documenti dal* De claritate Perusinorum, Perugia, Deputazione di storia patria per l'Umbria, 2008, pp. 235-236.

15 E. Repetti, *Dizionario Geografico, Fisico Storico della Toscana*, 6 voll., Firenze, 1833-1845, (rist. anast., Firenze, Cassa di Risparmio di Firenze, 1972), II, *Lucignano in Val di Chiana*, pp. 919-927: 921.

16 A. Barlucchi, *Economia e società a Foiano fra Tre e Quattrocento*, in *Statuto del Comune di Foiano del 1387*, a cura di S. Allegria, saggi introduttivi di A. Bargagli e A. Barlucchi, Firenze, Associazione di studi storici Elio Conti, 2017, pp. 19-65: 58.

Quanto accennato mostra come non sia priva di interesse l'analisi di questi centri e, in particolare, delle loro attività di mercato. Tuttavia essa sembra inserirsi in un quadro non diverso da quello di altre realtà di simili dimensioni, in un rapporto di forte dipendenza da una città. Nonostante ciò, ancora nel tardo Medioevo alcuni centri dell'area mantenevano forti margini di autonomia, come mostrano gli statuti di Chianciano e di Sarteano ma, anche, sia pure con modi diversi, le vicende di Cortona.[17] Saranno questi i centri che saranno tenuti in maggiore considerazione, pur senza escludere quelli dell'area cui si è fatto cenno. È invece da rimandare ad altra occasione uno studio della parte meridionale che possiamo qui chiamare, sia pure con qualche sfrangiatura, pontificia; avvertenza tutt'altro che oziosa poiché la Valdichiana tardomedievale si divideva in più territori e anche quando, nella prima Età Moderna, quella toscana sarà tutta 'fiorentina', una parte non secondaria della valle sarà, invece "romana".

La vocazione a una forte autonomia da parte dei nostri centri è attestata ancora nella prima Età Moderna. Come scrive Alarico Barbagli della Lucignano di metà Cinquecento, «un'incalzante istanza livellatrice e uniformatrice, incarnata dalla dinastia medicea» si misurava con «una radicata tradizione giuridica di particolarismo territoriale».[18] Di tale varietà sono testimoni, ovviamente in modulazione varia, centri di cui si possono seguire più o meno da vicino le sorti: oltre a Lucignano, Castiglion Fiorentino e, in modi peculiari che si vedranno oltre, Cortona. Con Montepulciano, muovendo ancora più a sud, si entra in un territorio in cui, oltre alle ambizioni di Siena e Perugia, si allungavano quelle di Orvieto. In esso si trovano Chianciano, Sarteano, Cetona,[19] centri posti a corollario intorno Chiusi che era il riferimento civico dell'area. Spostandosi ancora verso sud e a est troviamo Castiglion del Lago, Città della Pieve, Ficulle, Fabro, Monteleone d'Orvieto, Allerona, tutti distanti da un centro demico cittadino ed esposti alle ambizioni territoriali romano-papali.

Considerato quanto sopra accennato, si è optato per il presente contributo di selezionare pochi casi di studio, focalizzando l'attenzione soprattutto sul XIV secolo. Tra questi merita particolare attenzione il caso di Cor-

---

[17] Lo rimarca chiaramente A. Dani, *Sarteano e Siena: un'alleanza strategica*, cit., in particolare pp. 27-28; per Cortona, cfr. Perol, *Cortona, città o centro minore?*, cit.; per Montepulciano Taddei, *I centri minori della Val di Chiana*, cit.

[18] A. Barbagli, *La normativa statutaria della Valdichiana nello* Stato vecchio *fiorentino alla metà del Cinquecento. Con particolare riguardo allo statuto di Lucignano del 1572*, «Studi Senesi», s. 3, 54, 2005, pp. 411-459: 459.

[19] Per quest'ultimo centro sia consentito di rimandare a M. Marrocchi, *Cetona. Genesi e uso delle strutture fortificate (secc. XII-XVI)*, in *Fortificare con Arte nella valle della Chiana*, a cura di E. Pellegrini, Siena, Betti, 2024, vol. IX, pp. 97-121.

tona, centro demico che conosce un'importante crescita nei secoli finali del Medioevo. Grazie allo Statuto del 1325, il mercato di Cortona è forse l'esempio meglio documentato dell'intera della Valdichiana. Per il XV secolo la documentazione relativa a Sarteano offre riferimenti puntali sull'organizzazione concreta del mercato e consente di allargare il ragionamento ad aspetti culturali. Infine, per introdurci nella prima Età Moderna, sarà utile avanzare qualche considerazione sul caso di Chianciano e, in qualche misura, anche su quello di Chiusi, per chiudere infine con alcune considerazioni di riepilogo.

Cortona è il centro della valle il cui profilo mette in crisi le rigide categorizzazioni: nel 1325 infatti diveniva sede di diocesi, ottenendo così lo *status* di città, nonostante le non ampie dimensioni demiche. Per la fase pieno e tardo medievale Cortona è ben documentata grazie a un ricco e vario insieme di fonti che concorre a ricostruire un quadro vivace e articolato degli aspetti socio-economici. La recente, ottima edizione dello Statuto trecentesco, grazie anche agli studi introduttivi, ha rivitalizzato l'attenzione su Cortona.[20]

Senza voler eccedere nel generalizzare la condizione cortonese, si può ricordare come alcune produzioni agrarie della Valdichiana entravano in dinamiche mercantili di ambito almeno regionale. Il frumento chianino era apprezzato anche a Firenze, ma le autorità comunali cortonesi cercavano di stimolare anche una dinamica inversa, con il *devetum*, la norma volta a ostacolare l'esportazione negli anni di scarsa produzione. Era inoltre proibita ai biadaioli locali la pratica di accumulare scorte fuori dei confini comunali. Ancora, si puntava a favorire l'importazione sul mercato cortonese da parte di biadaioli forestieri, con misure volte a proteggerli sia rispetto alle località di provenienza sia rispetto agli eventuali ostacoli frapposti dagli abitanti di Cortona o del suo territorio. Alcune norme disciplinavano lo spazio del mercato delle granaglie imponendo un canone di occupazione del suolo pubblico nella piazza del Comune: per un'area di sei piedi di lato, si pagavano sei lire annue. Una seconda disposizione imponeva a tutti i biadaioli di prendere in uso, insieme, alcune botteghe sotto il palazzo del Comune. Lo spazio per ciascuna era misurato, ancora, in sei piedi di estensione verso la piazza, e il canone annuo era di ben 200 lire.[21]

Di un certo interesse risulta l'articolazione dei luoghi di esercizio delle attività di mercato: nella piazza di Sant'Andrea aveva luogo, prima dell'ora

---

20 *Statuto del Comune di Cortona (1325-1380)*, a cura di S. Allegria e V. Capelli, saggi introduttivi di A. Barlucchi, P. Licciardello e L. Tanzini, Firenze, Olschki, 2014, Tra i saggi merita particolare attenzione ai fini della nostra analisi quello di A. Barlucchi, *L'economia cortonese alla luce dello statuto*, pp. 23-48.

21 *Ivi*, p. 25.

nona – dunque nel corso della mattinata – una sorta di mercato all'ingrosso da parte di produttori che venivano detti *montanini*. Va ricordato che Cortona faceva da riferimento a un territorio molto vasto, parte del quale era in pianura, appunto quella Valdichiana cui si fa qui riferimento, mentre un'altra porzione di territorio, non meno importante, era pienamente montana. I rivenditori al dettaglio acquistavano le merci dai grossisti e le portavano con le loro ceste negli spazi loro riservati nella piazza del Comune. I venditori di fichi secchi erano autorizzati a farlo «iuxta fontem platee, in illa rectitudine pedronis qui est super scalis comunis et iuxta ipsum pedronem iuxta ad angulum superiorem palatii comunis».[22] Tornando ai venditori all'ingrosso, va rimarcato il collegamento con la chiesa di Sant'Andrea. In età comunale, questa era non solo una delle principali chiese cittadine ma anche quella in cui si raccoglievano le testimonianze in giudizio nonché la sede delle adunanze del Consiglio comunale.[23] La contiguità delle operazioni di smercio all'ingrosso e delle più importanti attività istituzionali non doveva essere casuale e sembra indicare la rilevanza che le attività di scambio avevano nella vita del centro. Nel cuore di Cortona, istituzioni comunali, strutture religiose e luoghi dello scambio economico formavano un tutt'uno.

Se nella piazza del Comune si svolgeva il mercato delle granaglie e della frutta, non sappiamo con precisione dove si smerciassero il vino, l'olio e le essenze tintorie; forse, si può ipotizzare, in aree limitrofe alla suddetta chiesa di Sant'Andrea. Quel che è certo, in ogni caso, è che lo statuto del 1325 prevedeva per lo svolgimento del mercato settimanale il giorno di sabato: «ordinamus quod cuilibet liceat tenere in plateis comunis Cortone, diebus sabbati»; disposizione che veniva seguita dall'aggiunta «et aliis diebus, infrascriptas res et mercantias et in infrascriptis locis».[24] Una precisazione che sembra lasciar intravedere sia un mercato settimanale, fissato al sabato, sia una regolare possibilità di vendita, con occupazione degli stessi spazi pubblici, negli altri giorni della settimana, il che fa pensare a un'attività commerciale al minuto quotidiana e vivace.

Un'altra merce importante sul mercato cortonese doveva essere il pesce. Cortona lo pescava nelle Chiane di cui controllava un buon tratto, e non nelle pur vicine acque del Trasimeno che, nel tardo Medioevo, era per intero sotto il controllo di Perugia. Purtroppo dallo Statuto risulta strap-

---

22 *Statuto del Comune di Cortona*, cit., IV, 4, p. 359.

23 P. Licciardello, *Il culto dei santi e la vita religiosa*, in *Statuto del Comune di Cortona*, cit., pp. 49-81: 57, nota 31, rimanda al secondo libro dello Statuto stesso, rubriche 26 e 46.

24 *Statuto del Comune di Cortona*, cit., IV, 4, p. 358.

pata proprio la rubrica contenente il giuramento dei pescatori che avrebbe potuto dare indicazioni precise su tale attività, tra cui l'ubicazione dei luoghi di vendita del pesce.[25] Tuttavia, già la stessa esistenza di una tale rubrica e la sua posizione all'interno dello Statuto dicono qualcosa: infatti, essa si trovava nel libro primo come trentesima rubrica, tra quelle che possiamo definire come cerniera tra le istituzioni comunali riconosciute dalla comunità e la vita sociale della stessa. Seguivano un paio di rubriche dedicate alla cura dei barili, delle bilance e delle unità di misura e prima di quella relativa all'organizzazione dei camparii. Se, poi, ci si sposta alla rubrica 53 del libro secondo, dedicata ai macellai, vi troviamo un cenno allo smercio del pescato che assume una certa importanza in ragione della lacuna di cui si è detto. Infatti vi si stabilisce che ogni tre mesi si portassero al Consiglio, convocato ordinariamente, le misure da adottarsi per la vendita delle carni e dei pesci – «sub qua forma et modo fiat venditio carnium et piscium» – [26] e che successivamente venisse pienamente attuato quanto fosse stato deciso in tale Consiglio. Una misura la cui frequente riproposizione sembra significare in modo inequivocabile una regolarità costante dello smercio del pesce, accanto a quello della carne. E che la pesca e lo smercio dei pesci chianini fossero una delle attività economiche prevalenti, lo indica anche l'inserimento dei diritti di pesca nelle Chiane al secondo posto tra gli introiti che il Comune appaltava all'inizio dell'anno (rubrica 23 del primo libro). Al primo posto compariva l'entrata derivata dal pedaggio del porto di Fasciano:[27] altra misura eloquente circa l'importanza del fiume come via di comunicazione per le persone e per le merci. Queste rubriche sono sufficienti a mostrare quanto la cura della gestione delle Chiane e delle terre contermini avesse un ruolo di assoluto rilievo per Cortona: la comunità viveva di una relazione con le acque che apparirebbe, oggi, incomprensibile a chi avesse a mente la sola condizione odierna o quella della seconda Età Moderna. Fino al Settecento, cioè alle soglie delle cosiddette bonifiche illuministe, il rapporto tra uomo e ambiente era significativamente diverso, come mostra il rapporto, positivo, con le aree umide.

---

25 M. Marrocchi, *I paesaggi della Val di Chiana nello specchio degli statuti trecenteschi*, in *Agricoltura, lavoro, società. Studi sul Medioevo per Alfio Cortonesi*, a cura di I. Ait e A. Esposito, Bologna, Clueb, 2020, pp. 387-402: 394.

26 *Statuto del Comune di Cortona*, cit., II, 53, p. 228.

27 *Ivi*, I, 23, p. 144. La rubrica ben chiarisce l'impostazione della gestione economica del Comune voluta da Ranieri Casali. Più in generale, sui nessi tra scelte economiche e impostazione politico-istituzionale volute dai Casali, si veda L. Tanzini, *Lo Statuto: aspetti politici e istituzionali*, in *Statuto del Comune di Cortona*, pp. 3-21: nota 49, p. 17 per lo specifico della gestione dei diritti comunali con l'importante eccettuazione delle *silvae*. La disposizione torna più avanti, *ivi*, IV, 95, pp. 448-449.

Ai «pescaioli vel mercatores piscium de Cortona» lo Statuto vietava, sotto pena di cento soldi, di costituire «compaginem vel sotietatem cum aliquo forensi»:[28] una misura di taglio protezionistico nei riguardi di un settore che doveva ricoprire un ruolo essenziale nella vita quotidiana del centro; con le ovvie differenziazioni a seconda delle stagioni anche per quanto concerne lo smercio.[29] Lo Statuto (IV, 4: «Qualiter mercantie teneri debeant in platea comunis»), indicando le varie tipologie di cibi vegetali e di merci – tessuti e vasellame ma anche uova, formaggi e polli, ecc. – in vendita su quel mercato, non fa alcun cenno al pesce e alla carne, dal che si deduce che fossero venduti altrove; il pesce sicuramente nella piazza detta appunto di Pescheria (o della Pescaia), sita. nella parte più alta del centro storico ma non distante dalla zona a vocazione commerciale.

Anche a Montepulciano, tanto per fare un confronto, esistevano due aree distinte di mercato. Lo Statuto del 1337, regolando la pesca e lo smercio del pescato delle Chiane, indica come luogo di vendita la piazza del Comune, stabilendo però che nei mesi estivi, per evidenti ragioni di igiene, le contrattazioni si svolgessero nelle prima ore del mattino, a cui doveva seguire da parte dei venditori la pulizia accurata dello spazio utilizzato.[30] Un'altra rubrica, poi, vietava che si vendesse il pesce *sub logia comunis, iuxta plebem Sante Marie*, che era il luogo di mercato degli altri prodotti.[31]

La vitalità di Cortona come piazza commerciale è rimarcata, oltre che dallo Statuto del 1325, anche da altre fonti, e ne proporremo qui almeno una.

Non molti anni fa Pär Larson ha riedito un lavoro di Arrigo Castellani, un piccolo registro di un bovaro, Passara di Martino da Cortona, databile grosso modo alla stessa fase dello Statuto, utile per conoscere le attività di mercato nell'area di Cortona dal momento che contiene indicazioni sugli affari e gli spostamenti di Passara in vari mercati tra Val di Chiana e zone limitrofe. [32] Uno di questi è a pochissima distanza da Cortona e cioè a Pierle, nel lembo di territorio che si insinua sulle montagne poste a oriente. Si tratta di una località che ritorna una decina di volte nei viaggi di Passara,

---

28 *Ivi*, IV, 27, p. 386.

29 *Ivi*, II, 53.

30 *Statuto del Comune di Montepulciano del 1337*, a cura di U. Morandi, Firenze, Le Monnier, 1966, rubb. 69, 70, pp. 338-339. Per i riferimenti a Montepulciano e al suo Statuto si rimanda a Marrocchi, *I paesaggi della Val di Chiana*, cit., pp. 399-400.

31 *Statuto del Comune di Montepulciano*, cit., rub. 66, p. 337.

32 A. Castellani, *Il registro di crediti e pagamenti del maestro Passara di Martino da Cortona (1315-1327)*, (nuova edizione a cura di P. Larson), «Bollettino dell'Opera del Vocabolario Italiano», XV, 2010, pp. 197-225.

dunque un luogo di una certa importanza per il bovaro cortonese. Un secondo mercato che emerge dal registro è quello che viene definito «del Marchese», dove Passara si reca due volte e che potrebbe portare sempre verso l'Umbria, essendo stato individuato con la sede principale dei marchesi Bourbon del Monte, appunto Monte Santa Maria Tiberina. Infine un terzo mercato che si ricorda nel registro, seppure una sola volta, è quello di Castello della Pieve, odierna Città della Pieve, dove Passara vende tre buoi. I suoi commerci, dunque, si svolgevano fino ai margini estremi dell'area delle Chiane. Il registro mostra come il mercato cortonese fosse inserito in una rete intrecciata su vari nodi, con un'ampia apertura verso l'esterno favorita dalle caratteristiche della Valdichiana, dove era presente uno spiccato policentrismo di abitati non cittadini tra i quali Cortona assumeva un ruolo importante. Non è da sottovalutare il fatto che il 27 agosto 1342 Ranieri Casali, signore di Cortona, equiparasse ai cortonesi, nell'ambito delle cause civili, i mercanti e gli artigiani forestieri presenti sul mercato. Una scelta politica che sembra leggibile come tentativo di rafforzare l'attrattività di Cortona e del suo mercato.[33]

La Cortona trecentesca, dunque, appare una vivace piazza di scambi, con la presenza di prodotti agricoli come grano, frutta, piante tintorie, ma anche di bovini e di pescato. Difficile comprendere da dove arrivassero le merci importate ma abbiamo qualche indizio per orientare le ricerche verso i centri delle valli più interne (verso *Fracta filiorum Uberti*, l'odierna Umbertide, e Sansepolcro) e meridionali (Città della Pieve). Andando più avanti nel tempo, sappiamo che gli scambi verso altre località anche esterne alla valle potevano avvenire lungo il fiume stesso. Una delibera degli ufficiali di Arezzo per conto del Comune di Firenze del 17 settembre 1423 mostra che questi assegnassero un ruolo preminente a Cortona nei traffici lungo la Chiana che diveniva collettore dei pedaggi di transito delle navi di Foiano e di Torrita, oltre che delle imposte sulle stadere e sui sigilli.[34] Sono indizi che sembrano tratteggiare una certa differenziazione interna rispetto all'importanza che ciascun centro stava assumendo. Cortona, favorita nel corso del secolo XIV dalla posizione e dalle ambizioni della famiglia Casali, aveva assunto un ruolo di forte rilievo.[35]

---

[33] *Statuto del Comune di Cortona*, cit., Appendice II, *Provvedimenti aggiunti al testo dello Statuto*, doc. 4, p. 486.

[34] ASF, *Diplomatico, Cortona, Comune e Opera di S. Maria Nuova*, 1423 settembre 17: per il regesto, <https://www.archiviodigitale.icar.beniculturali.it/it/185/ricerca/detail/153765#viewer>.

[35] Si ringrazia Simone Allegria che ha generosamente fornito informazioni e dato consigli preziosi.

In un percorso che non può che essere rapsodico, ci occuperemo ora di Sarteano, per la quale disponiamo, in riferimento soprattutto al XV secolo, di una notevole massa documentaria, al cui interno si colloca lo Statuto comunale in latino del 1433, pervenutoci attraverso una copia volgarizzata del secolo successivo.[36] Tale fonte offre la possibilità di attingere non tanto a informazioni sulle produzioni locali e sulle importazioni quanto ad aspetti più di corollario come le norme relative a tempi e luoghi della commercializzazione, cadenza delle occasioni di smercio e, più ampiamente, ad aspetti relativi alla mentalità dei mercanti e delle autorità locali preposte.

Lo Statuto stabilisce che siano sospese le cause civili nei giorni di festa – numerosi e minuziosamente elencati – e lo stesso nei giorni di mercato,[37] sottolineandone così l'importanza per la vita della comunità. Dalla rubrica successiva si apprende che un «mercato generale» doveva svolgersi per la festa di San Lorenzo per la durata di cinque giorni: due prima e due dopo la festa; ancora più lungo il mercato per San Martino che durava tre giorni prima e tre giorni dopo la festa.[38] Come era norma consueta, nei giorni di mercato nessun avventore poteva essere perseguito per debiti.[39] Quindi a Sarteano, stando allo Statuto del 1433, non si svolgeva allora un mercato settimanale, come accadeva in molti altri centri, ma gli scambi si concentravano in due momenti dell'anno, ad agosto e a novembre, per una durata di vari giorni: insomma si può parlare più di fiere che di mercati.

Altre rubriche dello Statuto fanno riferimento ai mercanti, alla loro attività, alla tenuta di libri contabili, all'organizzazione in arti, a testimonianza di un'economia vivace e differenziata, non legata esclusivamente all'agricoltura.[40]

Un'aggiunta allo Statuto, datata 1525, introduce anche a Sarteano un mercato settimanale, da tenersi il venerdì nella piazza del castello, e detta regole minuziose e stringenti.[41] Ogni abitante «nella corte di Sarteano, contado o iurisditione» doveva essere presente sul mercato, di persona o mandando uno della famiglia, e «portare qualche cosa da vendare, come sono polli, papari, oche, anatre, piccioni, ova, cascio, capretti, porchetti,

---

36 Per una presentazione generale delle fonti a disposizione cfr. M. Marrocchi, *Gli statuti quattrocenteschi e le fonti scritte per la storia del territorio di Sarteano in età medievale*, in *Statuti del Comune di Sarteano (secoli XV-XVIII)*, cit., pp. 17-26.

37 *Ivi*, II, 35, pp. 197-198.

38 *Ivi*, II, 36, pp. 198-199.

39 *Ibid*.

40 *Ivi*, II, 73, 74, p. 218.

41 *Ivi*, pp. 486-488.

agnelli, caggiagioni, ucellagioni et pescagioni, frutti et ortaggi, et ogni altra cosa necessaria al vitto humano senza pagamento d'alcuna gabella». In tal modo si intendeva favorire l'afflusso entro le mura di Sarteano dei prodotti alimentari essenziali per la vita della comunità. Ma certo colpisce l'obbligo – generalizzato e inconsueto – imposto alle famiglie contadine di portare i loro prodotti sul mercato, mentre nel contempo si proibiva ad esse di venderli in altri luoghi. Il tutto sotto il controllo degli ufficiali del Comune e sotto pena di venti soldi per gli inadempienti. L'accesso al mercato era consentito anche ai forestieri, che potevano portar via la merce acquistata senza pagare alcuna gabella. Sempre il venerdì, ma sulla piazza di San Francesco, si svolgeva il mercato del bestiame, che arrivava sia dal territorio di Sarteano che da fuori.

Può stupire il riferimento alle 'pescagioni', considerando l'ubicazione di Sarteano, la cui giurisdizione non arrivava alla Chiana e all'aree palustri. In realtà il territorio era solcato da piccoli corsi d'acqua, detti 'gorelli', che fatti confluire in ampi bacini, di proprietà privata, venivano a formare vere e proprie 'peschiere' dove oltre al pesce si raccoglievano 'granchi'.[42]

Altri casi interessanti sono quelli di Chianciano e di Chiusi.

Per Chianciano, terra assai prossima a Sarteano, abbiamo a disposizione gli Statuti del 1287,[43] che contengono indicazioni circa la protezione dei mercanti, l'apertura di un banco per la vendita del pesce (nel quale era esplicitamente vietata la vendita di carne) e ancora, il divieto di acquisto all'ingrosso – in funzione della rivendita – di volatili, frutta o altri commestibili.[44] Più ricche sono le fonti normative della prima Età Moderna. Tra l'8 e il 12 dicembre 1558 il Consiglio generale di Chianciano stabilì alcune norme concernenti il mercato settimanale: una iniziativa che potrebbe andare a inserirsi nelle più generali disposizioni del nuovo ordinamento voluto dai Medici che ormai dominavano la quasi totalità della Toscana. Sede del mercato, fissato nel giorno di mercoledì, era la piazza di Santo Bastiano, corrispondente all'odierna piazza Matteotti.[45] In

---

42 *Ivi*, IV, 52, pp. 276-277.

43 L. Fumi, *Gli Statuti di Chianciano dell'anno 1287*, Orvieto, Tipografia Tosini, 1873; *Chianciano 1287*, a cura di M. Ascheri, Roma, Viella, 1987, traduzione in italiano con riproduzione fotografica dell'originale manoscritto con interessanti pagine introduttive dello stesso Ascheri.

44 Si vedano dalla traduzione di Ascheri le rubriche 93 a p. 142, 182 a p. 157 e 331 a p. 185.

45 A. Fregoli, *Chianciano tra la Repubblica di Siena e lo* Stato nuovo *di Cosimo*, Arcidosso, Effigi, 2023, p. 27: si ringrazia l'Autore per la disponibilità e gli scambi di opinioni. Anche per lo Statuto cinquecentesco di Chianciano è disponibile una edizione più che affidabile: *Chianciano e i suoi Statuti in età moderna. Una comunità federata dello Stato di Siena*, a cura di A. Dani e A. Rondoni, Siena, Il Leccio, 2014.

quel giorno era possibile vendere il pane e il vino ma non «fare taverna».[46] Nei giorni del mercato settimanale, così come in occasione delle fiere, gli avventori erano esentati dalle gabelle; si puntava, tuttavia, a evitare che qualcuno accaparrasse prodotti in eccesso per rivenderli. Ancora, similmente a Sarteano, veniva prescritto l'obbligo di presenza in piazza per almeno una persona a famiglia, con merci il cui valore fosse almeno pari a cinque soldi. Nei giorni di mercato erano sospese le cause civili, in modo da favorire l'afflusso di venditori e compratori.[47] Anche a Chianciano si svolgevano fiere straordinarie annuali. Due sembrerebbero limitate a un solo giorno: la prima il 24 giugno (San Giovanni), la seconda il 24 agosto (San Bartolomeo). A questi due mercati generali si aggiungeva una vera e propria grande fiera, dedicata a San Luca, che durava otto giorni, dal 18 al 26 ottobre.[48]

Anche per Chiusi – l'antica città etrusca in forte declino a partire dal IX secolo e che non svolgeva più da tempo un ruolo egemone sulla Valdichiana centro-meridionale – si conserva uno Statuto cinquecentesco, più precisamente del 1538, dal quale si ricavano notizie essenziali sui mercati che vi si svolgevano. Un primo mercato era incardinato nei tre giorni a cavallo della domenica di Pasqua.[49] «Li cittadini et altri habitanti dela città o contado» erano obbligati a «condurre loro bestiami»: una variazione rispetto a quanto visto per altri centri nei quali l'obbligo riguardava prodotti agricoli non meglio specificati. Un altro mercato era indetto per la festa di San Simone e Giuda, «per honore dela città adciò si manifestino le sancte reliquie et sia abundante di mercantie». Anche in questo secondo mercato tornano norme in linea con altre già viste. In particolare, sono da rimarcare le misure di temporaneo sollevamento «da qualunque debito civile o criminale [...] per tempo et termine di giorni sedici, cioè giorni septe inanzi ad tale festa, el dì d'epsa et giorni octo immediate sequenti». Un termine, quello di chiusura, che i Priori potevano «prorogare et allongare per giorni octo più se lo parerà».[50] Infine era previsto un mercato settimanale, il sabato, al quale, come già visto per gli altri centri, i contadini erano tenuti a portare

---

[46] FREGOLI, *Chianciano tra la Repubblica*, cit., p. 99.

[47] *Ivi*, p. 197. *Chianciano e i suoi Statuti in età moderna*, cit., II, 82, p. 172. Il regolamento del mercato è pubblicato in FREGOLI, *Chianciano tra la Repubblica*, cit., pp. 374-376.

[48] *Chianciano e i suoi Statuti in età moderna*, cit., II, 82 e 94, pp. 172 e 176-177.

[49] C. CENCIONI, *Statuti della città di Chiusi (1538)*, Chiusi, Edizioni Luì, 1996, IV, 4, p. 166.

[50] «Tutti li habitatori dela corte di Chiuscio sieno tenuti el sabbato venire o mandare uno o una di sua fameglia con quelle robbe che havaranno da vendere nela piaza di Chiuscio, socto pena di soldi sette per ciascuno che contra farà». Si tratta di una disposizione nella quinta rubrica della stessa quarta distinzione: CENCIONI, *Statuti della città di Chiusi*, cit., p. 166.

i propri prodotti. La scelta del sabato lascia intravedere una continuità con una più remota tradizione risalente all'Alto Medioevo.[51]

In conclusione, cosa si può dire al termine di questo rapsodico sguardo sulla presenza dei mercati nella Valdichiana? Innanzitutto, anche tenendo presenti altri studi (si pensi soprattutto al volume di Gabriele Taddei su Castiglion Fiorentino), va rimarcata la rete di snodi piuttosto vivaci che caratterizzava la valle, con aperture sovralocali grazie al movimento delle merci lungo le acque della Chiana, ad esempio con transiti di bestiame che da Cortona si diramavano almeno nelle aree immediatamente prossima alla valle, come Pierle o Città della Pieve. Senza dimenticare l'esportazione verso mercati più lontani del grano – se ne è accennato, sulla scorta degli studi di Andrea Barlucchi – o delle anguille, menzionate in alcuni Statuti cittadini a partire da quello di Perugia.[52]

Altre considerazioni attengono ai fattori che hanno fatto da freno allo sviluppo dei mercati e quelli che invece lo hanno favorito. Tra i primi va segnalata la debole crescita demografica dei centri che gravitavano sulla valle e, insieme, il ridimensionamento della città di Chiusi, alla quale sarebbe spettato il compito di coordinare i rapporti tra di essi. La frammentazione istituzionale della valle sembra non aver favorito, ma piuttosto rallentato la sua crescita economica e, in ciò, le dinamiche di mercato.[53] In effetti la Valdichiana medievale registra una separazione tra area aretino/fiorentina e area senese – prima ancora orvietana e per qualche tempo perugina – per cui, mentre la prima finì per assumere un profilo più strettamente legato alle città di riferimento, la seconda non si collegò più di tanto a Siena, la cui influenza fu sempre piuttosto marginale. Poi tale dualismo venne meno a metà Cinquecento con l'inserimento dello Stato senese nel dominio fiorentino.

Tra i fattori positivi va posta in primo luogo la presenza del fiume, con le sue vaste appendici palustri. La Chiana rappresentava una via di comunicazione facile e importante – e le attestazioni di imbarcazioni lungo di essa non mancano. Ancor più che diaframma tra la costa occidentale e quella orientale – sebbene le due rive seguissero, in certa misura, la separazione istituzionale di cui si è detto – il fiume ne favoriva i contatti. Nel contempo esso costituiva un ambiente favorevole allo sviluppo di varie specie di flora

---

51 *Ivi*, p. 167.

52 M. Marrocchi, *I paesaggi della Val di Chiana*, cit., pp. 392-393 e 395.

53 Un tema che sarebbe interessante approfondire è quello della circolazione monetaria, legata – almeno per un certo tempo – alla presenza di zecche locali. Su ciò si veda M.A.M. Nassar, *La zecca medievale di Chiusi (secc. XIII-XIV). Aggiornamenti storico-numismatici ed uno studio sui conî*, «Rivista Italiana di Numismatica», CXXVI, 2025, pp. 177-222.

e di fauna; in particolare di quelle ittiche che rappresentavano una risorsa fondamentale per le popolazioni locali. Non sembrano pertanto accettabili le letture del fiume e delle sue pertinenze palustri come elemento deleterio per l'insediamento antropico.[54]

La fertilità prodotta dall'abbondanza di acque – e la Chiana risulta un protagonista positivo anche sotto questo aspetto – è un altro dei fattori caratterizzanti della Valdichiana. Ne era favorito lo sviluppo dell'agricoltura accanto a forme di allevamento sia minuto sia grosso. Cerali, vite, ulivo, piante tessili e tintorie ma, anche, pescato e carni compaiono non di rado nelle fonti: dal contado, tali merci confluivano ai centri di cui abbiamo potuto seguire le vicende. In alcuni casi, determinati prodotti, come il pesce, erano messi in vendita in aree appositamente dedicate: così a Cortona, a Chianciano e forse anche a Montepulciano.

L'area di mercato era in genere la piazza principale, indicata in una sovrapposizione col nome della chiesa su di essa affacciata, in un incontro tra religioso e civile, etico ed economico che produceva una sospensione dal tempo ordinario appropriandosi in modo altro dei luoghi che rappresentavano il potere. Anche in queste comunità, piccole o medie che fossero, il tempo del mercato era legato a doppio filo a quello della ritualità religiosa e della festa che portava alla sospensione di alcune pratiche giudiziarie. Il tempo dello scambio economico, del mercato, determinava la sospensione dell'etica e della giustizia corrente: una dimensione ribaltata rispetto a quella ordinaria, seppure insistente sugli stessi spazi simbolici della comunità che divenivano, così, emblema della sintesi tra tempo ordinario e tempo straordinario.

[54] Cfr. Marrocchi, *L'impaludamento della Valdichiana*, cit., pp. 73-93; Id., *I paesaggi della Val di Chiana*, cit.; Id., *Lo sfruttamento di un'area umida: comunità locali e città nella Val di Chiana centrale (secoli XII-XVI)*, «Riparia», 3, 2017, pp. 58-94.

Alberto Malvolti

IL MERCATO DI FUCECCHIO NEL TRECENTO*

Quasi trenta anni fa Giovanni Cherubini scriveva che riguardo a «...fiere e mercati di campagna si può tranquillamente affermare che [gli studi] non emergono salvo qualche rara eccezione come centro specifico di interesse».[1] Certamente questa lacuna era dovuta, oltre che agli interessi degli studiosi, anche alla scarsità delle fonti disponibili, di solito circoscritte a statuti o altri testi normativi, che consentono di ottenere una 'fotografia' statica dei mercati, lasciando in ombra le dinamiche interne. Un quadro più mosso può invece risultare dall'utilizzazione di fonti notarili come hanno dimostrato i lavori di Charles Marie De La Roncière e di Andrea Barlucchi, dedicati rispettivamente al contado fiorentino e a quello senese, oltre alle ricerche a più ampio raggio menzionate nel saggio di Paolo Pirillo ad introduzione al presente volume.[2] Non c'è dubbio che un contributo decisivo allo studio del commercio su scala locale possa venire inoltre dalle fonti fiscali, per l'ovvio motivo che le politiche finanziarie dei Comuni medievali condizionavano in modo determinante gli scambi all'interno e con l'esterno delle singole comunità.[3] Ed è su questi documenti, eccezionalmente

---

* Abbreviazioni: ASF = Archivio di Stato di Firenze; ASF, *Statuti* = Archivio di Stato di Firenze, *Statuti delle comunità autonome e soggette*; ASCF = Archivio Storico del Comune di Fucecchio. Per i prezzi: l. = lire, s. = soldi, d. = denari.

1 G. Cherubini, *Fiere e mercati nelle campagne italiane del Medioevo*, in *Il lavoro, la taverna, la strada. Scorci di Medioevo*, Napoli, Liguori, 1997, pp. 127-140.

2 A. Barlucchi, *Il contado senese all'epoca dei Nove. Asciano e il suo territorio tra Due e Trecento*, Firenze, Olschki, 1997; Ch. M. De La Roncière, *Firenze e le sue campagne nel Trecento. Mercanti, produzione, traffici*, trad. it., Firenze, Olschki, 2005.

3 Si veda quanto scriveva negli atti di un precedente convegno Sergio Tognetti a proposito delle fonti disponibili per lo studio delle manifatture e del commercio nell'area del medio Valdarno inferiore (S. Tognetti, *Produzioni, traffici e mercati (secoli XIII-XIV)*, in *Il Valdarno Inferiore terra di confine nel Medioevo (secoli XI-XV)*, Atti del convegno di studi (30 settembre-2 ottobre 2005), a cura di A. Malvolti e G. Pinto, Firenze, Olschki, 2008, pp. 127-150: 129). Risulta tuttora interessante sia per i risultati che per il metodo di indagine basato su fonti fiscali integrate con libri di conti, lo studio di Giampiero Nigro sul commercio e consumo di carne a Prato alla fine del Trecento (G. Nigro, *Gli uomini dell'irco. Indagine sui consumi di carne nel basso Medioevo. Prato alla fine del '300*, Firenze, Le Monnier, 1983).

dettagliati e prodotti nel secondo decennio del Trecento, che possiamo contare per studiare il mercato di Fucecchio, sul quale tuttavia mi soffermerò a iniziare dal XIII secolo per la presenza di alcune situazioni che ne fanno un caso di studio particolarmente interessante.

Un mercato controverso

Situato all'incrocio di vie di terra (la Via Francigena, soprattutto) e d'acqua (l'Arno e la Gusciana, emissario del Padule di Fucecchio, un tempo vero e proprio fiume navigabile), Fucecchio manifestò già nella prima metà del Duecento una vocazione commerciale, attestata dalla presenza di numerose botteghe di proprietà dell'abbazia di San Salvatore situate in prossimità del ponte sull'Arno dove convergeva una «moltitudine di romei», come si esprime un documento del tempo.[4] Non sarà dunque un caso che anche la notizia di un mercato locale sia abbastanza precoce: se ne parla nel contesto di una controversia insorta nel 1221, durante la quale si affermò, tra l'altro, che si svolgeva, come oggi, nel giorno di mercoledì.[5]

Nel corso del XIII secolo il castello fu segnato da un forte sviluppo demografico e urbano che condusse alla realizzazione di una nuova cinta muraria, estesa ben oltre il primo *castrum* cadolingio di Salamarzana. Pochi anni dopo, agli inizi del Trecento, fu progettata e aperta una nuova piazza del Comune, mentre, nei medesimi anni, fu anche costruito il nuovo palazzo comunale.[6]

La popolazione di questa 'terra murata', che assommava a circa 2500-3000 abitanti, poneva Fucecchio subito al di sotto di quei centri che, come San Miniato, seguivano le città vere e proprie nella complessa e variegata gerarchia insediativa toscana.[7] Comuni, cioè, che necessitavano di un ap-

---

[4] Sei botteghe dell'abbazia, peraltro confinanti con altre, sono attestate in un documento della prima metà del XIII secolo, quando è anche segnalata la *multitudo romenorum* che avrebbe potuto sostare in un nuovo edificio ecclesiastico di cui si deliberò la costruzione nel 1214 (A. Malvolti, *L'abbazia di San Salvatore e la comunità di Fucecchio nel Dugento*, in *L'abbazia di San Salvatore di Fucecchio e la "Salamarzana" nel basso Medioevo. Storia, architettura, archeologia*, Fucecchio, Comune di Fucecchio, 1987, pp. 59-95, rispettivamente alle pp. 77 e 94).

[5] T. Puccioni, *L'Abazia di San Salvatore di Fucecchio nella I metà del duecento*, in D. Maselli, *La chiesa in campagna. Saggi di storia dei patrimoni ecclesiastici nella Toscana settentrionale, secc. XIII-XV*, Firenze, Tellini, 1988, pp. 35-70: 69 (nota 2).

[6] A. Malvolti, *Fucecchio nella seconda metà del XIII secolo. II) La crescita demografica e urbana*, «Erba d'Arno», 15, 1984, pp. 44-57.

[7] Sull'argomento si veda M. Ginatempo – L. Sandri, *L'Italia delle città. Il popolamento urbano tra Medioevo e Rinascimento*, Firenze, Le Lettere, 1990, specialmente alle pp. 105-109.

provvigionamento di vitto, vestiario e beni strumentali adeguati, ossia di un mercato sufficiente a soddisfare i bisogni di una società che, come vedremo meglio in seguito, era formata, oltre che da contadini, da non pochi artigiani, professionisti (medici, notai) e commercianti, i quali, al di là dei bisogni primari, avranno certamente mirato anche al consumo di prodotti di qualità.

Le notizie sul mercato locale durante la dominazione lucchese, specialmente fino al 1308, quando fu redatto il primo statuto tramandato fino a noi, sono piuttosto scarse e frammentarie per poterne trarre un quadro significativo.[8] Nel perduto statuto del 1288 una superstite rubrica intitolata *De foro quod fit omni mense*, ci offre niente più di un cenno all'esistenza di un mercato mensile, senza aggiornarci sugli sviluppi di quel mercato che quasi mezzo secolo prima si teneva ogni mercoledì.[9]

Quel che è certo è che nel 1294, dopo aver avuto da Lucca – città a cui allora spettava la giurisdizione sulla vicarìa del Valdarno – l'autorizzazione a utilizzare nel commercio locale le misure lucchesi, il 24 ottobre, fu deliberato di inviare un'ambasciata ai governanti della città dominante per ottenere otto pesi idonei a pesare i fiorini: quattro destinati al mercato *de intus* e quattro da usare per il mercato *foris portam*.[10] In questo contesto furono anche nominati nove *custodes mercati* che dovevano verificare il corretto uso di pesi e misure, ovviamente in relazione ai modelli lucchesi. La singolare divisione topografica del mercato fu successivamente richiamata dallo statuto del 1308, che ci offre indicazioni più precise. Nel Libro III, rubrica n. 30, intitolata *De foro faciendo*, si stabilisce che per l'anno in corso il *forum Comunis* settimanale e anche il *forum* annuale avrebbero dovuto svolgersi nella contrada Sant'Andrea, mentre l'anno successivo si sarebbero tenuti *in contrata domini Bernardi*. La prima contrada si sviluppava dalla Porta nuova di Sant'Andrea (eretta nel 1294) fino alla cosiddetta Porta Vecchia, ubicata presso l'attuale palazzo Corsini, mentre la seconda comprendeva l'odierna Via Donateschi, fino alla Porta detta di *dominus* Bernardo che dava accesso

---

8 Sulla dominazione lucchese nel Valdarno medio inferiore, e in particolare su Fucecchio tra XIII e XIV, secolo rinvio agli Atti del convegno *Il Valdarno Inferiore terra di confine*, cit. Per lo statuto del 1308 si veda *Lo Statuto del Comune di Fucecchio (1307-1308)*, a cura di G. Carmignani, Comune di Fucecchio, Firenze, All'insegna del Giglio, 1989 (d'ora in avanti *Statuto 1308*).

9 Archivio della Fondazione Montanelli Bassi di Fucecchio, *Fondo Adriano Lotti*, II, 10, Manoscritti Taviani, n. 8, c. 2*v*. Il canonico Giulio Taviani, attivo tra la fine del Settecento e i primi dell'Ottocento trascrisse soltanto i titoli di questo statuto, che purtroppo successivamente è andato disperso.

10 ASCF, n. 10, *Liber Consiliorum*, anno 1294, al 24 ottobre. Sui pesi dovevano essere dipinte le armi del Comune con la sigla F. e il tesoriere era incaricato di far realizzare un «sigillum Communis in quo sit pintus leo balçanus», ossia, appunto lo stemma di Fucecchio.

alla seconda cinta muraria.[11] Negli anni successivi – continuava lo statuto – *dicta fora seu mercata* si sarebbero svolti a turno nei suddetti luoghi, col divieto assoluto di organizzarli altrove.

A mio parere la spiegazione più plausibile di questa turnazione va ricercata nella competizione tra le due fazioni dominanti allora nel castello, che vedeva la consorteria dei Della Volta, egemone nella contrada Sant'Andrea, fieramente contrapposta a quella dei Simonetti, che invece controllava l'area dei nuovi borghi sviluppatisi fuori della Porta vecchia fino alla *Porta domini Bernardi* situata appunto presso il palazzo di *dominus* Bernardo, capo dei Simonetti.[12] Onde evitare il conflitto aperto, le due parti già da diversi anni erano solite spartirsi il potere mediante accordi (formali o di fatto) che prevedevano una rappresentanza paritetica anche in seno al Consiglio comunale basata sulla residenza dei consiglieri (e quindi sull'appartenenza alle rispettive fazioni).[13] Evidentemente anche il mercato settimanale e la fiera annuale erano stati localizzati sulla base dei medesimi criteri.

Quanto alla fiera prevista una volta l'anno, lo stesso statuto prescriveva che il podestà doveva organizzare *forum et feram* nel mese di settembre a onore del Comune e dei mercanti fucecchiesi.[14] È da notare che, molti anni dopo, lo statuto del 1455 prevedeva un mercato settimanale ogni mercoledì e una fiera nel mese di settembre, però con dedica a San Matteo anziché a San Michele, forse una traccia di un cambiamento attuato dopo che era stata abbandonata l'antica dominante.[15]

---

[11] Per la topografia e la toponomastica locali cfr. A. Malvolti, *La comunità di Fucecchio nel Medioevo. I nomi dei luoghi*, Fucecchio, Italia Nostra, 2005. Notizie sulle due principali porte del castello alle pp. 55-56.

[12] Sui contrasti tra le due fazioni dei Della Volta e dei Simonetti rinvio a A. Malvolti, *Quelli della Volta. Famiglie e fazioni a Fucecchio nel Medioevo*, Fucecchio, Edizioni dell'Erba, 1998.

[13] Sulle mediazioni tra le fazioni si veda la decisione di porre la sede del vicario lucchese in luogo neutro tra le parti (ASCF, n. 11, *Liber consiliorum*, anno 1304, al 12 luglio), poiché la precedente ubicazione all'interno dell'area dominata da una delle due fazioni aveva dato adito a pericolosi conflitti. Analogamente, molti anni dopo, nel 1330, in occasione della riammissione nel castello di numerosi esponenti dei Simonetti, prima confinati all'esterno, fu decisa una spartizione delle cariche tra "estrinseci" ed "intrinseci" (cioè tra i membri delle due fazioni) in modo che – come affermarono i garanti fiorentini intervenuti per sedare i contrasti – «ciascuno avesse la propria parte» (ASCF, n. 122, *Liber consiliorum*, 4 luglio-30 dicembre 1330).

[14] *Statuto 1308*, III, 14, *De foro Sancti Michelis faciendo*. Il podestà avrebbe dovuto organizzare la fiera e il mercato secondo le modalità decise dal Consiglio. La dedicazione a San Michele sarà da connettere con la devozione verso quel Santo molto diffusa a Lucca e con l'analoga fiera che si svolgeva nella piazza tuttora nota come San Michele *in foro*.

[15] ASF, *Statuti*, n. 339, c. 231*v*. La festa di San Matteo è celebrata il 21 settembre, mentre quella di San Michele è fissata al 29 settembre.

Lo statuto del 1308, ci informa su un'altra singolare peculiarità del mercato locale richiamata nell'*exemplum* che integra il testo.[16] Il 21 maggio del 1307 (domenica) il frate francescano Filippo, inquisitore in Toscana e delegato papale per estirpare l'eresia dei poveri di Lione dal castello di Fucecchio, riunì nella chiesa dell'abbazia di San Salvatore la popolazione locale maschile e femminile per leggere pubblicamente la sentenza emanata nel 1289 dal suo predecessore, frate Caro di Arezzo. Il popolo era stato allora severamente ammonito, sotto pena di scomunica, affinché rispettasse i giorni festivi (le domeniche e le altre solennità) astenendosi dal lavoro, mantenendo chiuse le botteghe e senza esporre prodotti in vendita negli spazi esterni, contrariamente a quanto era allora in uso, a causa – aveva aggiunto frate Caro – dei costumi corrotti introdotti dalla dottrina eretica dei poveri di Lione, che pretendevano essere lecito svolgere commerci ed opere manuali nei giorni di festa.[17] Tornato successivamente a Fucecchio nel 1309, frate Filippo aveva accolto le proteste di mercanti e artigiani, consentendo loro di tenere aperti gli sporti delle botteghe dopo l'ora terza, esponendo le merci (esclusa la carne) su finestre e banchi durante il mercato domenicale, poiché il castello era situato su una pubblica strada molto frequentata (ossia la Via Francigena o Romea) ed era quindi necessario che fosse sempre fornito di generi alimentari a disposizione dei viaggiatori.[18]

Ho cercato di riassumere brevemente un testo che in realtà presenta alcune ambiguità e che rappresenta l'ultimo esito di una storia a tratti drammatica risalente all'ultimo ventennio del XII secolo, quando un folto gruppo di eretici – patarini o umiliati o, appunto, poveri di Lione – erano stati espulsi dal castello, dopo che uno di essi era stato arso sul rogo alla presenza dell'imperatore Enrico VI e la loro casa comune (forse un'abitazione o un luogo di preghiera) era stata anch'essa data alle fiamme.[19] Non

---

16 *Statuto 1308*, pp. 137-141.

17 I mercati domenicali, per quanto rari, non erano però eccezionali nella Toscana trecentesca. Si vedano i giorni di svolgimento di alcuni mercati in centri del contado fiorentino in De La Roncière, *Firenze e le sue campagne*, cit., p. 139.

18 *Statuto 1308*, II, 54. È fatto divieto a calzolai, tavernai, merciai, vinaioli, pizzicagnoli, venditori di panni, fabbri e altri artigiani o mercanti di tenere aperta la porta della bottega nei giorni di domenica e altre festività dal mattino fino alla celebrazione della messa; successivamente le botteghe potevano tenere aperte le porte.

19 La presenza di un folto gruppo di eretici a Fucecchio nel XII secolo, già sfiorata dalla storiografia locale e dal Volpe (G. Volpe, *Movimenti religiosi e sette ereticali nella società medievale italiana. Secoli XI-XIV*, Firenze, Sansoni, 1922, p. 92) è stata oggetto di due studi recenti: A. Trivellone, *Par-delà les cathares: conflits de pouvoir et hérésie dans le diocèse del Lucques (XIIe-XIVe siècles)*, «Revue historique», 691, 3, 2019, pp. 577-627; R. Savigni, *Presenze ereticali e fenomeni di contestazione religiosa nel territorio di Lucca (secoli XII-XIII)*, in *«Sapiens, ut loquatur, multa prius considerat». Studi di storia medievale offerti a Lorenzo Paolini*, a cura di C. Bruschi e R. Parmeggiani,

sembra però che questa lunga vicenda abbia avuto un seguito nel corso del Trecento e, come si è visto, il mercato continuò a offrire merci di domenica anche negli anni successivi, senza che l'ombra degli eretici tornasse più a minacciare le botteghe o i banchi esposti sulla piazza.

Quanto alle altre norme dettate dallo statuto del 1308 in merito al mercato, sulle quali tornerò a breve, trattando delle merci e delle regole documentate localmente, non sono da rilevare situazioni diverse rispetto alle prescrizioni adottate nel corso del Trecento in altri centri dell'area valdarnese o anche in altre parti della Toscana.[20]

Fisco e mercato: la svolta del 1315

Il 1314 fu un anno decisivo per i rapporti tra le terre del Valdarno medio inferiore e Lucca, città che negli anni compresi tra la fine del Duecento e gli inizi del Trecento aveva cercato di stringere ulteriormente il proprio dominio sui Comuni soggetti.[21] Tra il 1314, quando Uguccione della Faggiola si impadronì del potere a Lucca abbandonando la tradizionale appartenenza della città del Volto santo alla parte guelfa, e il 1330, quando si assoggettò a Firenze, il comune di Fucecchio, pur entrando nell'orbita politica fiorentina, conservò un ampio margine di autonomia. Una svolta importante attuata dal governo locale appena un anno dopo essersi sottratto al dominio di Lucca riguardò la politica fiscale che subì un profondo cambiamento avvicinandosi al modello adottato nel medesimo anno a Firenze. Come è infatti noto, nel 1315 il governo fiorentino aveva abbandonato l'estimo come principale criterio impositivo basato sulle proprietà immobiliari, sostituendolo con un sistema fondato soprattutto sulle imposte indirette (gabelle).[22]

Spoleto, Fondazione Centro Italiano di Studi sull'Alto Medioevo, 2019, pp. 27-55. Anche chi scrive è tornato sull'argomento: A. Malvolti, *La casa degli eretici. Patarini, umiliati e poveri di Lione a Fucecchio tra XII e XIII secolo*, «Erba d'Arno», 167-168, 2022, pp. 30-48.

[20] Sulle prescrizioni statutarie riguardo ai mercati si veda il saggio di Alessandro Dani in questo volume.

[21] Rinvio ancora al volume *Il Valdarno Inferiore terra di confine*, cit. e, per gli aspetti politici del dominio lucchese, ai seguenti saggi *ivi* contenuti: A.M. Onori, *La Vicarìa lucchese della Valdarno. Strutture di governo e pratiche amministrative*, pp. 165-228 e A. Malvolti, *Il Comune di Fucecchio tra Lucca e Firenze (secoli XIII-XIV)*, pp. 339-371.

[22] Sulla riforma fiorentina cfr. B. Barbadoro, *Le finanze della repubblica fiorentina*, Firenze, Olschki, 1929, pp. 124 e sgg. Per una sintesi più recente si veda J.M. Najemy, *Storia di Firenze, 1200-1575*, Torino, Einaudi, 2014, pp. 143-151. Per una visione complessiva e comparativa sull'uso delle gabelle in diversi centri toscani si veda specialmente M. Ginatempo, *Prima del debito. Finanziamento della spesa pubblica e gestione del deficit nelle grandi città toscane (1200-1350 ca.)*, Firenze, Olschki, 2000 e anche R. Castiglione, *Le gabelle nella Toscana del XIV secolo*, «Bollettino Storico Pisano», LXXIII, 2004, pp. 49-104.

Stando al registro delle deliberazioni del Consiglio di quell'anno, la svolta avvenne quasi improvvisamente, nel contesto di frequenti ambasciate fucecchiesi a Firenze, poco dopo la pesante sconfitta che l'esercito fiorentino aveva subìto a Montecatini alla fine dell'agosto 1315.[23] In novembre fu deciso di imporre la gabella e fu dato mandato di redigere il relativo statuto.[24] La rapidità con cui fu data esecuzione alla delibera conferma la drammaticità del momento e le difficoltà finanziarie imposte dalla guerra ai Fucecchiesi, costretti a pagare almeno otto dazi (imposizioni spesso motivate da ragioni militari) in un anno.[25] Alla fine del 1315 era già pronto lo statuto, purtroppo andato perduto, mentre ci sono rimasti alcuni bandi emanati tra il 28 e il 29 febbraio dell'anno successivo, i quali, dando esecuzione al nuovo sistema, ci consentono di ricostruirne i punti essenziali.[26] Va anche precisato che i governanti locali non abbandonarono mai i tradizionali dazi basati sull'estimo e imposti occasionalmente per finalità particolari.[27]

Prima di esaminare i documenti prodotti dall'ufficio delle gabelle, per comprendere meglio il funzionamento del mercato locale nel Trecento, è opportuno soffermarsi sulle norme fissate nei bandi del 1316 per regolare la riscossione delle imposte sulle merci.[28]

Veniamo a sapere che erano nominati due gabellieri *per terram* (addetti alla riscossione dei tributi all'interno del castello) e due addetti a ciascuna delle due porte attraverso le quali dovevano entrare e uscire le merci: la *Porta domini Bernardi* e la *Porta Celli*, poi surrogata dalla Porta nuova di Sant'Andrea.

La regola generale fissata nel bando del 28 febbraio 1316 stabiliva che fossero soggette all'imposta le compravendite e qualsiasi altro passaggio di proprietà – indipendentemente dal valore dell'oggetto – in ragione di un

23 Tutta la materia è in ASCF, n. 14, *Liber reformationum* (anno 1315-1316).

24 *Ibid.*, alla data 10 novembre.

25 Su tutto ciò cfr. A. Malvolti, *Le finanze di un centro minore della Toscana medievale. Fucecchio tra XIII e XIV secolo*, «Quaderni della Sezione Valdarno dell'Istituto Storico Lucchese», III, 2013, pp. 65-101.

26 I bandi sono in ASCF, n. 78, *Liber officialium gabellarum*, a. 1316. Perduto lo statuto del 1315, ci resta quello successivo redatto quasi quarant'anni dopo, quando ormai il castello era formalmente sottomesso a Firenze. Su questo documento si veda più oltre e l'ampia disamina che ne ha fatto Tognetti, *Produzioni, traffici e mercati*, cit., p. 131.

27 Soltanto nel 1338 fu redatto un nuovo estimo (poi perduto) che servì da base per la tassazione negli anni successivi, affiancando l'ormai prevalente sistema delle gabelle.

28 ASCF, n. 78, *Hoc est liber officialium gabelle ...*, cc. 4*r* e sgg. Questo documento, articolato in 18 paragrafi, costituisce la premessa all'applicazione delle gabelle insieme a quello di poco successivo intitolato *Liber hominum et personarum debentium solvere gabellas*, redatto nel 1317 (*ivi*, n. 79), che contiene gli elenchi dei commercianti, artigiani, professionisti e più in generale di tutti coloro che per l'esercizio della propria attività o per particolari situazioni personali (come la proprietà di immobili aderenti alle mura) erano tenuti a pagare gabelle.

denaro per lira, ossia una quota assai bassa, che corrispondeva allo 0,42%.[29] L'imposta era a carico sia del venditore che del compratore. Chi avesse effettuato transazioni di qualsiasi genere con persone non sottoposte alla giurisdizione fucecchiese avrebbe dovuto trattenere la quota della gabella a carico dello straniero, per riversarla poi ai gabellieri insieme alla propria, altrimenti sarebbe stato costretto a pagare *de suo*. La medesima aliquota (un denaro per lira) era prevista per le somme sborsate in pagamento delle doti delle ragazze promesse in matrimonio. Ancora più lievi erano invece le percentuali applicate a coloro che concedevano somme in prestito: un denaro ogni 3 lire (appena lo 0,14 %). Erano pure soggetti alla gabella di un denaro per lira i contratti che di per sé non rientravano nell'ambito commerciale, come locazioni di edifici o terreni, riscossioni di affitti, acquisto di redditi e transazioni che avessero per oggetto crediti insoluti, depositi in accomandigia, mentre i proventi derivanti da testamenti e donazioni erano gravati da una gabella più pesante pari a 4 denari per lira (cioè quasi 1,7%).[30] I numerosi cittadini proprietari di case confinanti con le mura del castello (o edificate su di esse), dovevano presentarsi entro tre giorni alla presenza del Giudice della gabella per essere censiti e sottoposti a una speciale imposta.[31] Chiunque avesse stipulato un contratto che comportava il pagamento di una gabella senza farlo registrare sull'apposito libro avrebbe visto invalidato l'atto.

Il giorno dopo il banditore fu poi incaricato di recarsi nei luoghi consueti per avvisare anche sensali, fornai, panettieri e 'portareca' (garzoni dei mugnai) di presentarsi immediatamente davanti al medesimo giudice per ricevere istruzioni relative allo svolgimento delle loro attività.[32]

---

29 Difficile fare confronti con altre realtà, sia perché nel nostro caso l'aliquota riguardava la fiscalità generale e non solo le merci in transito, sia perché spesso variavano i criteri impositivi (per esempio, per il bestiame, l'imposta poteva essere fissa sui singoli capi o essere calcolata sul peso della merce). Sulle aliquote relative alle gabelle spunti interessanti in L. Tanzini, *Mercato e fiscalità a Pistoia alla metà del Trecento dallo statuto volgare della gabella delle porte del 1353*, «Bullettino Storico Pistoiese», a. CVII, Terza Serie, XL, 2005, pp. 3-50: 13-15, che però si riferisce a dazi sulle merci in transito a Pistoia alla metà del Trecento, con aliquote intorno a 1,7% del valore stimato dei beni. Molti dati sui metodi di applicazione delle gabelle nelle diverse città toscane in Castiglione, *Le gabelle*, cit., *passim*.

30 I redattori del bando – e quindi gli statutari della gabella – avevano voluto dettagliare con estrema precisione la categoria degli immobili che potevano essere affittati e sui quali gravava il tributo: «...aliquam pensionem de aliquo palatio, turri, cassero, pratea, vel plateis, domo, castro, capanna, logia, vel andito, sive de aliqua vinea vel vineis, terra vel terris, boscho, prato, lama, canneto, vel orto vel de aliqua re...».

31 ASCF, n. 79 (a. 1317). Nella sezione «Coherentes muris castri Ficecchi» sono registrati i nominativi dei proprietari di edifici aderenti alla cinta muraria castellana con l'indicazione delle somme che ciascuno era tenuto a pagare in base alle misure dei tratti di edifici appoggiati alle mura.

32 Coloro che esercitavano mestieri o professioni, e come tali erano iscritti in speciali liste,

Particolare importanza per la conoscenza del mercato locale riveste un registro redatto nel 1317, quindi un anno dopo l'inizio del lavoro dell'ufficio delle gabelle, in cui sono elencati ordinatamente i produttori e venditori dei principali alimenti (pane, vino, carni), i pescatori, i titolari di attività artigianali (calzolai, sarti e farsettai, barbieri, pellicciai, bastai, tessitrici, maniscalchi, falegnami e scalpellini), i professionisti (medici fisici e chirurghi, *mensuratores terrarum* e i prestatori su pegni, autorizzati a prestare denaro), tutti tenuti al pagamento di una gabella fissa. Dunque un documento particolarmente prezioso che ci offre un quadro completo delle attività soggette alla nuova imposta, che in pratica toccava tutte le categorie produttive e professionali attive nel Comune.[33] Si trattava in pratica di un sistema impositivo che gravava soprattutto sulla popolazione castellana, composta da artigiani, commercianti, professionisti e proprietari di beni posti in affitto o in vendita.

Per garantire l'effettivo pagamento delle nuove imposte furono emanate particolari disposizioni per i notai fucecchiesi, poiché da allora in poi nessun abitante del castello avrebbe potuto servirsi di professionisti stranieri per redigere contratti. I notai, da parte loro, dovevano denunciare entro un mese al giudice delle gabelle tutti coloro che avessero stipulato atti di compravendita di qualsiasi bene o affitti, donazioni, assegnazioni di doti e testamenti ad iniziare dal primo dicembre del 1315, in modo che fosse possibile verificare l'effettivo pagamento del tributo.[34] Nella primavera del 1316 l'ufficio delle gabelle era ormai in piena attività.

La fretta con cui fu dato seguito alla delibera del novembre 1315 spiega una prima fase sperimentale (talvolta anche confusa) del lavoro di registrazione delle gabelle: sebbene il compito dell'esazione fosse stato affidato fin dall'inizio ai gabellieri, la riscossione risulta affidata, nei mesi di marzo e aprile 1316, al camerlengo Cagnazzo di Bonaiuto, che prese nota di tutti i movimenti, anche delle compravendite più minute che avvenivano quotidianamente nel castello. Così, quando davanti ai nostri occhi si apre la prima finestra sul mercato locale, il 10 marzo del 1316, vediamo la serva di donna Tessa moglie di Duccio Albizi – esponente del notabilato locale – intenta a

---

pagavano in genere una quota fissa, mentre chi vendeva al minuto senza iscrizione generalmente pagava in rapporto alla quantità di merce venduta. Ad esempio *ivi*, n. 82, cc. 26*v*-27, incontriamo vari artigiani (tessitrici, *magistri lapidum e lignaminum*, *sutores* e calzolai) che pagano ciascuno *pro arte sua*. La vendita del pane, invece, fu inizialmente tassata sulla base delle quantità (in staia) effettivamente vendute, ma in seguito fu incorporata nella gabella del pane e della carne.

33 *Ivi*, n. 79.

34 Altre prescrizioni erano indirizzate ai notai locali sempre in merito alla registrazione e conservazione delle scritture relative ad atti che comportavano il pagamento di gabelle (*ivi*, n. 78, a. 1316, cc. 39*v* e 40*r*).

pagare 4 denari per acquistare una canestra di porri e cavoli.[35] La lista delle merci che furono scambiate in due mesi (dal 10 marzo fino all'8 maggio) è ricca: molti i cereali (grano e soprattutto cereali di qualità inferiore, come orzo, miglio, farro, panico, semola, saggina), biada e fieno, bestiame (poco rispetto alle quantità che risulteranno in seguito: agnelli, vitelli, castroni), carni salate, pesci, verdure e legumi (cavoli, fagioli, fave, lupini, porri), aranci, formaggi, lardo, sugna, noci, castagne, cuoio, cera, lino, legname (pali, tavole, pertiche), panni e tessuti (pelli, accia, seta, farsetti), sale, spezie (raramente), vino, qualche oggetto domestico, come coperte, sacconi, materassi, pentole, orci e orcioli.

Se questo metodo di registrazione fosse proseguito con continuità, avremmo una miniera di informazioni sul commercio locale dei prodotti più minuti, ma evidentemente fu ritenuto eccessivamente dispersivo per i gabellieri dei quali, a iniziare dal mese di maggio del 1316, ci restano i registri con i pagamenti verbalizzati settimanalmente (di norma ogni lunedì quindi il giorno successivo al mercato domenicale). In questi ultimi, però, sono escluse le transazioni minute, la cui gabella complessiva riscossa era sintetizzata con formule generiche come: «Domenicha al mercato a die XI di setembre s. 33»;[36] ... «pro venditionibus et entionibus atque baractis factis in foro die IV octubris [domenica] s. 12 d. 5»;[37] ... «item habuerunt in foro die dominica XVI octubris s. 14 d. 7».[38] Abbiamo, cioè, soltanto il resoconto delle somme totali dei tributi pagati in occasione dei mercati domenicali, che sono sempre modestissime, poiché una gran parte del carico fiscale gravava, in forma fissa, non sulle merci, ma sui singoli commercianti in quanto esercenti di un'arte. Inoltre, come vedremo meglio in seguito, una quota significativa delle entrate dalle gabelle sul mercato interno derivava dalla compravendita di bestiame.

In ogni caso questi registri tramandano abbondanti testimonianze del lavoro sviluppato dall'ufficio delle gabelle e ci consentono di approfondire le dinamiche del mercato locale.[39] Si tratta, a mia conoscenza, di una docu-

---

[35] *Ivi*, n. 96, *Saldi. Entrate*, (anni 1315-1316). Sezione interna in data marzo [1316] e intitolata *Infrascripti sunt denarii habiti et recollecti per camerarium occasione apodisarum occasione Ghabbelle* (mesi da marzo a maggio), da c. 23*r* in poi.

[36] *Ivi*, n. 81, *Dazzaiolo*, c. 26*r*.

[37] *Ivi*, n. 82, *Liber generalis introitum gabelle*, c. 8*r*, a. 1316.

[38] *Ivi*, n. 83, *Liber introitum gabelle*, c. 22*r*, a. 1317.

[39] *L'Archivio preunitario del Comune di Fucecchio*, a cura di S. Nannipieri e A. Orlandi, Firenze, Olschki, 2007, pp. 11-12, *Offizio sopra le Gabelle*, nn. 78-88. D'ora in poi, per brevità, i documenti di questa serie saranno citati solo con il numero di inventario. Si tratta di dazzaioli, libri di entrata e altri documenti relativi all'amministrazione delle gabelle. Purtroppo i libri di entrata degli anni immediatamente successivi al 1316 sono frammentari o registrano solo le

mentazione rara per il secondo decennio del Trecento, anche se riguarda un arco cronologico limitato, poiché dal 1321, come vedremo, invalse anche qui come altrove l'uso di appaltare la riscossione a privati, che non ci hanno lasciato documenti dettagliati del loro operato.

Ad esempio, in una delle prime pagine del primo dazzaiolo rimasto tra quelli redatti dai gabellieri nel 1316, risalente al giorno 29 marzo, si leggono in successione le gabelle riscosse per la vendita di un pezzo di terra, per un prestito in denaro, per la compravendita di due case, di una quantità imprecisata di cuoio, di alcuni cavalli, di una vacca e infine la gabella pagata da cinque "trecche" per il posto occupato nella piazza nel mese di marzo (come è noto, e come vedremo meglio in seguito, le trecche erano le venditrici di erbe, verdure e altri generi alimentari).[40]

Per avere un'idea più precisa su questa documentazione ho effettuato un sondaggio sul numero di pagamenti di imposte effettuati per acquisti o proventi di altro genere in tre diversi mesi del primo anno dopo l'introduzione delle nuove gabelle. Ecco il risultato schematizzato come segue.[41]

Settembre 1316

Bestiame	*Piazza*	*Abiti*	*Pane*	*Redditi*	*Soccide*	*Sale*	*Vendite*	*Prestiti*	*Arti*	*Altri*	*Totale*
54	14	11	19	30	20	3	35	86	1	16	289

entrate di alcuni mesi, mai quelle di un intero anno. Ben presto, dal 1321, si affermò l'uso di appaltare la riscossione delle principali gabelle che si estese poi anche a quelle meno redditizie. Pertanto i registri utilizzabili per analizzare il sistema delle riscossioni dirette delle gabelle sono sei per gli anni 1316-1320 (ASCF, nn. 80-85), oltre ai primi due (*ivi*, nn. 78 e 79), che riportano i bandi per l'applicazione dello statuto e le liste di coloro che erano tenuti a pagare le imposte. Occorre infine tener conto del fatto che alcuni registri sono in cattivo stato di conservazione e solo in parte leggibili.

40 *Ivi*, n. 80, *Dazzaiolo*, a. 1316. La prima data registrata (c. 1*v*) è il 4 marzo 1316, indizione 14, che era un giovedì, ma le successive registrazioni cadono quasi sempre di lunedì, giorno che seguiva il mercato domenicale.

41 *Ivi*, n. 82. Per la brevità richiesta dallo schema ho ridotto in singoli termini pagamenti relativi a transazioni spesso complesse. Bestiame: compravendite di animali da allevamento o da lavoro; Piazza = gabelle su vendite minute *in foro*; Abiti = panni, farsetti e altri capi; Pane = gabella su vendite di pane (presente soltanto nel settembre 1316); Redditi: sono inclusi pagamenti di gabelle su compensi, affitti, testamenti, doti; Pesca = gabella pagata dai pescatori; Soccide = gabelle su contratti di affidamento di bestiame o sui relativi canoni; Sale = gabelle su trasporto del prodotto; Vendite= gabelle su compravendite di terreni o case; Prestiti = gabelle su prestiti in denaro; Arti = Gabelle su arti e mestieri; Altri = gabelle su transazioni diverse comunque non attinenti direttamente al mercato. Non ho potuto presentare uno schema con voci del tutto uniformi poiché le variazioni nel tempo dei pagamenti sono davvero notevoli: in alcuni mesi compaiono le liquidazioni di gabelle relative ad attività che risultano invece assenti in altri. Proprio per questo, ho scelto tre mesi distanti tra loro per evidenziare le variazioni dei pagamenti a seconda delle stagioni.

Dicembre 1316

Bestiame	*Piazza*	*Abiti*	*Redditi*	*Vendite*	*Prestiti*	*Arti*	*Altri*	*Totale*
21	22	18	5	4	1	47	22	140

Marzo 1317

Bestiame	*Piazza*	*Abiti*	*Pesca*	*Redditi*	*Soccide*	*Sale*	*Vendite*	*Prestiti*	*Arti*	*Altri*	*Totale*
26	8	8	26	27	2	4	17	14	15	9	156

La tipologia più costante è rappresentata dalle compravendite del bestiame che in percentuale non si differenziano molto (18,6% sul totale in settembre, 15% in marzo, 16,6% in dicembre), ma cambiano invece in relazione alle specie di animali trattati: se in settembre e in marzo prevalgono nettamente gli ovini (specialmente di marzo) e in autunno anche bovini (questi ultimi, come è noto, erano utilizzati prevalentemente come animali da lavoro), in dicembre il commercio riguarda quasi esclusivamente i suini, che venivano macellati appunto tra dicembre e gennaio.[42] È evidente che il cuore del mercato era rappresentato dalla compravendita del bestiame. Abbastanza stabile nelle diverse stagioni è anche il commercio di panni e abiti (ma con un picco di vendite di farsetti in dicembre), mentre alcune voci variano sensibilmente in base alle stagioni: il pagamento da parte di ciascun artigiano *pro arte sua* sembra concentrarsi in dicembre, quando versarono quanto dovuto le numerose tessitrici, i calzolai, i vari 'maestri' artigiani e i notai. Invece i pagamenti delle tasse dei pescatori appaiono più frequenti nel mese di marzo, in evidente relazione con l'inizio stagionale della loro attività. Più difficile spiegare perché i prestiti, che raggiungono un picco elevato in settembre (il 29,7%), quasi scompaiono nel mese di dicembre, quando se ne registra uno soltanto, mentre tornano poi a salire nel mese di marzo raggiungendo l'8,9%, forse in corrispondenza con le necessità di denaro imposte dal calendario agricolo, come si vede anche nel caso delle soccide, assenti in dicembre e più frequenti in settembre. Tuttavia per esserne certi occorrerebbe approfondire la ricerca e disporre di atti notarili che potrebbero offrirci dati più completi.

Mi soffermo infine sulla voce 'Piazza' che qui ci interessa di più perché include le attività che sono attinenti al mercato (escluso il commercio del bestiame che ho considerato a parte per la sua importanza), cioè, oltre alle vendite minute effettuate la domenica *in foro* (che non vengono mai elen-

---

42 Sul consumo stagionale delle carni, cfr. G. PINTO, *Il consumo della carne nella Firenze del Quattrocento*, in *Della carne e del vino*, Firenze, Accademia della Fiorentina, 1992, pp. 25-39 e qui *infra* il paragrafo sul mercato della carne.

cate in dettaglio) e il piccolo commercio dei recipienti (olle e vasi) ad uso di cucina, anche i pagamenti delle quote da parte delle trecche per i posti occupati in piazza e le imposte fisse a carico di bottegai e commercianti iscritti nelle liste del Comune per lo svolgimento delle loro attività.[43] Se infatti cercassimo di farci un'idea del movimento economico del mercato esclusivamente sulla base degli introiti dalle gabelle sulle vendite minute riscosse *in foro*, dovremmo concludere che si trattava di un commercio assai modesto, poiché le somme complessivamente incassate nei tre mesi presi in considerazione furono le seguenti: settembre 1316: l. 19, s. 5; dicembre 1316: l. 35, s. 6, d. 12; marzo 1317: l. 62, s. 9.[44] È evidente che l'apporto del mercato al bilancio del Comune diventa molto più consistente se teniamo conto delle imposte fisse che gravavano su artigiani e commercianti.

Prima di passare in rassegna i prodotti che circolavano più frequentemente diamo un rapido sguardo al luogo e al tempo del mercato nel secondo decennio del Trecento.

Contrariamente a quanto prescritto nello statuto del 1308, non si parla mai della turnazione tra mercato *intus* e fuori porta (ma questa distinzione poteva essere ancora vigente e ad essa si farà di nuovo cenno nello statuto del 1339), mentre compare saltuariamente il riferimento alla piazza come luogo principale degli scambi, soprattutto in relazione a determinate merci: certamente si svolgeva nella piazza maggiore la vendita delle verdure, frutta e erbe, affidata, come già accennato, alle 'trecche'. Anche il pane poteva essere venduto nella piazza (*in platea Comunis et in loco ubi forum Comunis*) o direttamente nella casa del produttore e sempre nella piazza i pescatori dovevano rendere disponibili quotidianamente per la vendita precise quantità di pesce, aumentandone poi la quantità nei giorni di magro, secondo un calendario molto dettagliato.[45] Nel luogo di mercato si potevano acquistare anche i recipienti per la conservazione e la cot-

---

43 Più esattamente queste gabelle interessarono diversi venditori di carni e di olio, 'caciaioli' e bottegai.

44 Infine è evidente che soltanto un'attenta e lunga selezione preliminare potrebbe offrirci un panorama completo del mercato locale: un lavoro che non è possibile affrontare in questa sede. Si pensi che, in base a un sondaggio approssimativo, sono quasi 10.000 i pagamenti di gabelle *per terram* registrati nei sette libri redatti tra il 1316 e il 1322 e arrivati fino a noi. Quanto alle gabelle per le merci in transito attraverso le porte, non abbiamo registrazioni dettagliate come nel caso di quelle raccolte *per terram*. Soltanto occasionalmente sono riportate le somme totali passate al tesoriere in una sola giornata dalle casse dei gabellieri. Per lunedì 10 ottobre 1317, ad esempio, abbiamo le seguenti somme: Porta *domini Bernardi* l. 19 s. 5 d. 10; Porta *Ramondi* l. 7 s. 6 d. 5; Porta Nuova l. 8 s. 14 d. 9; Contratti l. 25, s. 11, d. 7; Pane e carni l. 3, s. 7 d. 5. Totale l. 64 s. 4 d. 2 (ASCF, n. 83, c. 20*r*).

45 Per la vendita del pane cfr. *Statuto 1308*, Libro II, rub. 19 e 25. Per l'obbligo dei pescatori di mettere in vendita il pescato secondo un preciso calendario, *ivi*, II, rub. 38 e III, rub. 70.

tura degli alimenti, come olle e vasi.[46] Del resto anche le botteghe in cui si vendeva ogni genere di merci erano concentrate soprattutto nel cuore del castello, tra la piazza maggiore (oggi piazza Vittorio Veneto) e la piazza minore, o piazzetta (oggi Piazza Niccolini, popolarmente tutt'oggi detta 'piazzetta') distanti tra loro una cinquantina di passi.[47] Il giorno di mercato in questi anni era ancora la domenica, come testimoniano ampiamente i registri dell'ufficio delle gabelle, facendo riferimento esplicito al giorno festivo durante il quale i gabellieri riscuotevano i tributi dovuti sulle compravendite e sui baratti.[48]

Le merci: i prodotti e le regole

I cereali e il pane

Sul commercio dei cereali esisteva, qui come altrove, una legislazione restrittiva con divieto di esportazione di questi prodotti di primaria importanza per garantire l'autosufficienza alimentare per la comunità.[49]

Un bando del 30 marzo 1316 consentiva infatti l'esportazione di 'biade' (termine generico in cui erano compresi i cereali inferiori) al solo scopo di macinarle, ma il trasporto doveva essere accompagnato dall'autorizzazione certificata con sigillo apposto dagli ufficiali del Comune; al ritorno del carico entro le mura le quantità del macinato dovevano corrispondere a quanto era stato portato fuori.[50] Tuttavia la legislazione in merito poteva variare. Negli anni successivi non sono pochi i documenti che attestano,

---

46 Vari esempi in ASCF, n. 82, c. 17*v* (lunedì 25 ottobre): *pro ollis et vasibus venditis in platea* die *XXIV octubris* (cioè la domenica).

47 Come risulta specialmente nella documentazione del primo Cinquecento. Anche per l'epoca di cui ci occupiamo non mancano testimonianze in proposito. Nell'agosto del 1315 il Comune affittò per un anno a privati quattro botteghe situate nella piazza (*ivi*, n. 14, *Deliberazioni* anno 1316 [1315], al 9 agosto).

48 Riporto solo alcuni esempi per evidenziare il formulario di riferimento: *ivi*, n. 81, c. 25*r*: «...domenicha al merchato a die VII d'agosto» il tesoriere incassa s. 48; ivi, c. 26*r*: «domenicha al merchato a die 11 settembre», il camerlengo registra 32 soldi. Il registro ASCF, n. 82 riporta per tutto il periodo che va dalla primavera 1316 all'estate 1317 numerose attestazioni dei rendiconti dei gabellieri di lunedì con continui riferimenti al mercato domenicale: c. 8*r*, lunedì 4 ottobre, si registrano i denari «pro venditionibus et entionibus atque baractis factis in foro die III octubri».

49 Sui problemi annonari specialmente in relazione alle colture cerealicole, si veda G. Pinto, *Città e spazi economici nell'Italia comunale*, Bologna, Clueb, 1996, pp. 77-96; G. Cherubini, *L'approvvigionamento alimentare delle città toscane tra XII e XV secolo*, in *Firenze e la Toscana. Scritti vari*, Pisa, Pacini, 2013, pp. 39-55.

50 ASCF, n. 78, al 30 marzo, c. 32*v*.

specialmente durante i periodi di carestia, frequenti divieti esportazione di cereali.[51] Nei registri dei pagamenti delle gabelle troviamo commercializzate limitate quantità di grano all'interno del castello,[52] mentre più frequenti sono le notizie di pagamenti di imposte per modestissime quantità di cereali (specialmente minori) nel già citato libro dei saldi del tesoriere del Comune in cui sono registrati i denari raccolti *occasione Gabelle*.[53] In questo caso abbiamo alcune testimonianze di prodotti certamente esportati fuori dal distretto territoriale fucecchiese e si tratta per lo più di una variegata tipologia di cereali e 'biade'.[54] La circolazione del grano e più in generale delle 'biade' è documentata, più che negli scambi commerciali nei giorni di mercato, nei frequenti pagamenti di affitti (di terreni, case o animali spesso affidati in soccida) quando vengono registrati pagamenti di canoni in natura. È evidente che una quota importante di cereali circolava proprio attraverso questi pagamenti, che prevedevano di solito la consegna di grano siciliano, qualità ritenuta di maggior pregio.[55]

Abbondanti e circostanziate sono le notizie sulla vendita del pane, specialmente nel primo anno dopo l'istituzione delle nuove gabelle. Lo statuto del 1308 prescriveva che il pane in vendita al minuto fosse preparato secondo il peso e i modi stabiliti dai 'bandaioli' del Comune, ai quali spettava anche il controllo sulla correttezza dei prodotti.[56] Come si è visto, il pane poteva essere venduto nella casa propria del produttore oppure nella piazza del Comune, nel luogo e nel giorno in cui si teneva il mercato. Dopo la riforma del 1315, uno dei bandi pubblicato nel 1316 ordinava a tutti i «panicochori et panicochore tam maschuli quam femine» di presentarsi immediatamente davanti al Giudice degli Appelli e della Gabella per obbedire ai

---

[51] *Ivi*, n. 1898, inquisizione contro due uomini colpevoli di aver esportato due salme di grano; segue un processo anche contro i gabellieri che avevano permesso l'esportazione. *Ivi*, n. 120, *Deliberazioni* anno 1330 [1329], al 22 settembre, figura una *Provisio blave*: divieto assoluto di esportare *aliqua blava cuiuscumque generis* esclusi casi di trasporto per la molitura o per la semina, con relativi regolamenti e cautele da osservare.

[52] *Ivi*, n. 82: *...pro staia V grani* ricevute vengono pagati d. 3. *Ivi*, n. 84, 13*r* Ceo *famulus* di Posarello [dei Guillicioni della Volta] per 9 salme di grano esportate paga s. 4 d. 6.

[53] *Ivi*, n. 96, *Saldi*. Entrate anni 1315-1316, *passim*. Si tratta però di un documento particolare per il fatto che è il tesoriere, anziché i gabellieri, a registrare queste entrate e solo per due mesi.

[54] Siamo certi che molti di questi prodotti venivano trasportati fuori dal distretto perché così si esprime il documento citato nella nota precedente (*portatis extra territorium Ficecchi*). Nei libri che registrano le imposte pagate sugli acquisti non mancano testimonianze di scambi di cereali: grano, miglio, orzo, saggina (Ad esempio *ivi*, n. 84, c. 34*r*, dove sono citate 'some' o staia di questi prodotti).

[55] Sul grano siciliano cfr. G. Pinto, *La Toscana nel tardo Medioevo, Ambiente, economia rurale, società*, Firenze, Sansoni, 1982, p. 95.

[56] *Statuto 1308*, II, 25.

nuovi regolamenti.[57] Nei registri delle riscossioni troviamo diverse donne (*panicuocholae*) che vendevano pane sigillato, cioè certificato col sigillo comunale, e anche fornai e fornaie che svolgevano la medesima attività.[58] Successivamente la gabella del pane fu associata a quella delle carni e del vino. Nel *Liber sive quaternus continens in se panem et carnes et vinum gabellatos* del 1329 sono registrati tutti i *panicuocholi* che avevano venduto pane nel mese di gennaio.[59] Si tratta di 16 venditori, o meglio prevalentemente venditrici, perché soltanto cinque sono uomini, che complessivamente fornirono agli acquirenti 186 staia di pane, una quantità sufficiente, secondo i consumi del tempo, ad alimentare un pari numero di persone per un mese.[60] Ne possiamo dedurre, a titolo puramente indicativo, che il pane messo in circolazione avrebbe nutrito nel mese di gennaio di quell'anno, una porzione limitata dei circa 2500 abitanti del castello (circa l'8%), per cui possiamo pensare che la maggior parte degli abitanti, specialmente tutti coloro che erano dediti al lavoro dei campi (certamente la grande maggioranza), provvedesse a preparare il pane necessario in casa, con mezzi propri, mentre gli acquirenti del prodotto dei *panicuocholi* dovevano essere soprattutto gli esponenti di quella borghesia che viveva entro le mura del castello (notai, medici, artigiani, mercanti etc, per non parlare dei non pochi ecclesiastici che avranno avuto certamente propri canali di approvvigionamento).

Il vino

Anche per il vino, come per il pane, lo statuto del 1308 prevedeva l'allineamento delle misure locali a quelle in uso a Lucca e pertanto il Comune avrebbe dovuto dotarsi di uno staio o mezzo staio di rame a misura lucchese.[61] I barili utilizzati per la vendita del vino o del mosto dovevano

---

57 ASCF, n. 78, bando del 29 febbraio 1316.

58 Nel registro del 1316 (*ivi*, n. 79) figura un elenco di 16 *fornarii* (otto donne e otto uomini), tenuti a pagare la gabella. Tra i registri delle riscossioni troviamo poi altri panificatori che risulta pagassero somme proporzionali alla quantità di prodotto venduto; si veda ad esempio *ivi*, n. 82, c. 3*v* al 20 settembre (1317), cc. 45*r* e 46*r* e *v*; *ivi*, n. 81 (1317-1318): Catalina vende tre staia di pane e paga una gabella di soldi 1 e d. 6, e così via.

59 *Ivi*, n. 88 da c. 9*r*. La prima data che figura nel registro è il 4 gennaio 1329, indizione XII. Dopo le riscossioni del mese di gennaio, le successive registrazioni procedono in modo meno ordinato e i dati sono raccolti quotidianamente non aggregati per tipologie di merci.

60 E. Fiumi, *Economia e vita privata dei fiorentini nelle rilevazioni statistiche di Giovanni Villani*, «Archivio Storico Italiano», 111, 2 (401), 1953, pp. 207-241 (alle pp. 326-327).

61 *Statuto 1308*, II, 64. Sulla produzione e commercializzazione del vino nel Medioevo esiste ormai un'ampia letteratura. Mi limito a citare il volume di P. Nanni, *Vinattieri fiorentini, dalle taverne medievali alle moderne enoteche*, Firenze, Polistampa, 2003, che copre un ampio arco cronologico e gli studi di A.I. Pini, *Vite e vino nel Medioevo*, Bologna, Clueb, 1989.

essere basati su tale misura ed essere identificati con un sigillo di ferro, con scolpito lo stemma del Comune (il leone balzano, come si è visto). Di questa procedura erano garanti e sorveglianti i 'bandaioli' del Comune, e per i trasgressori era prevista la consueta pena di 5 soldi. Nel già citato elenco di coloro che erano tenuti a pagare gabelle i venditori di vino erano associati agli albergatori (*Ospitatores atque vinacterii secundum formam statuti*) e risultavano in numero di 24 (22 uomini e 2 donne).[62] Nei successivi registri esistono numerose tracce delle pratiche relative alla conservazione e alla vendita del vino, distinto secondo le diverse qualità, con indicazione delle misure utilizzate, dei nomi dei vinattieri e dei recipienti usati per la conservazione. L'interpretazione di questi dati presenta però non pochi problemi, a partire dalla descrizione degli ambienti in cui erano conservati i contenitori. Quel che è certo è che il vino, data la sua importanza come alimento ancor prima che come bevanda, era trattato con particolare attenzione, tanto che fin dall'introduzione delle gabelle era registrato in una sezione a parte dei *libri gabellarum* mentre i luoghi in cui era conservato venivano sottoposti a frequenti verifiche.[63] Era mantenuto in botti (*vegetes*), di cui si dava la capienza in barili, periodicamente visitate dai gabellieri che stabilivano l'imposta a carico dei proprietari obbligati a vendere soltanto vino "gabellato".[64] Benché registrassero accuratamente quantità e qualità dei vini, le descrizioni non precisano il luogo in cui si trovavano le botti, elencate secondo i nomi dei proprietari. Talvolta si fa riferimento alle 'celle' (o *cellarii*, termine in Età Moderna tradotto nella forma "ciglieri"), corrispondenti ad ambienti tuttora esistenti nel sottosuolo di molti edifici fucecchiesi.[65]

Nel 1329, in dieci giornate di ricognizioni effettuate durante il mese di marzo, furono censiti 60 luoghi di deposito, ma soltanto per pochissimi fu precisata l'ubicazione (presso la piazza o nella contrada di Sant'Andrea); quasi sempre la localizzazione si basava su indicazioni generiche che facevano riferimento alle posizioni delle botti situate a mano destra, o a mano

---

62 ASCF, n. 79, cc. 10*r*-11*r*.

63 Sulla centralità del vino nell'alimentazione medievale si veda il cap. 12 di M. MONTANARI, *Gusti del Medioevo, I prodotti, la cucina, la tavola*, Roma-Bari, Laterza, 2014.

64 ASCF, n. 78, c. 35*v*: il 26 aprile del 1316 fu processato e condannato il notaio Ser Amadore di Rosso per non aver pagato la gabella del vino che aveva venduto.

65 Sulle celle fiorentine medievali cfr. NANNI, *Vinattieri*, cit., pp. 57-70. La documentazione fucecchiese in proposito è assai ricca, ma non sempre di facile interpretazione, si veda ad esempio ASCF, n. 88, a. 1329 (al 1° marzo): Lemmus Salvi e Cecchus Mucciori «habuerunt in cellario iuxta plateam in secunda vegete a manu dextera vini rubei» 14 barili; di seguito «Lemmus Salvi habuit in cellaria in contrata Sancti Andree tertia vegete a manu dextera vini rubei» 9 barili.

sinistra, o "a cavallo".[66] È evidente che agli occhi di chi allora descriveva questi ambienti tutto era chiaro, mentre risulta oggi di difficile interpretazione e in molti casi fa nascere il sospetto che le botti fossero per lo più riunite in un luogo comune, anche allo scopo di controllare le quantità e i criteri di conservazione del prodotto, come del resto si era cercato di fare altrove.[67] Anche l'esistenza di un luogo detto (almeno dalla fine del XII secolo) *Subtus vineas Ficeclensium* (ancora oggi: Via Sotto le vigne), a poca distanza dal castello, fa pensare a coltivazioni di viti in comune nel luogo dove, almeno fino alla fine del XIII secolo, c'era stato un *boscus comunis* poi diviso tra i cittadini.[68] Sulla scorta dell'ispezione effettuata nel 1329, possiamo farci almeno un'idea della quantità e qualità dei vini censiti dai gabellieri in un mese. In 60 depositi, contiamo una quantità di vino pari a 742 barili, di cui 468 di rosso e 274 di bianco. Tra i bianchi, in otto casi si specifica trattarsi di vernaccia o "vernacciola" (148 barili), soltanto in due di trebbiano (16 barili), mentre per il resto si parla genericamente solo di vino bianco. Raramente compaiono anche il vino *raspeo*, ottenuto utilizzando anche i raspi, cioè il grappolo (ne risultava un prodotto meno dolce e più acido), il vino cotto e quello greco, quest'ultimo era un prodotto di importazione che transitava via Arno.[69] Il sangiovese figurerà invece tra i vini elencati nello statuto delle gabelle del 1353, insieme alla vinaccia che, forse per la modesta qualità, non pagava alcun dazio.[70] Tra i titolari delle botti le donne sono soltanto due, come risultava già nell'elenco del 1316.

Supponendo che in questi anni fossero ancora in uso a Fucecchio le misure lucchesi e che quindi il barile equivalesse a 40,2076 litri,[71] potremmo concludere che nella primavera del 1329 i circa 2500 abitanti del castello avessero una riserva di vino disponibile per la vendita per complessivi 31.312 litri, una scorta discreta anche se certamente non eccezionale dati gli elevati consumi del tempo.[72] In ogni caso è bene precisare che una

---

[66] *Ivi*, cc. 14*r* e sgg. *Quaternus in se continens gabellas vini panis carnium gabellatas et recollettas per Ser Iohannem Ghiotti et Ser Franciscum Coveri de Ficecchio gabellerios*.

[67] Nel 1285 a Firenze era stata tentata senza successo la costituzione di cantine comunali (Nanni, *vinattieri*, cit. p. 49). Proprio nel medesimo anno 1285 anche il Comune di Pistoia stabilì che la vendita del vino dovesse avvenire soltanto in cantine pubbliche (*Statuti pistoiesi del secolo XIII. Studi e testi*, a cura di R. Nelli e G. Pinto, II, *Breve et ordinamenta populi Pistorii (1284)*, Pistoia, Società Pistoiese di Storia Patria, 2002, *Appendix*, [1285-1296], pp. 165 e sgg.).

[68] *Statuto 1308*, I, rub. XXI e III, rub. V.

[69] Il trasporto lungo l'Arno del vino greco è segnalato in ASCF, n. 86, c. 7*r*, dove alcune "piatte de creco" che viaggiavano verso Firenze pagarono un dazio di lire 18.

[70] ASF, *Statuti*, n. 338, c. 16*v*.

[71] A. Mazzarosa, *Le pratiche della campagna lucchese*, Lucca, Giusti, 1846, p. 184.

[72] Secondo Fiumi, *Economia e vita privata*, cit., p. 349, i Fiorentini consumavano 279 litri di

quantità di vino che sfugge alla nostra valutazione circolava probabilmente attraverso canali difficilmente controllabili, come la produzione ad uso familiare o nei numerosi 'frascati', locali precari menzionati abbastanza spesso nelle fonti giudiziarie in cui sono registrate multe a carico dei giocatori d'azzardo che frequentavano questi ambienti.

La carne

I tavernai (talvolta qui menzionati come *carnifices*, altrove anche come *vendentes carnes freschas* o *beccarii*),[73] al pari dei mugnai, dei bottegai e dei pescatori erano in genere guardati con sospetto in quanto potenziali autori di contraffazioni delle merci o di accordi per tenere artificiosamente alti i prezzi ed erano pertanto sottoposti a una particolare sorveglianza, che includeva anche il divieto di associazione.[74] Questo pregiudizio ha fatto sì che ci siano pervenute liste molto accurate delle qualità delle carni disponibili di volta in volta presso i tavernai. Il *liber sive quaternus continens in se panem et carnes et vinum* redatto nel 1329 riporta, dopo i nomi dei *panichuocoli* che abbiamo già esaminato, anche quelli dei tavernai: si tratta di 11 soggetti (tutti uomini), a seguito dei quali sono elencati gli animali destinati alla vendita di carne al minuto.[75]

Mi limito qui a riportare in forma sintetica il risultato di un mio studio già pubblicato, che riguarda le carni poste in vendita nei primi sei mesi del 1329:[76]

---

vino a testa ogni anno; ancora più alto il consumo quotidiano secondo Montanari: un litro e mezzo pro capite (Montanari, *Gusti del Medioevo*, cit., p. 180). Nel nostro caso occorrerebbe tener conto delle quantità di vino ad uso domestico che non rientravano tra quelle censite dai gabellieri e che probabilmente portavano le riserve locali a un livello assai più alto.

[73] ASCF, n. 369, *Gabella vini panis et carnium* (anno 1330).

[74] *Statuto 1308*, III, rub. 8, *De faciendo precepta artificibus*. Si fa divieto ai calzolai, tavernieri, vinaioli, pizzicagnoli *et alios omnes artifices* di fare *aliquam societatem*. Come vedremo più oltre questo divieto sarebbe stato cancellato pochi anni dopo e il Comune avrebbe al contrario favorito la riunione in corporazioni. Nel medesimo statuto (II, 71) si ammoniva i tavernai a non fare falso *minciabbium* (il termine indicava l'organo maschile della bestia che doveva essere mostrato per identificarne il sesso), non tenere carni bufaline insieme a quelle di bovini, ovini e suini e in III, 83 si proibiva di *infiare seu gonfiare aliquam bestiam*. Divieti che incontriamo frequentemente anche in altri statuti coevi del Valdarno e della Valdinievole).

[75] ASCF, n. 88, un numero, quello dei tavernai, che avvicina Fucecchio ai centri minori di medie dimensioni come Empoli e Castelfiorentino: G. Pinto, *L'allevamento del bestiame in Toscana (secoli XIII-XV)*, in *Uomini, paesaggi, storie. Studi di storia medievale per Giovanni Cherubini*, I, Siena, SeB Editori, 2012, pp. 467-479. Sul consumo della carne a Prato, soprattutto nell'ultimo ventennio del Trecento, si veda Nigro, *Gli uomini*, cit., che alle pp. 6-10 riassume le norme statutarie più diffuse riguardo alla macellazione e alla vendita delle carni fresche.

[76] Ho già utilizzato questo documento per studiare l'alimentazione locale: A. Malvolti,

Ovini	(castroni, agnelli, agnellotti, capretti)	1174 (89,20%)
Bovini	(buoi, vacche, vitelle)	34 (2,58%)
Suini		106 (8,05%)
Caprioli		2 (0,15%)
Totale capi		1316

A quanto sembra il consumo di carne ovina – specialmente quella dei 'castroni', ossia montoni castrati – era a Fucecchio particolarmente alto rispetto a quanto sappiamo a proposito di altri centri nella stessa epoca.[77] Ma il mercato della carne era ancora più ampio perché in altri documenti sono elencati anche sedici *vendentes carnes sicchas oleum et caseum secundum formam statuti*, tre dei quali non erano fucecchiesi: uno di Lucca, uno di San Miniato e uno di Castelfiorentino.[78]

Alla luce di questi dati si ha l'impressione che i Fucecchiesi non volessero rinunciare a una più che sufficiente alimentazione carnea, stimolata anche dal suo valore di *status symbol*, anche se la carne di castrone era considerata di bassa qualità e benché l'abbondanza delle acque che circondavano il castello rendesse disponibile un ampio patrimonio ittico.[79] Bisogna infine mettere in conto la disponibilità di pollame, piccioni e, in quest'area, specialmente di selvaggina, in quantità che però nella nostra documentazione è rappresentata soltanto da due caprioli, mentre nello statuto delle gabelle

I cibi del bosco e della palude. Prodotti alimentari delle Cerbaie e del Padule di Fucecchio tra Medioevo ed età moderna, in *Erbe, carni e pesce. L'alimentazione nella Valdinievole medievale e moderna*, Atti del convegno di Buggiano castello del 30 maggio 2015, Comune di Buggiano-Firenze, Polistampa, 2016, pp. 57-90. Il documento utilizzato per realizzare lo schema contiene soltanto i dati relativi a un semestre.

77 I castroni erano anche, sia come numero di capi che come peso complessivo, gli animali che offrivano la maggior quantità di carne sul mercato di Prato alla fine del Trecento (Nigro, Gli *uomini*, cit. pp. 27-33 e la tabella a p. 39). Il medesimo autore ha successivamente ripreso il tema mostrando come a Prato la somma di ovocaprini da latte, castroni e pecore macellate intorno al 1389 rappresentasse il 56% del bestiame, assai meno quindi della percentuale fucecchiese (Id., *Mangiare di grasso, mangiar di magro: il consumo di carni e pesci tra Medioevo ed Età Moderna*, in *Alimentazione e nutrizione secc. XIII-XVIII*, a cura di S. Cavaciocchi, Atti della ventottesima settimana di studi (22-27 aprile 1996), Firenze, Le Monnier, 1997, pp. 113-146: 126 e le tabelle in Appendice). Una differenza che almeno in parte può dipendere, oltre che dalle diverse epoche a cui risalgono le rilevazioni, da fattori locali e probabilmente anche dalla presenza nel fucecchiese di molte aree dedicate al pascolo, a differenza della campagna pratese, dove la penetrazione della proprietà cittadina orientava le colture verso quella mezzadria poderale che lasciava meno spazio all'allevamento.

78 ASCF, n. 79, c. 18*r*.

79 Per altre considerazioni e confronti sui consumi alimentari dei fucecchiesi del Trecento rinvio a Malvolti, *I cibi del bosco e della palude*, cit. Sulla "pessima" qualità della carne di pecora o castrone secondo i testi di dietetica si veda Montanari, *Gusti del Medioevo*, cit., p. 77.

del 1353 è ampiamente citata (ma non si sa in che misura fosse effettivamente consumata).[80]

Il pesce

Vivendo "intra Gusciana ed Arno", come scrive Machiavelli, la popolazione del castello di Fucecchio era indubbiamente vocata alla pesca e al consumo e commercio di pesce, particolarmente delle anguille, di cui si diceva che i Fiorentini fossero molto ghiotti. In realtà, come si è visto, i Fucecchiesi non si facevano mancare la carne, il 'cibo dei forti', contrapposto al pesce, alimento simbolico della penitenza, destinato soprattutto alla Quaresima e ai venerdì.[81]

In ogni caso la pesca rivestiva grande importanza per i legislatori locali che configurarono una vera e propria corporazione di addetti a questa attività già nei primi del Trecento per corresponsabilizzarli nell'uso (quasi un monopolio di fatto, ma soggetto a vigile controllo) delle risorse del fiume Usciana. I pescatori dovevano eleggere propri consoli, redigere uno statuto per la conservazione delle reti e delle acque, portare in vendita nella piazza del castello tutti i giorni determinate quantità di pesce da aumentare poi nei giorni di Quaresima.[82] Giorni in cui, almeno secondo lo statuto delle gabelle del 1353, era consentita l'esportazione soltanto del pescato invenduto ed esclusivamente «ad partes amichas».[83]

La licenza di pesca, la cosiddetta *piscaria*, ammontava a 20 soldi ogni anno se l'attività era esercitata nella Gusciana, la metà se praticata in Arno, data la maggiore produttività dell'emissario del Padule di Fucecchio, confermata peraltro anche dal numero dei pescatori tenuti a pagare la gabella per pescarvi: ben 69, molti dei quali abitavano nei castelli di Ultrario (oggi Torre) e Massa Piscatoria, prossimi al corso del fiume; in questo censimento non si fa riferimenti ai pescatori d'Arno, che invece figurano saltuariamente nei successivi pagamenti delle gabelle.[84] Il sostanziale regime di

---

80 Si veda in proposito Pinto, *L'allevamento*, cit., pp. 470-477. Pollame e altri animali da cortile, nonché fagiani, lepri, starne etc. sono elencati in ASF, *Statuti*, n. 338, a. 1353, c. 11*v*.

81 Rinvio in proposito alle considerazioni di Montanari, *Gusti del Medioevo*, cit., pp. 68-78.

82 *Statuto 1308*, II, 38. Lo statuto vietava inoltre ogni forma di collaborazione con pescatori e cacciatori non fucecchiesi (II, 48). Per ulteriori dettagli rinvio a A. Malvolti, *Le risorse del Padule di Fucecchio nel basso Medioevo*, in *Il Padule di Fucecchio, la lunga storia di un ambiente 'naturale'*, a cura di A. Prosperi, Roma, Edizioni di Storia e Letteratura, 1995, pp. 35-62, alla p. 47 e sgg.

83 ASF, *Statuti*, n. 338, c. 17*r*.

84 ASCF, n. 80, dove ricorre spesso il pagamento della *piscaria*. Per il numero dei pescatori si veda *ivi*, n. 79. Pescatori che pagano per esercitare in Arno figurano, tra gli altri, *ivi*, n. 82 cc. 41-42, dove sono registrati anche pescatori con gorro (lo strumento più produttivo nella pesca sul fiume). Qui la tassa di 20 soldi risulta annuale (c. 46*r*).

monopolio in cui lavoravano i pescatori aveva accresciuto la potenza della corporazione, che, al pari dei tavernai e dei mugnai, veniva guardata con sospetto dal legislatore.[85]

Erbe e verdure: le treccole

Si può dire che erano le *treccole* o *trecche* le vere protagoniste del mercato, almeno nel senso che erano le sole, insieme ai pescatori, ai venditori di olle e vasi e alle panivendole ad essere attestate con certezza presenti *in foro* sulla piazza del Comune: *Trecchole retinentes locum in platea*, come si esprime il già più volte citato documento del 1316.[86] In questo testo ne sono elencate 18 con i loro nomi e intorno a questo numero si aggirano le loro presenze quando ne vengono registrati mensilmente i pagamenti. Le trecche vendevano soprattutto erbe, verdure e molto probabilmente per questo non pagavano la gabella sulla base del costo – certamente modesto – del prodotto, bensì una quota fissa mensile per l'occupazione di uno spazio nella piazza. Per questo non troviamo ricordate vendite al minuto dei loro prodotti, anche se, come accennato, nella fase iniziale del nuovo sistema basato sulle gabelle, furono registrate imposte raccolte direttamente dal tesoriere su alcuni alimenti, mai più menzionati in seguito, come i 4 denari sborsati dalla serva di donna Tessa per comprare porri e cavoli.[87]

Per conservare la loro posizione sulla piazza era fissata una gabella di due soldi e mezzo ogni mese e una di loro era incaricata di raccogliere tra tutte le altre la somma complessiva da versare ai gabellieri. Se qualcuna si ammalava, la gabella veniva decurtata in proporzione alle giornate di lavoro perse.[88] Anche per questo motivo il pagamento avveniva nei primi giorni del mese successivo a quello per il quale veniva pagata l'imposta. Si trattava di un mestiere praticato soprattutto da donne, anche se raramente è registrata la presenza di *trecchoni*.[89] Almeno in un caso la loro presenza

---

85 Si veda, ad esempio, come si esprimeva lo statuto del 1393 quando per fissare le modalità del pagamento delle gabelle dei pescatori, esordiva con la formula «Ad obviandum malitiis quorumdam piscatorum fluminis Gusciane ...» (ASF, *Statuti*, n. 339, anni 1393-1395, III, rub. 57).

86 ASCF, n. 79, cc. 13*v*-14*v*.

87 Cfr. nota 35 e testo corrispondente.

88 ASCF, n. 80, c. 19*r* la trecca Chiara paga soltanto s. 1 e d. 4 «quia fuit infirma».

89 *Ivi*, n. 84, c. 27*r*: Mazzeo *ortolanus pro platea quia est trecchone*, paga s. 2 e d. 6. Noto che anche la figlia di Mazzeo ortolano, *Cingha*, è definita altrove *treccha* e come tale aveva pagato uguale quota (*ivi*, n. 80, c. 15*v*). Altro treccone *ivi*, n. 84, c. 27*v*: «Davinus Righetti quia est treccho solvit pro mense septembris s. 2 d. 2». Di trecconi si parla poi nello statuto delle gabelle del 1353.

nella piazza è documentata, oltre che nel giorno di mercato, anche con continuità durante tutta una settimana.[90]

Sale, olio, spezie, formaggi

Al sale dovremmo riservare un paragrafo a parte, data la sua importanza, sia per la sua funzione di insaporire le vivande, sia perché costituiva un indispensabile elemento per la nutrizione e per la conservazione del cibo (la carne di porco 'insalata' era spesso citata tra i rifornimenti della rocca di Fucecchio). Uno dei bandi emessi alcuni mesi dopo la riforma fiscale del 1315 stabilì che nessun fucecchiese o straniero avrebbe potuto da allora in poi vendere sale se non *ad douanam Comunis Ficecchi* né esportare sale senza licenza dei doganieri.[91] Si spiega così il fatto che soltanto nei mesi di marzo e aprile del 1316 troviamo pagamenti di dazi per vendite al minuto di sale, mentre negli anni successivi incontriamo soltanto pagamenti di gabelle per il trasporto via acqua di carichi di sale lungo l'Arno e soprattutto lungo l'Usciana.[92] Il governo locale, con la creazione della Dogana del sale, si era infatti uniformato a quanto era avvenuto nelle maggiori città della Toscana fin dalla seconda metà del secolo precedente, istituendo un monopolio pubblico di questo prodotto, ben presto affidato alla gestione di privati. Infatti almeno dal 1328 (ma probabilmente già in precedenza), la dogana risulta regolarmente appaltata dal Comune.[93]

È ancora il registro del tesoriere del marzo – aprile 1316 a offrirci poche informazioni sul commercio locale del formaggio riservato ai venditori di carni salate, olio e formaggi.[94] Ne sono menzionate più volte due qualità: il *caseum messanensis,* formaggio di Messina (forse pecorino siciliano stagio-

---

[90] Come si legge *ivi*, n. 80, c. 16*r*: «...trecche que morantur continuo in platea pro ebdomada preterita...». Ma forse si tratta di un caso eccezionale poiché il pagamento di quattro soldi e sei denari interessò soltanto due trecche. Comunque l'estensione della vendita di alcune merci a tutti i giorni della settimana non sarebbe un'eccezione (cfr. Cherubini, *Fiere e mercati*, cit., p. 130), che ricorda come nelle città, per certi generi specialmente, il mercato era diventato quotidiano.

[91] *Ivi*, n. 78, c. 34*r*. Il bando risale al 10 aprile 1316. Sulla gabella del sale in varie città toscane si veda Ginatempo, *Prima del debito*, cit., *Appendice 2*, pp. 163-168.

[92] Ad esempio ASCF, n. 84, c. 16*r* (settembre 1319): Ceo Pistorucci paga 12 soldi per trasportare 42 salme di sale lungo l'Usciana. Interessanti le annotazioni in volgare (*ivi*, c. 42*v*): «Avemo di piatte VII e schafe II di sale lib. 17 s. 16» ... «Avemo per VIIII schafette di sale che passa per Alno (sic) lib. 7 s. 16».

[93] *Ivi*, *Liber Consiliorum*, anno 1328, al 13 gennaio.

[94] *Ivi*, n. 96, *Saldi*, anno 1315-1316, cfr. nota 36. È quanto risulta anche nello Statuto delle gabelle del 1353 (ASF, *Statuti*, n. 338, c. 14*v*) che cita gli «artifices carnes vendentes salitas oleum et caseum».

nato), e il *caseum blancum* (formaggio fresco?).[95] Da notare che i venditori di questi prodotti erano spesso stranieri provenienti da paesi vicini: Santa Croce, Vinci, Collegonzi, San Miniato, Montecatini. Il medesimo documento ricorda abbastanza spesso la vendita di quantità di olio espresse in 'some' con un'imposta iniziale di un soldo a salma, che passa, appena un mese dopo, a due soldi. Davvero rari sono invece i pagamenti di gabelle relativi al commercio delle spezie.[96]

Abiti e tessuti

Insieme al bestiame e al cibo, gli abiti rappresentavano i beni di primaria importanza più frequentemente commercializzati nel luogo di mercato o nelle botteghe del castello. Il più volte citato censimento dei mestieri elenca 76 donne, ciascuna delle quali aveva un proprio *telerium laboratorium*; tra queste diverse immigrate da centri vicini, come Gavena e Colle Alberti (Cerreto Guidi), Vinci, San Miniato, Montopoli e una anche dalla lontana Cremona, ma soprattutto da Vivinaia – l'odierna Montecarlo – da cui proveniva una vera e propria colonia di tessitrici, ben 16 donne convenute a Fucecchio non so per quale motivo (forse semplicemente perché, come accade spesso nelle migrazioni, le prime arrivate si erano sistemate e avevano richiamato altre concittadine).[97] A segnalare il disagio di queste nuove arrivate, resta lo "sconto" sui pagamenti di gabelle praticato specialmente nei confronti di alcune tessitrici il cui nome era accompagnato dalla nota «quia pauper est».[98] In una fase di intensa crescita demografica che ancora caratterizzava i primi decenni del Trecento, il fabbisogno di vestiario, insieme a quello del cibo, rivestiva una primaria importanza per tutta la comunità e attirava mano d'opera dalle campagne e dai centri vicini. Ciò spiega, oltre alla presenza delle numerose tessitrici, quella dei farsettai, sarti, calzolai, pellicciai, conciatori di pelli e produttori di semplici panni elencati nelle liste degli *artifices* locali.[99]

---

95 Questi due formaggi sono ricordati anche nello statuto delle gabelle di San Miniato del 1363 (R. VALORI, *Lo Statuto delle gabelle di San Miniato al Tedesco del 1364. Trascrizione e commento della fonte*, «Accademia degli Euteleti della città di San Miniato. Bollettino n. 73», 2006, pp. 161-187, a p. 177).

96 La rarità dipende forse anche dal prezzo di questi prodotti, come risulta anche dal costo della gabella: ASCF, n. 82, c. 10*v*: «Verde mulier pro venditione certarum rerum spetiarie» paga fiorini 19, s. 4 e d. 4.

97 *Ivi*, n. 79, cc. 30*r*-33*v*.

98 Lunedì 24 novembre 1316 la tessitrice Maria, moglie di Tano di Duccio, in quanto povera, paga 3 soldi anziché 5 (*ivi*, n. 82, c. 24*r*). Altri casi simili nel medesimo documento.

99 *Ivi*, cc. 9*r* e *v* (undici botteghe di calzolai); c. 11*r* (nove *sutores pannorum*); c. 17*r* (due

Gente al mercato: donne, allevatori, stranieri

La frequentazione del mercato offriva l'occasione di concludere molti affari nella stessa giornata e i registri delle gabelle ce ne offrono parecchi esempi. Mi limiterò a citarne uno soltanto. Il 12 ottobre del 1317 il 'contadino' Corsino di Ugolino di Ultrario (oggi Torre, a circa 5 km da Fucecchio), commerciante di vini, pagò un'imposta complessiva di tre lire, quattro soldi e otto denari per una serie di acquisti effettuati nella stessa giornata: 50 'salme' di vino, due buoi, una cavalla, un 'cavallino' e 26 salme di fieno.[100] Gli esempi potrebbero essere moltiplicati coinvolgendo anche molti esponenti del ceto più agiato, impegnati, oltre che in compravendite di vario genere, nella riscossione di affitti e nella concessione di prestiti, certamente favoriti dalla convergenza nella piazza e nei dintorni di una variegata folla, tra cui non dovevano mancare i notai disponibili a redigere atti.

Non c'è dubbio che in questa folla si distinguessero molte figure femminili intorno ai banchi nella piazza o nelle botteghe circostanti. Vediamo, prima di tutto, quelle coinvolte in attività tradizionalmente femminili. Ovviamente al primo posto nel mercato ci sono le trecche, quasi esclusivamente donne, come si è visto, salvo le poche eccezioni maschili rappresentate dai 'trecconi'. Ci sono poi diverse fornaie,[101] panettiere (*panicuochole*) e un paio di venditrici di vino, tutte già sopra elencate. Più sporadiche le notizie di donne che si occupano di ospitalità a pagamento, come tale Vanna che aveva un *ospitium* presso Porta Valdarnese, o Lemma di Ghiero, che, come Vanna, è nella lista degli *Ospitatores adque vinacterii secundum formam statuti*.[102] Non risulta che frequentassero direttamente il luogo del mercato le numerose tessitrici di cui abbiamo già parlato, che probabilmente consegnavano i risultati del loro lavoro a intermediari o si limitavano a frequen-

---

pellicciai); c. 17*v* (due farsettai e due botteghe di conciatori di pelli). Le tessitrici, come la maggior parte degli *artifices*, pagavano un'imposta fissa mensile di cinque soldi, pari a quella pagata dai notai e da altri professionisti, come risulta frequentemente nel registro *ivi*, n. 82 (cfr. ad esempio cc. 25*v* e sgg.). *Ivi*, n. 84 incontriamo spesso anche pagamenti da parte di farsettai e *sutores* di panni, che però pagavano non una quota fissa, ma in base alla quantità dei prodotti realizzati in un certo periodo (ad esempio per un farsetto un soldo). Numerose sono, negli elenchi, le citazioni di farsetti, indumenti maschili assai comuni di varie fogge e diverse consistenze (M.G. Muzzarelli, *Guardaroba medievale. Vesti e società dal XIII al XVI secolo*, Bologna, il Mulino, 1999, p. 356).

[100] ASCF, n. 83, c. 10*r*.

[101] *Ivi*, n. 80, c. 33*r* pagano 10 soldi ciascuna.

[102] L'*ospitium* di Vanna è menzionato *ivi*, c. 39*v*. La lista degli *ospitatores* è *ivi*, n. 79; qui è ricordata anche una Lemma Ghieri che però, come precisa una nota, non esercitava (*non facit artem*).

tare la piazza per incontrare il personale incaricato di riscuotere l'imposta a loro carico.

Sorprendente, almeno per chi scrive, è stato constatare la larga presenza di donne tra coloro che prestavano denaro a interesse, un'attività che lo statuto di Lucca, coevo a quello fucecchiese del 1308, cercava di scoraggiare decisamente.[103] L'argomento ha in sé poco a che fare col mercato, ma è degno di essere segnalato. A dire il vero una soltanto, tale Cosa di Ulivieró, è registrata nell'elenco dei prestatori autorizzati,[104] ma di fatto già nel primo quaderno delle gabelle del 1316 ne troviamo diversi casi.[105] Si tratta generalmente di cifre modeste, che potrebbero nascondere altre operazioni, anche se la forma resta quella del prestito a interesse e la relativa gabella coincide con quanto prescriveva lo statuto. Proprio per questo e per il fatto che hanno per oggetto somme non rotonde, potrebbero, a mio parere, nascondere acquisti dal momento che la gabella sui prestiti era più leggera di quella sulle compravendite (come si è visto appena lo 0,14% invece dello 0,42%). Da notare, inoltre, che abbastanza spesso le prestatrici erano vedove, donne che dovevano provvedere da sole a un'esistenza certamente non facile;[106] come vedove erano altre che riscuotevano affitti di case o terreni, forse risorse preparate da tempo per garantirsi la sopravvivenza. Nell'ottobre del 1317 donna Usanna aveva riscosso per l'affitto di una casa 12 lire, a cui fecero seguito, nella stessa data, analoghe riscossioni da parte di donna Amorosa, donna Milanese e altre ancora, tutte vedove.[107] Purtroppo, ancora una volta, la mancanza di imbreviature notarili coeve ci priva dei dettagli contrattuali che sarebbero stati illuminanti per chiarire meglio il contesto di queste situazioni.[108]

Molti affari ruotavano intorno al mercato del bestiame. Abbiamo già visto quanti erano i tavernai che vendevano carni fresche e i commercianti presso i quali si poteva acquistare carni secche. Nell'area del mercato si

---

[103] Si veda in proposito *Lo Statuto di Lucca del 1308*, in *Memorie e documenti per servire alla storia di Lucca*, t. III, Parte III, Lucca, Tipografia Giusti, 1867, Libro IV, rub. 84.

[104] ASCF, n. 79, c. 16*v*.

[105] *Ivi*, n. 80, cc. 4*r*, 8*r*, 8*v*, 11r, ma si tratta solo di un primo sondaggio. Altri casi anche in successivi registri, ad es. *ivi*, n. 86 cc. 4*r* e 5*r*.

[106] Tra il settembre 1316 e il febbraio 1317 si registrano 20 prestiti da parte di donne di cui 11 sono vedove (*ivi*, n. 82, cc. 4*v*-38*v*).

[107] *Ivi*, c. 12*r*. Nello stesso registro sono riportate diverse altre situazioni similari (cc. 15*r*, 17*r* e successive). In qualche caso gli affitti sono pagati in natura (cfr. c. 12*r* un canone di 12 staia di grano riscosso è gravato da una gabella di 6 denari). Altri casi *ivi*, n. 86, cc. 4*r* e 5*r*.

[108] Più in generale i protocolli dei notai sarebbero stati molto utili per integrare le fonti fiscali su tutti i temi toccati in questa ricerca. Si veda in proposito i risultati ottenuti dalle ricerche di Barlucchi, *Il contado senese*, cit.

muovevano anche allevatori di bestiame impegnati in compravendite di animali vivi.[109] Si è già visto che il commercio del bestiame era certamente il settore più attivo del mercato fucecchiese, anche perché il Valdarno medio inferiore, dove abbondavano aree incolte adatte al pascolo e dove la mezzadria stentava a far sentire i suoi effetti, era adatto più di altre all'allevamento, come conferma anche la larga diffusione di contratti di soccida.[110] Le gabelle registrate ogni lunedì lasciano supporre che una sezione del mercato domenicale fosse dedicata a questo commercio, anche se non sappiamo se fosse localizzata nell'ambito della piazza o, come è più probabile, in un altro spazio vicino, ma più appropriato alla presenza di molto bestiame.[111]

Il primo *liber* del 1316 registra nel mese di aprile diverse compravendite e lascia emergere alcune figure di allevatori che ritroviamo spesso anche nei documenti successivi. Uno dei più attivi è Conte di Paruccio, probabilmente padre di Puccino di Conte che agisce spesso contemporaneamente a lui. Anche Puccino è un commerciante di animali, ma al contempo è anche uno dei tavernai che vendono carni fresche.[112] Nella primavera del 1316 (stagione in cui si infittiscono le compravendite di animali) Conte acquista in tre successivi momenti "certe bestie" per complessive 59 lire, cifra di poco superiore alle 56 lire spese da Puccino nel medesimo periodo (nel mese di aprile) sempre per acquistare animali.[113] Quest'ultimo nel medesimo mese si disfà di due castroni e 18 pecore. L'anno dopo i gabellieri lo registrano come tavernaio, che nel mese di ottobre aveva venduto 25 pecore, una capra e 28 castroni.[114] Molti anni dopo, nel 1330, Conte non compare più nella lista dei beccai, forse perché si occupava solo del commercio del bestiame o più semplicemente perché non era più tra i vivi.[115] Puccino è

---

109 Un solo esempio, tra i molti possibili: una rapida annotazione di un gabelliere in ASCF, n. 82, a. 1316, c. 3*r*: «... denariis habitis in foro die XII septembris [domenica] pro entionibus et venditionibus bestiarum» s. 18 d. 1.

110 Nei *libri gabellarum* sono numerosi i pagamenti di imposte su canoni riscossi a titolo di soccida. Si veda ad esempio *supra*, dopo la nota 41, lo schema relativo alle gabelle riscosse nel mese di settembre 1316. Un'ampia bibliografia sull'allevamento nel Medioevo è nel cap. 6 di A. CORTONESI – S. PASSIGLI, *Agricoltura e allevamento nell'Italia medievale. Contributo bibliografico, 1950-2010*, ISBN (online) 978-88-6453-315-5, ISBN (print) 978-88-6453-314-8, CC BY 4.0, Firenze, Firenze University Press, 2015.

111 Di solito il commercio del bestiame era localizzato in spazi particolari, spesso accanto o fuori dalle mura. Cherubini parla di una "segmentazione del mercato" per motivi igienici, specialmente a proposito di commercio di animali (CHERUBINI, *Fiere e mercati*, cit., p. 137).

112 ASCF, n. 88 (1329), c. 5*r*.

113 *Ivi*, n. 80, cc. 17*v*-20*v*.

114 *Ivi*, n. 83, 1317, c. 23*v*.

115 *Ivi*, n. 369, *Dazzaiolo, libro delle gabelle del vino, del pane e della carne*, ai mesi di aprile, giugno e settembre.

invece ancora censito con le quantità di carni in vendita nella sua bottega: soprattutto castroni (come si è visto erano questi gli animali nettamente prevalenti nelle botteghe dei beccai fucecchiesi) e, in misura assai minore, agnelli, capretti, caprioli, vitelle e porci.[116] Dunque, dal mercato del bestiame alla bottega per la vendita della carne, padre e figlio (se davvero, come sembra, i due erano tali) formavano una piccola filiera familiare di allevatori e commercianti di carne.

Non tutti i frequentatori erano fucecchiesi. Una delle caratteristiche dei mercati è la presenza di stranieri di varia provenienza che può delineare l'orizzonte da cui convengono i forestieri, costituendo anche un indicatore del successo del commercio locale. Nel caso fucecchiese non sembra esserci un forte richiamo tale da giustificare lunghi viaggi e del resto non è nemmeno possibile stabilire con certezza se i non fucecchiesi di cui abbiamo notizia fossero venuti espressamente per il mercato o magari fossero immigrati da tempo nel paese.[117] Certamente immigrate, lo abbiamo già visto, sono le numerose tessitrici originarie di *Vivinaria* che lavorano e pagano la gabella a Fucecchio, e tale sarà probabilmente anche Barsotto di Onorato da Villa (Villa Basilica?) quasi sempre presente nel mercato domenicale con il suo commercio di pelli e cuoio (trattava specialmente pelli di castroni). Saranno invece stranieri pendolari i non fucecchiesi che trasportavano e commerciavano il sale, già precedentemente menzionati, e provenienti da Santa Croce, Vinci, Collegonzi, San Miniato, Montecatini.[118] Il raggio da cui provengono coloro che appaiono solo occasionalmente sul mercato, e per i quali si può presumere una visita mirata a vendite o acquisti, è piuttosto stretto (tra i 3 e i 19 Km): si va dai piccoli centri che oggi costituiscono altrettante frazioni di Fucecchio (Cappiano, Ultrario, oggi Torre; Massa, oggi Massarella), a villaggi o località vicini come Bocca d'Elsa, Borgo Santa Fiora (villaggio scomparso non lontano da Empoli); Musignano (già castello oggi casa colonica), Ripoli, *Castrum Rapiti* (altro castello poi abbandonato) e Gavena (tutti attualmente nel territorio di Cerreto Guidi); Santa Croce, Castelfranco, Cigoli, San Miniato e San Genesio, Santa Maria a Monte; raramente arriva qualcuno da luoghi appena più lontani, come Empoli, Larciano, Montelupo, Castelfiorentino,

---

116 Soltanto nel mese di aprile (probabilmente per la concomitanza della Pasqua), la carne di agnello in vendita supera quella dei castroni (nella bottega di Puccino c'erano 16 castroni e 18 tra agnelli e agnellotti). Sull'alimentazione dei Fucecchiesi del Trecento rinvio ancora al mio saggio, *I cibi*, cit., specialmente alle pp. 83-90

117 I dati che seguono sono tutti tratti da ASCF, n. 82, registro già utilizzato per effettuare i precedenti sondaggi a titolo esemplificativo.

118 Sul commercio locale del sale si veda sopra alle note 91-93 e testo corrispondente.

eccezionalmente da città come Firenze. Una presenza particolarmente più frequente di gente di Lucca può essere spiegata dall'antica soggezione del nostro Comune a quella città, da cui i Fucecchiesi si erano svincolati da poco. Certamente negli anni di dominazione lucchese si erano formati legami commerciali e personali che non potevano essere del tutto recisi in poco tempo.

Durante i primi sei anni di vita l'ufficio delle gabelle, funzionò con il lavoro di due gabellieri *per terram* (per le riscossioni delle imposte all'interno del castello) in carica per due mesi, ridotti ben presto a uno, secondo la prassi in uso nei Comuni medievali che voleva la veloce alternanza delle cariche pubbliche. Ma ben presto i governanti ritennero più funzionale (e certamente più redditizio per gli esponenti del ceto dirigente locale) passare al sistema dell'appalto delle gabelle di cui si comincia a trovare testimonianze dal 1321.[119] Era questa una tendenza generale verificabile in tutti i Comuni medievali che si affermò anche nei centri maggiori della Toscana, anche se in modo discontinuo.[120] D'altro canto è anche vero che il sistema dell'appalto garantiva al Comune entrate certe sollevando l'amministrazione dall'impegno di assumere personale salariato per la gestione del prelievo.

Il nuovo sistema ci priva però di quella particolare fonte – i libri degli introiti settimanali delle gabelle – che abbiamo utilizzato per studiare più nel dettaglio il mercato negli anni immediatamente successivi al 1315. Anche la sottomissione a Firenze, avvenuta nel 1330, non sembra abbia inciso, almeno inizialmente, in modo significativo sulla gestione locale delle finanze.[121] Gli statuti di Fucecchio degli anni 1340-1353 ribadirono la prassi dell'appalto ormai applicato a tutte le gabelle, con l'unica eccezione di quella sul giuoco, espressamente esclusa (non sappiamo perché) dal sistema.[122] È interessante osservare che gli statutari del 1340 si occuparono in modo particolarmente dettagliato dei prodotti della pesca, attività che

---

119 Malvolti, *Le finanze*, cit., p. 96. Nel registro delle entrate del camerlengo del 1321 troviamo infatti, dal 31 marzo, i versamenti dalle casse delle singole porte, delle gabelle dei contratti, del pane e della carne e quelle della piazza (ASCF, n. 104, Saldo di entrata 1322 [1321 allo stile comune]). La riscossione della gabella del vino fu appaltata poco più tardi, nell'autunno del medesimo anno.

120 Per questa tendenza nelle varie città toscane cfr. Castiglione, *Le gabelle*, cit., specialmente per la seconda metà del XIV secolo.

121 Su questa fase dell'espansione fiorentina in Toscana e sulla politica della città nei confronti dei centri minori, si veda L. Tanzini, *Alle origini della Toscana moderna. Firenze e gli statuti delle comunità soggette tra XIV e XVI secolo*, Firenze, Olschki, 2007.

122 ASF, *Statuti*, nn. 337 e 338 (anni 1340-1353).

evidentemente si era ulteriormente sviluppata specialmente in seguito alla formazione di quella corporazione di pescatori, già presente nel 1308, e che andava assumendo un carattere sempre più decisamente monopolistico.[123] Più in generale per le associazioni di mestiere va inoltre registrato un capovolgimento rispetto al divieto associativo sancito nel precedente statuto: nel quarto decennio del Trecento si erano formate, riconosciute e sostenute dal Comune alcune corporazioni che raggruppavano le principali attività produttive, commerciali e professionali.[124]

Pochi anni prima della svolta indotta dalla gravissima crisi seguita alla pestilenza del 1348, le prospettive commerciali locali dovevano essere ancora ottimistiche come risulta da una riforma statutaria del 1343. Nel febbraio di quell'anno, infatti, furono approvate due disposizioni che ci aggiornano sul luogo e il tempo del mercato.[125] Si stabilì che il Comune fosse tenuto a organizzare, ogni anno, un mercato o fiera (*forum sive fieram aut nundinas*) nel mese di settembre e che il Consiglio comunale dovesse riunirsi ogni anno, il 3 settembre, per decidere data e luogo della fiera. Una seconda disposizione ribadì la cadenza settimanale del mercato fucecchiese (senza però precisare in quale giorno della settimana) e stabilì che si tenesse anche un mercato straordinario annuale nella contrada *domini Bernardi* da prolungare nella misura ritenuta più opportuna, mentre l'anno seguente tale mercato si sarebbe svolto nella contrada Sant'Andrea, alle medesime condizioni e così via negli anni successivi; ossia ancora con una turnazione tra le due principali contrade del castello già presente nello statuto del 1308. Dunque, stando a quest'ultimo documento, si pensava di organizzare un mercato settimanale, un mercato annuale di durata straordinaria e una fiera nel mese di settembre. Tutte notizie che fanno pensare a significative potenzialità commerciali, ma la superstite documentazione fiscale della seconda metà del Trecento ci fornisce soltanto le somme totali delle entrate delle gabelle delle porte e di altre attività (soprattutto gabelle su contratti, pane e vino) e non più i riferimenti al commercio interno al castello, cioè alla vendita al minuto e alla frequentazione del luogo di mercato. Inoltre

---

123 Sulle prescrizioni relative alla pesca intorno alla metà del Trecento si veda MALVOLTI, *Le risorse*, cit. pp. 54-56.

124 ASF, *Statuti*, n. 337, Statuto del 1340, rub. n. 86. Queste le *sotietates artium* presenti nel castello i cui membri dovevano sfilare in processione in occasione delle principali festività nel seguente ordine: scioperati (gli aristocratici che non svolgevano nessuna arte); medici e notai; vinattieri ovvero venditori di vino al minuto; venditori di panni, stracciaioli e rigattieri; calzolai e pellicciai; speziali, merciai e venditori di biade e farina nelle rispettive botteghe; albergatori; beccai e barbieri; fornai e fabbri; maestri falegnami, scalpellini e fornaciai; costruttori di tavole; pescatori; lavoranti residenti fuori porta.

125 ASF, *Statuti*, n. 338, cc. 2*r*, 3*r* e 3*v*.

la grave crisi innescata dalla peste del 1348 e la guerra con Pisa e i Visconti di Milano sconvolsero profondamente i centri valdarnesi inaugurando una nuova fase nelle economie locali, ormai basate, più che sul commercio, sulla gestione delle aree incolte e sullo sfruttamento di boschi, dei pascoli e delle acque del Padule.[126]

126 Tognetti, *Produzioni*, cit., pp. 146-150.

Jacopo Paganelli

I MERCOLEDÌ DI BORGO A MOZZANO. QUALCHE APPUNTO SU UN MERCATO GARFAGNINO NEL TRECENTO*

Introduzione

Com'è stato sottolineato dagli studiosi, e com'è emerso, in particolare, dalle ricerche di Richard Britnell, la seconda metà del Trecento fu caratterizzata da una vigorosa penetrazione del mercato in ampi strati della società europea e in luoghi via via più lontani e 'periferici': negli anni successivi alla prima ondata di peste, grazie alle crescenti disponibilità economiche di cui larghe fette della popolazione si trovarono a disporre grazie all''effetto eredità' provocato dalla pandemia, i consumi si ampliarono e s'intensificarono, portando con sé un generalizzato sviluppo delle manifatture e, in particolare, una specializzazione produttiva di alcune regioni.[1] Sono aspetti ben noti, che Alma Poloni ha rimesso, per così dire, in fila nell'ambito di una sintesi recente.[2]

Muovendosi in questa cornice interpretativa, e sfruttando le fonti daziarie prodotte in sede locale, alcuni storici hanno provato a verificare i mutamenti economici della seconda metà del XIV secolo attraverso la lente

---

* Abbreviazioni impiegate di seguito: ASF = Archivio di Stato di Firenze; ASLu = Archivio di Stato di Lucca; ASPi = Archivio di Stato di Pisa. Desidero ringraziare Paolo Pirillo per i preziosi consigli. Per un primo approccio alle località citate nel testo è senz'altro utile E. Romiti, *La valle dei castelli: le fortificazioni delle antiche vicarie di Val di Lima, Coreglia, Barca, Gallicano e Diecimo*, Lucca, Accademia Lucchese di Scienze, Lettere ed Arti, 2016; su Diecimo, del cui piviere Borgo a Mozzano faceva parte, cfr. G. Ghilarducci, *Diecimo. Una pieve, un feudo, un comune*, Lucca, Accademia Lucchese di Scienze, Lettere ed Arti, 1990.

1 Cfr. il classico R. Britnell, *The commercialisation of English society, 1000-1500*, Manchester, Manchester University Press, 1993.

2 Cfr. A. Poloni, *Un nuovo benessere? L'Europa dopo la peste*, in A. Poloni – A. Fiore, *L'economia medievale. Un profilo storico (secoli V-XV)*, Roma, Carocci, 2024, pp. 195-221.

della fiscalità, portando alla luce, come ha sottolineato Maria Ginatempo, un'«integrazione a chiazze» tra le varie regioni economiche, che procedeva lungo il binario dell'«offerta di una serie di servizi, specie di intermediazione e logistici».[3] In effetti, sempre più spesso si registra la tendenza a calare il tema della commercializzazione tardo-medievale in singoli *étude-de-cas*, al fine di testarne gli assunti di fondo: così ha fatto, ad esempio, Federico Del Tredici per il castello e il mercato di Arona, tenendo sullo sfondo del suo studio le trasformazioni dell'economia basso-medievale.[4]

Anche Borgo a Mozzano, un villaggio della Val di Serchio localizzato nel comitato e nella diocesi di Lucca, può costituire un contesto in cui vagliare i cambiamenti nell'economia avvenuti nella seconda metà del XIV secolo e, in sostanza, cogliere la «penetrazione diretta, nelle campagne, del commercio regionale» (cfr. Carta n. 1).[5]

In effetti, il nostro villaggio si trovava in una posizione strategica, a un passo dal confine con il dominio fiorentino (Barga era stata assoggettata a Firenze nel 1343) e non lontano dalla confluenza del Serchio col torrente Lima. Se lo si osserva nelle rilevazioni catastali ottocentesche (prima del *boom* economico ed edilizio del Dopoguerra), si ha nitidamente l'impressione di trovarsi davanti a un *village de route*, ossia a un borgo «composto da abitazioni allineate su una strada di fondovalle».[6] La via in questione (denominata «strada maestra» nelle fonti settecentesche) è quella che, fiancheggiando il Serchio e mettendo in comunicazione Lucca con il suo *arrière-pays* montano (fino al confine con i domini estensi), divideva l'abitato borghigiano in due sezioni, l'una posta a sud-est («ex latere meridiei»), l'altra a nord-ovest.[7] Un documento del 1390 fa in proposito riferimento a una

---

[3] M. Ginatempo, *Oltre la frammentazione: spazi fiscali ed economici nell'Italia tardomedievale. Introduzione*, «I quaderni del MAES», XXI, 2023, pp. 1-13 (le citazioni da pp. 9 e 11).

[4] F. Del Tredici, *Studiare la commercializzazione nelle campagne medievali attraverso la storia di un mercato. Arona, secoli XI-XV*, i.c.s. Ma sul tema cfr. anche F. Pagnoni, *Economie di distretto e integrazione commerciale: Brescia fra Due e Quattrocento*, in *Guardando a Venezia e oltre: connettività locale, mercati intermedi e l'emporio dell''economia mondo' veneziana (secoli XIII-XV)*, a cura di B. Figliuolo, Udine, Forum, 2022, pp. 111-136.

[5] Sull'articolazione del comitato lucchese cfr. M. Bratchel, *Medieval Lucca and the evolution of the Renaissance state*, Oxford, Oxford University Press, 2008; la citazione nel testo in C.-M. De La Roncière, *Firenze e le sue campagne nel Trecento: mercanti, produzione, traffici*, Firenze, Olschki, 2005, p. 189.

[6] La citazione nel testo in P. Pirillo, *Creare comunità. Firenze e i centri di nuova fondazione della Toscana medievale*, Roma, Viella, 2007, p. 198.

[7] La dizione «strada maestra» compare nella carta del 1732 riprodotta in M. Biondi, *Inventario dell'Archivio Storico della Parrocchia di S. Jacopo di Borgo a Mozzano*, Tesi di laurea, relatore Prof. L. Carratori, Università di Pisa, a.a. 20001-2002, tavole 2 e 3; la distinzione tra parte meridionale e parte settentrionale del borgo in ASLu, *Antichi notai*, n. 269, II, c. 71r. Lungo

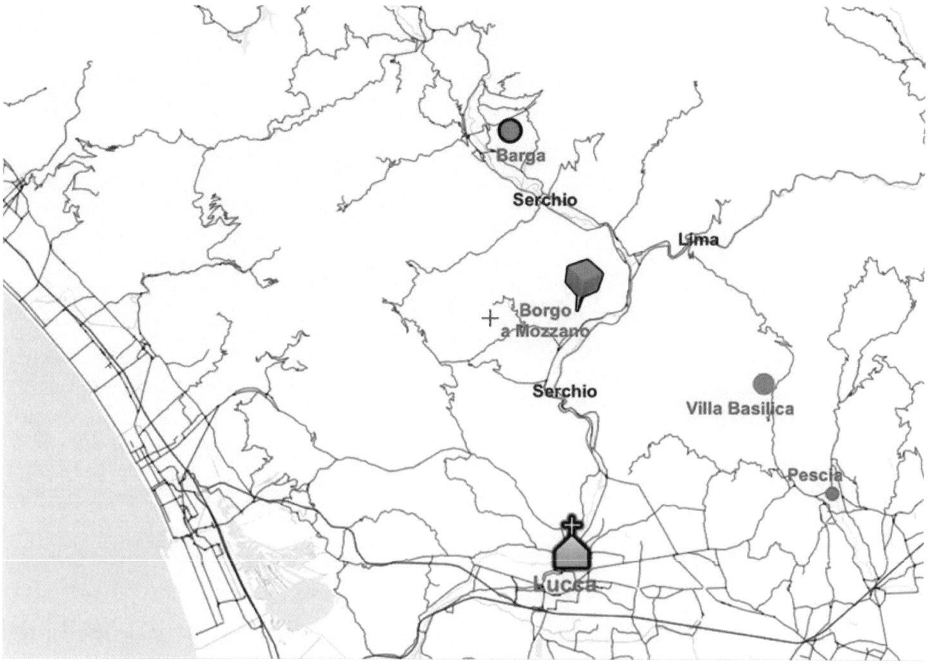

Carta n. 1. Borgo a Mozzano nella Garfagnana lucchese.

domus «in filo inferiori», dizione che indicava la fila di case posta a sud della strada maestra; «in filo superiori», invece, si trovava l'immobile menzionato in un rogito del 1391 (cfr. Carta n. 2).[8]

A un certo momento, presso la piazza indicata come «del Mercato» si sviluppò un *forum*, divenuto il principale della valle e, forse, dell'intero comitato lucchese.[9] Lo suggerisce la 52esima delle novelle scritte da Giovanni

---

il Serchio le merci viaggiavano grazie alla fluitazione, su cui cfr. F. Salvestrini, *Navigazione, trasporti e fluitazione del legname sulle acque interne della Toscana fra Medioevo e prima Età moderna*, «Bollettino Storico Pisano», LXXVIII, 2009, pp. 1-42; J. Paganelli, *I boschi, le navi, i mulini. Alcune riflessioni sul ruolo del legname nella crescita del XII secolo (a partire dalle fonti toscane)*, «Ricerche Storiche», LIII, 2023, pp. 59-78. Il ruolo strategico del Serchio e della strada che lo costeggiava l'economia della Garfagnana è sottolineato in P. Tomei, *Petrified Nodes. Bridges and Economic Growth (Tuscany, 1050-1200)*, in *Building and Economic Growth in Southern Europe (1050-1300)*, a cura di S. Carocci e A. Fiore, Turnhout, Brepols, 2024, pp. 189-214.

8 ASLu, *Antichi notai*, n. 205, cc. 44*v*, 8*r*. Tale immobile era posto al confine con la piazza del mercato («platee fori dicti burgi»), della quale si dirà subito.

9 Per la storia evenemenziale della Garfagnana è ancora fondamentale C. De Stefani, *Storia dei Comuni di Garfagnana*, Modena, 1925, ristampa: Pisa, Giardini, 1978. Il mercato di Borgo

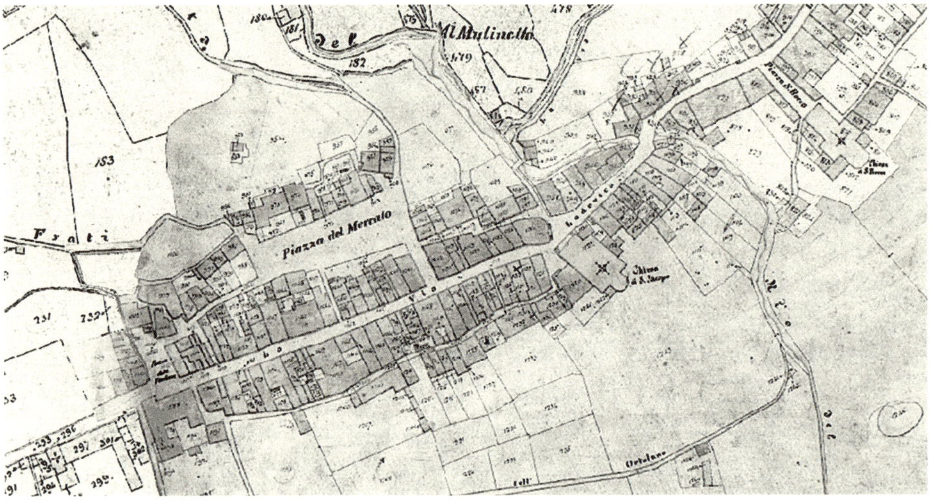

Carta n. 2. Borgo a Mozzano nel catasto ottocentesco. Dal portale regionale Castore.

Sercambi alla metà degli anni Settanta del Trecento.[10] Il protagonista del racconto è un certo Calandrino: originario di Iesi, costui venne in Toscana «vestito di panno scuro», facendo finta di essere un monaco della badia di Vallombrosa; dopo aver predicato nel Pistoiese e nel Fiorentino, «venne innel contado di Lucca [...]. E domandato in che parte si tenea mercato, fulli ditto in più parti, ma sopratutto era quello del Borgo a Mozzano, al quale gran parte della Garfagnana e delle sei miglia colà concorrea». Lì prese alloggio nella locanda di un oste barghigiano e, brigando per mantenere i propri vizi con le offerte degli ignari fedeli, si mise a predicare al mercato del mercoledì: «venuto la mezidima, ch'è il dì del mercato, notifica il frate che ogni persona vada a udire la sua predica e fa sonare la campana»».[11]

Al di là della trama della novella e delle malefatte di Calandrino, è possibile evidenziare che il Sercambi calò una vicenda fantasiosa e salace in una cornice del tutto verosimile, costituita da elementi che un lettore lucchese

---

a Mozzano non è censito in S.-R. Epstein, *Freedom and Growth. The Rise of States and Markets in Europe, 1300-1750*, London, Routledge, 2000.

10 Leggo le novelle di Giovanni Sercambi nell'edizione digitale fornita sul portale Liber Liber, raggiungibile a partire da «liberliber.it/autori/autori-s/giovanni-sercambi/novelle/>; la novella di Calandrino è alle pp. 127-129.

11 Per la predicazione al mercato (ancorché praticata, soprattutto, dai frati mendicanti) si parta da G. Muzzarelli, *Pescatori di uomini: predicatori e piazze alla fine del Medioevo*, Bologna, il Mulino, 2005.

della fine del XIV riconosceva immediatamente come reali: ad esempio il fatto che il mercato di Borgo a Mozzano si teneva il mercoledì, e che in quel villaggio c'era una discreta presenza d'immigrati barghigiani (come si dirà anche sotto).[12] Ai fini del discorso che s'intende fare qui, preme sottolineare che il Sercambi guardava al *forum* di Borgo a Mozzano come al mercato 'ideale', quello in cui un sedicente predicatore, intenzionato a sfruttare fraudolentemente la generosità dei fedeli, poteva mettere da parte un gruzzolo sostanzioso.

Al centro delle pagine seguenti saranno proprio il mercato di Borgo a Mozzano, le sue origini – verosimilmente legate alla schiatta degli Antelminelli, il cui operato richiama dunque il caso dei Pallavicini studiati da Giorgio Chittolini – e la sua fisionomia, che è possibile approfondire grazie ai registri delle gabelle lucchesi.[13] Gli atti rogati dai notai che affluivano ai mercoledì di Borgo a Mozzano, spinti dalla «febbre dei contratti», permettono invece di delineare i contorni del *milieu* di questo centro di scambio: una vera e propria società 'di frontiera', in cui si amalgamavano operatori economici di Lucca, Pisa e Firenze senza «alcun monopolio dei mercati urbani»;[14] un crocevia degli scambi, in cui confluivano le reti commerciali che univano la Lucchesia propriamente detta al Pistoiese, ai domini estensi e alla Versilia.[15] Qui venne a risiedere Niccolò del fu Chiaro di Buono, un

---

12 Uno trai barghigiani residenti a Borgo a Mozzano era Barzo (Bonaccorso) di Toso, «consuet*us* vendere carnes ad macellum et ad minutum»: cfr. ASLu, *Vicario di Coreglia*, n. 524, c. 10*v*; *ivi*, *Antichi notai*, n. 269, I, cc. 116*v*, 210*r*; II, c. 19*r*; Barzo esportava anche pelli di montone verso Pescia (*ivi*, *Vicario di Coreglia*, n. 26, alla data 2 maggio 1382). La moglie di Barzo, Franceschina, era figlia di Roncone del fu Coluccio da Pescia, che fece testamento nel novembre 1371 (*ivi*, *Antichi notai*, n. 269, I, c. 166*v*): Roncone doveva essere dotato di un discreto patrimonio, come s'intuisce dal fatto che dispose di essere seppellito nella chiesa di S. Iacopo «in avello quem ipse inceperat fieri facere iuxta avellum presbiteri». Per un primo approccio alla storia di Borgo a Mozzano cfr. F.M. Pellegrini, *Borgo a Mozzano e Pescaglia nella storia e nell'arte*, Lucca, Giusti, 1925; C. Romiti, *L'archivio storico di Borgo a Mozzano*, Lucca, Pacini Fazzi, 1975, p. 11.

13 G. Chittolini, *Il luogo di Mercato, il comune di Parma e i marchesi Pallavicini di Pellegrino*, in Id., *La formazione dello stato regionale e le istituzioni del contado*, Torino, Einaudi, 1979, pp. 101-180. Per un primo approccio alle signorie della Lucchesia cfr. J. Paganelli, *Lucchesia e Lunigiana*, in *La signoria rurale nell'Italia del tardo medioevo*, 5. *Censimento e quadri regionali*, a cura di F. Del Tredici, Roma, Universitalia, 2021, pp. 457-460.

14 Le citazioni nel testo in La Roncière, *Firenze e le sue campagne*, cit., pp. 137, 175.

15 Per un primo quadro delle dinamiche commerciali e produttive nella Garfagnana bassomedievale cfr. il recente S. Tognetti, *Manifatture e commerci nell'Appennino tosco-emiliano e tosco-romagnolo (secoli XIII-XVI)*, in *Insediamenti, economia e società in aree di montagna. Appennino settentrionale, Alpi occidentali (secoli XII-XVI)*, a cura di F. Panero e G. Pinto, Cherasco, CISIM, 2023, pp. 261-282; P. Pelù, *Cenni sull'economia della Garfagnana medievale*, in *La Garfagnana dai Longobardi alla fine della Marca canossana*, Atti del convegno (Castelnuovo Garfagnana, 9-10 settembre 1995), Modena, Aedes Muratoriana, 1996, pp. 235-244; M. Spampinato, *Rapporti economici tra la Versilia storica e la Garfagnana alla fine del secolo XIV*, in *La Garfagnana. Storia, cultura,*

ricco *mercator* fiorentino, e qui il mercante pisano Simone Da Sancasciano entrò in possesso di una *domus*, che servì poi da *curia* per la vicaria di Coreglia (come si chiamava ciascuna ripartizione amministrativa, militare e fiscale del territorio dominato dal comune di Lucca).[16] Tutti, come si vedrà, parevano cercare un posto al sole a Borgo a Mozzano.

Gli Antelminelli e il mercato che non c'era

Osservando le rappresentazioni cartografiche di Età Moderna si ricava non solo l'impressione, già abbozzata sopra, che Borgo a Mozzano sia nato come un *village de route* lungo la direttrice viaria che univa Lucca alla Garfagnana, ma anche l'idea che la piazza che, nel catasto ottocentesco, è indicata come «del mercato» sia un elemento in certo modo posticcio, aggiunto in un momento successivo allo sviluppo dell'aggregato demico lungo la strada appena menzionata. In effetti, non c'è alcuna traccia del *forum* borghigiano prima della metà del Trecento, e ciò a dispetto del ruolo *notabilior* che, almeno dal 1321, Borgo a Mozzano rivestiva in Garfagnana, giacché lì si trovava il *banchum iuris* della vicaria di Coreglia (in quel momento sotto il controllo del comune di Lucca):[17] all'inizio degli anni Trenta, l'ufficiale inviato dalla città del Volto Santo (il vicario, appunto) amministrava la giustizia nella *domus* del comune borghigiano («in Burgo Mozani in domo dicti comunis»).[18]

---

arte. II, Atti del convegno (Castelnuovo Garfagnana, 14-15 settembre 2013), Modena, Aedes Muratoriana, 2014, pp. 355-374. Per un inquadramento politico cfr. invece B. Andreolli, *Lucca e la Garfagnana nello sviluppo degli stati regionali*, in *La Garfagnana dall'avvento degli Estensi alla devoluzione di Ferrara*, Atti del convegno (Castelnuovo Garfagnana, 11-12 settembre 1999), Modena, Aedes Muratoriana, 2000, pp. 13-21.

16 Sui Da Sancasciano cfr. B. Casini, *Patrimonio ed attività del fondaco del taglio di Simone di Lotto da Sancasciano e fratelli*, in *Studi in onore di Amintore Fanfani*, Milano, Giuffrè, 1962, pp. 227-298; A. Poloni, *Sancasciano da*, in *Dizionario Biografico degli Italiani*, XC, 2017, reperibile in rete sul portale treccani.it. Per la residenza del notaio nella *domus* della vicaria cfr., ad esempio, ASLu, *Antichi notai*, n. 205, c. 124*v*: «in domo vicarie Corellie in qua habitat notarius dicte vicarie». L'elenco dei comuni appartenenti alla vicaria coregliese può essere ricostruito a partire da *ivi*, *Vicarrio di Coreglia*, n. 33, c. 27*r*: si trattava di Coreglia, Tereglio, Vitriana, Licignano, Ghivizzano, Bugliano, Lugliano, Granaiola, Terenzana, Fornoli, Chifenti, Corsagna, Serra, Puticiano, Anchiano, Convalle, Pescaglia, Piegaio, Gello, Villarogii, Colognora, Vitriano, Sant'Ansano, Dezza, Cuna, Motrone, Spulissano, Giviano, Tersona, Mozzano, Cerreto, Oneta e Borgo a Mozzano.

17 ASLu, *Diplomatico S. Maria Corteorlandini*, 1321 gennaio 17: «ad curiam dicte vicarie in Burgo Mozani ad bancum iuris». Risiedendo a Borgo a Mozzano il vicario di Coreglia, il podestà di quest'ultimo castello «was granted powers to settle disputes in and around Coreglia that involved sums of less than 1 florin» (cfr. Bratchel, *Medieval Lucca*, cit., p. 138).

18 ASLu, *Vicario di Coreglia*, n. 1, I semestre del 1332; ma cfr. anche *ivi*, n. 512, II semestre

L'assetto appena delineato fu rivoluzionato dalla discesa in Italia di Giovanni di Boemia, che s'insignorì di Lucca nel 1331.[19] Nel 1333 il re concesse a Francesco Castracani degli Antelminelli di rappresentarlo in tutta la vicaria coreglieese, di beneficiare di un'entrata fissa di 1000 fiorini d'oro sui proventi della vicaria stessa e di tenere la custodia del castello di Ghivizzano.[20] È oltremodo significativo il fatto che, da quel momento, la documentazione pubblica relativa alla vicaria di Coreglia letteralmente sparisca dagli archivi del comune del Volto Santo, per riapparire soltanto nel 1369, dopo che i reggitori di Lucca, ripristinata da Carlo IV la *libertas Lucensis*, rientrarono gradualmente in possesso del comitato cittadino.[21] Il vero e proprio *blackout* delle fonti pubbliche tra il 1333 e il 1370 sembra dipendere dal fatto che, in quel lasso di tempo, la sovranità sulla vicaria coregliese non si trovava nelle mani dei Lucchesi, bensì in quelle di Francesco Antelminelli.[22]

A riprova di questa condizione eccettuativa, nel febbraio 1334 il compilatore del «liber memorie regalis Lucane camere» cominciò a computare l'«introytus vicarie Corellie» (purtroppo senza giungere a una quantifica-

---

del 1331: «in domo comunis et hominum de Borgo Mozani posita in dicto burgo ubi ius redditur» (alla data 15 ottobre); *ivi*, n. 3, c. 1*v*, II semestre del 1332: «in domo comunis Burgi predicti»; e *ivi*, n. 513, I semestre del 1332: «in domo comunis Burgi Mozani» (alla data 18 marzo). Cfr. anche BRATCHEL, *Medieval Lucca*, cit., p. 113: «ad banchum iuris dicte vicarie pro tribunali et iure reddendo in Burgo Mozani in domo comunis dicti burgi». A fine Trecento, i membri del comune borghigiano si riunivano nella chiesa curata del villaggio (ASLu, *Antichi notai*, n. 269, I, c. 214*v*), oppure in una nuova *domus* che dava sulla piazza dove si teneva il mercato (*ivi*, n. 200, I, c. 159*r*, immobile situato «versus plateam fori»; ma cfr. anche *ivi*, n. 201, c. 235*v*).

19 Per il contesto politico cfr. M. LUZZATI, *Firenze e la Toscana nel medioevo. Seicento anni per la costruzione di uno stato*, Torino, UTET, 1986, pp. 94-95; senz'altro utile risulta anche G. TOMMASI, *Sommario della storia di Lucca*, Firenze, Vieusseux, 1847.

20 Il provvedimento regio è edito in A.N. CIANELLI, *Dissertazioni sopra la storia lucchese*, Lucca, presso Francesco Bertini, 1813 (*Memorie e documenti per servire all'istoria del principato lucchese*, I), pp. 285-287. La decisione del sovrano boemo dovette, però, sancire una situazione *de facto*, se si guardano i nomi dei vicari noti (quasi tutti Antelminelli) dell'inizio degli anni Trenta (cfr. S. BONGI, *Bandi Lucchesi del secolo decimoquarto tratti dai registri del R. Archivio di stato in Lucca*, Bologna, Romagnoli, 1863, p. 323).

21 Sul recupero della *libertas* avvenuto nel 1369 cfr. M. RONZANI, *La lunga notte del 1369. Pisa, Carlo IV e la perdita di Lucca*, «Actum Luce», XLVIII, 2019, pp. 7-35. Il primo quaderno della vicaria successivo al recupero della *libertas* da parte dei Lucchesi risale al primo semestre 1370: cfr. ASLu, *Vicario di Coreglia*, n. 4, vicario Niccolò del Veglio; la nomina di costui risaliva all'8 luglio 1369 (cfr. *Riformagioni della Repubblica di Lucca (1369-1400)*, I: *marzo 1369-agosto 1370*, a cura di A. Romiti, Roma, Accademia Nazionale dei Lincei, 1980, p. 49).

22 Poiché dell'archivio della schiatta Antelminelli si è salvato relativamente poco, anche la documentazione che riguardava la vicaria negli anni 1333-1370 dev'essere andata dispersa (l'archivio Guinigi, grazie al quale emerge una parte degli interessi degli Antelminelli, è descritto in *Inventario Archivio di Stato in Lucca*, VI. *Archivi gentilizi*, a cura di D. Corsi, Lucca, Matteoni e Botti, 1961, pp. 354-498).

zione) «non preiudicando iura et privilegia domini Francisci Kastracani».[23] Nonostante le poche notizie disponibili, è lecito supporre che Francesco impiantasse a Borgo a Mozzano il *forum* della vicaria – al fine di riscuotere le imposte che gravavano sul mercato e sulle merci – nella fase cronologica successiva all'emanazione del provvedimento di Giovanni di Boemia. Mentre, in altri contesti europei, le aree di strada furono al centro della competizione tra i poteri localmente eminenti (la direttrice che univa Aix-la-Chapelle a Visé, ad esempio, fu contesa fra gli arcivescovi di Colonia e i duchi di Brabante), grazie alla concessione del sovrano boemo l'Antelminelli poté verosimilmente ritagliarsi un dominio pressoché completo su un lungo tratto della via lungo il Serchio: fu in quella, particolare circostanza che ebbe l'occasione di fondare un mercato nel punto più strategico del tracciato viario del fondovalle e, verosimilmente, di offrire «un regime daziario più conveniente, e meno intransigente, rispetto a quello imposto dalla città», come fecero i Pallavicini a Mercato.[24]

In base a quanto detto sopra, il 1333 può essere considerato l'anno dopo il quale avvenne l'istituzione del *forum* borghigiano; il *terminus ante quem* è invece rappresentato dalla morte di Francesco, avvenuta nel 1355. Resta, quindi, un intorno 'utile' di circa un ventennio: si può ipotizzare che il provvedimento adottato dai Pisani dopo l'occupazione di Lucca (estate 1342) – che consentì all'Antelminelli di «fregiarsi del titolo di conte di Coreglia» e che riguardava «varie indennità di passaggi e di gabelle, ed altri privilegi per le terre della sua giurisdizione» – fosse richiesto da Francesco *anche* per tutelare il mercato di Borgo a Mozzano da lui fondato.[25] Ciò, in effetti, si accorderebbe al tenore della pace stipulata a Sarzana nel 1353, che menzionava l'Antelminelli «cum castro et terra Corigle et omnibus et singulis terris, castris, villis et iurisditionibus comitatus Corigle que possidet et hominibus et personis quibuscumque habitantibus in dictis terris et comitatu».[26] Anche in una lettera agli Anziani pisani, risalente al gennaio

---

23 ASLu, *Antichi notai*, n. 130, c. 78*r*.

24 La citazione nel testo in A. Poloni, *La signoria rurale e le trasformazioni economiche della fine del Medioevo (area lombarda e Italia centro-settentrionale). Qualche riflessione*, in *La signoria rurale nell'Italia del tardo Medioevo. 4: Quadri di sintesi e nuove prospettive di ricerca*, a cura di S. Carocci, Firenze, Firenze University Press, 2023, pp. 163-187: 175. Le vicende relative alla strada che univa Aix-la-Chapelle a Visé sono ripercorse in J. Knaepen, *La route d'Aix-la-Chapelle à Visé*, «Bulletin de l'Institut Archelologique Liegeois», LXVIII, 1951, pp. 5-37. Su Francesco Antelminelli cfr. F. Luzzati Laganà, *Castracani degli Antelminelli, Francesco*, in *Dizionario Biografico degli Italiani*, XXII, 1979, disponibile in rete sul portale treccani.it.

25 Le citazioni nel testo in Luzzati Laganà, *Castracani degli Antelminelli*; Bongi, *Bandi lucchesi*, cit., p. 325. Sulla fase del dominio pisano su Lucca cfr. C. Meek, *The commune of Lucca under Pisan rule: 1342-1369*, Cambridge, The Mediaeval Academy of America, 1980.

26 *Cronica dei fatti di Arezzo*, a cura di A. Bini e G. Grazzini, in *Rerum Italicarum Scriptores*,

1350, l'Antelminelli si attribuiva il titolo comitale: in quel comitato *de facto* (concessogli *de iure* da Carlo IV nel 1355) era compreso, *ça va sans dire*, anche Borgo a Mozzano.[27]

Contestualmente all'istituzione di un *forum* nel nostro villaggio, l'Antelminelli si appropriò della *domus* del comune borghigiano: nel 1358, infatti, il vicario di Coreglia, Andrea di Piero dei Gualandi Buglia di Pisa, risiedeva «in domo heredum olim domini Francisci komitis dicte vicarie seu comitatus».[28] Nel 1370 la *domus* in cui alloggiava il vicario Niccolò del Veglio – «que dicitur fuisse filiorum et heredum domini Francisci de Castracanis de Luca» – apparteneva al mercante pisano Simone Da Sancasciano.[29] Tramite le *datationes topice* fornite in apertura dei registri vicariali è possibile appurare che la *domus* che in origine era antelminellesca (e che aveva almeno due piani e confinava con la pubblica strada sia sul retro sia sul davanti) si suddivideva in tre unità immobiliari, due delle quali ospitarono alternativamente, nel corso degli anni, i locali in uso ai magistrati inviati da Lucca: la prima di quelle unità confinava su due lati coi *bona* di Simone, mentre la seconda aveva su un lato i *bona* di Simone, sull'altro l'immobile appartenente al borghigiano Domenico di Corsino.[30]

A un certo momento, una delle unità immobiliari finì nelle mani di Andrea Castracani e, almeno dal 1390, passò in quelle di Lazzaro Guinigi.[31] Furono proprio i Guinigi coloro che, dalla fine del XIV secolo, misero in atto una politica tesa a incamerare i beni immobiliari appartenuti alla schiatta antelminellesca: il libro di memorie di Michele del fu Lazzaro Guinigi riconduce infatti al 1388 l'acquisto delle «possesioni dal Borgo a Mozano», comprate dal nipote *ex filio* di Francesco Antelminelli, ossia Francesco di Niccolò.[32] Nel 1456, invece, fu messa per iscritto una memoria secondo

---

XV, 1917, pp. 212-294, alla p. 223. Per un inquadramento della pace cfr. F. Bozzi, *Le spire della vipera. Le aderenze viscontee fra Tre e Quattrocento*, Milano, Franco Angeli, 2022, pp. 34-46.

27 ASPi, *Comune, Divisione A*, n. 57, c. 126*v*; Bratchel, *Medieval Lucca*, cit., p. 113.

28 ASLu, *Diplomatico Spedale di S. Luca*, 1358 (senza mese né giorno).

29 *Ivi*, *Vicario di Coreglia*, n. 4. I rapporti tra Alderigo di Francesco Antelminelli e i Da Sancasciano sono attestati in ASPi, *Diplomatico Diverse*, 1365 settembre 23 (prestito di 510 fiorini): il mutuo era contratto anche da Antonio del fu ser Giovanni da Rosignano, il cui padre era stato notaio del Conservatore di Lucca (*ivi*, *Comune, Divisione A*, n. 62, c. 51*r*).

30 ASLu, *Vicario di Coreglia*, nn. 4 e 7; *ivi*, *Antichi notai*, n. 269, I, c. 202*r*; *ivi*, *Vicario di Coreglia*, nn. 14, 15, 16, 519, 33, 526, 527, 528. Se la localizzazione proposta è corretta, si può localizzare la sede della vicaria presso l'attuale palazzo Ricci, sede dell'Unione dei Comuni della Media Valle del Serchio.

31 ASLu, *Vicario di Coreglia*, n. 42. Su Lazzaro Guinigi cfr. F. Ragone, *Guinigi, Lazzaro*, in *Dizionario Biografico degli Italiani*, LXI, 2004, reperibile in rete sul portale treccani.it. Per Andrea cfr. anche ASLu, *Antichi notai*, n. 201, c. 197*r*; e *ivi*, n. 202, c. 183*r*.

32 ASLu, *Archivio Guinigi*, n. 151, c. 23*r* (Niccolò attestato come figlio di Francesco *ivi*,

cui, in un momento imprecisato, i Guinigi avevano incamerato «tucti li beni che funno del decto messer Francesco in tucto lo contado e diocesi di Lucha e maxime in della provincia di Garfagnana».[33]

Come si è detto, dopo la morte di Francesco (ma senz'altro dopo il 1358) Simone Da Sancasciano risulta titolare del complesso immobiliare, appartenuto agli Antelminelli, nel quale risiedeva il vicario. Le ragioni di quest'acquisizione vanno forse individuate nella volontà del reggimento pisano (che in quel momento controllava la città di Lucca e il suo territorio) di erodere e, per così dire, mettere sotto tutela le giurisdizioni dei figli di Francesco, ma forse anche nell'intenzione di Simone di ottenere un *pièd-à-terre* vicino alla piazza commerciale più importante della Garfagnana, nella quale smerciare i prodotti legati alla sua attività di ritagliatore di panni. D'altra parte, in seguito alla morte di Francesco, gli eredi di quest'ultimo cercarono una sponda nel comune tirrenico a causa delle fibrillazioni politiche all'interno del loro comitato («propter querelas subditorum suorum», come recita una provvisione pisana del giugno 1355).[34]

Furono proprio i Pisani a darsi da fare per puntellare le giurisdizioni degli Antelminelli: mediando tra gli eredi di Francesco e i comuni inseriti nel *comitatus* di cui era investita la casata, assicurarono alla vedova Tobia e ai figli di lei alcuni emolumenti in denaro; inoltre, almeno a partire dal novembre 1357, corrisposero loro i proventi delle condanne irrogate agli uomini della vicaria di Coreglia.[35] Nel 1358 nuovi patti stabilirono che a Iacopo Antelminelli (figlio di Francesco) fosse garantita la carica di vicario per i 6 anni a seguire: dopo quel sessennio, sarebbero stati i comuni della vicaria a scegliersi l'ufficiale, ma con l'assenso degli eredi di Francesco (ai quali era riservata la designazione del notaio). Gli Antelminelli, dal canto loro, avrebbero potuto istituire due dogane del sale, una (la loro) a Borgo a Mozzano, l'altra nel luogo gradito ai comuni del *comitatus*.[36] Nel 1359 i

---

Diplomatico Tarpea, 1356 aprile 5). Nello *stock* di beni che fu acquistato dai Guinigi forse rientravano le «due case grandi acostate insieme con muro in mezo et una chorte et forno da lato» affittate a Ciomeo degli Avvocati (*ivi*, c. 138*v*), che verosimilmente erano le stesse, poste «in filo inferiori», che guardavano (dunque stando sotto) alle case del vicario (*ivi*, *Antichi notai*, n. 205, c. 44*v*); ma cfr. anche *ivi*, n. 204, II, c. 133*v*, giugno 1389.

33 ASLu, *Archivio Guinigi*, n. 151, c. 216*r*.

34 ASPi, *Comune*, *Divisione A*, n. 60, c. 37*r*.

35 ASLu, *Diplomatico Tarpea*, 1356 aprile 4 e ASPi, *Comune*, *Divisione A*, n. 62, c. 51*r*. Al 1358 risalgono invece nuovi patti tra gli Antelminelli e gli uomini della vicaria, entrati in conflitto «occasione onerum que comunibus et hominibus dicti comitatus imponebantur [...] per suprascriptos comites et occasione offitialium electorum et eligendorum in dicto comitatu» (ASLu, *Diplomatico Tarpea*, 1358 agosto 24; cfr. Bongi, *Bandi lucchesi*, cit., p. 326, nota 3).

36 Bratchel, *Medieval Lucca*, cit., p. 113.

reggitori del comune pisano scrissero al vicario di Val di Lima (Ubaldo del Veglio) riguardo ai danni causati «per homines de Barga super territorio filiorum domini Francisci Kastracanis»: segno che questi ultimi godevano della protezione dei Pisani.[37]

Per riassumere, dai dati che sono esposti sin qui è possibile ritenere che Borgo a Mozzano – dove, a inizio Trecento, si era trasferito il vicario di Coreglia – fosse in potere di Francesco Antelminelli dal 1333; che a quest'ultimo si debba l'istituzione di un mercato borghigiano, plausibilmente prima del 1343; e che la nostra «area di strada», tra il 1355 e il 1369, fosse sostanzialmente sottoposta alla sovranità di due soggetti politici principali, il comune di Pisa e gli Antelminelli, con sovrapposizioni e interferenze su cui, spesso, le fonti disponibili non permettono di fare piena chiarezza.[38] Quando la valle del Serchio passò di nuovo sotto la giurisdizione del comune di Lucca (tra il 1369 e il 1370), la vicaria non mutò sede: Borgo a Mozzano non perse il ruolo di *caput* della circoscrizione nominalmente imperniata su Coreglia, né il suo *forum* del mercoledì.[39]

Il mercato, la società e l'economia di Borgo a Mozzano nel tardo Trecento

Borgo a Mozzano divenne una piazza di scambio cruciale per tutta la valle del Serchio (e non solo) nonostante la popolazione assai ridotta che vi abitava: se Bratchel calcola 20 fuochi per il 1405, nel 1382 furono 22 i «vicini et parrochiani» della chiesa di S. Iacopo (la parrocchia del villaggio) che designarono un procuratore per eleggere il rettore; 10 anni avanti, invece, i parrocchiani erano 24, rappresentando «tres partes et ultra de quactuor partibus».[40] Ancora nel 1372, 26 uomini riuniti in quella chiesa furono definiti «totum dictum comune».[41] Questi numeri lasciano intendere che, sul

---

37 ASPi, *Comune, Divisione A*, n. 64, c. 8*r*.

38 La citazione nel testo ricalca un sintagma ormai classico della medievistica: cfr., tra i tanti, A. Gamberini, *Un'area di strada. L'Emilia Occidentale nel Medioevo*, «Nuova Rivista Storica», LXXXII, 1998, pp. 421-428.

39 Cfr. *Riformagioni della Repubblica di Lucca*, p. 299, maggio 1370: protesta degli uomini di Coreglia, secondo cui è «eis nocivum et incomodum venire semper coram vicario Burgum Mozani». Almeno fino al primo semestre 1384, per la comunità borghigiana fu in vigore l'estimo approntato «sub tirannico Pisanorum regimine, sub cuius lege non decet amplius vivere» (ASLu, *Vicario di Coreglia*, n. 33, c. 29*v*).

40 Cfr. Bratchel, *Medieval Lucca*, cit., p. 172; e ASLu, *Antichi notai*, n. 269, I, cc. 25*r* (elezione, al termine della procedura, di Giovanni del fu Marco di Bologna monaco di S. Pietro di Camaiore), 201*r* (elezione di Pasquino del fu Tuccoro pievano di Massaciuccoli).

41 *Ivi*, *Antichi notai*, n. 269, I, c. 214*v*.

finire del Trecento, Borgo a Mozzano fosse popolato da poco meno di un centinaio di persone.[42]

Eppure i residenti temporanei, quelli che non acquisivano un domicilio tendenzialmente stabile, dovevano essere ben di più: nel registro di vicaria appartenente al secondo semestre 1376, ad esempio, è possibile isolare almeno 38 persone che si erano stabilite nel nostro villaggio e che ricorsero alla giustizia vicariale. Tra costoro c'erano Colino di Giovanni «de Francia», Cristoforo di Bonaccorso da Barga, Filippo di Coluccino da Camaiore, Francesco fornaio da Pisa (che aveva preso in affitto la casa e il forno di Landuccio di Pardino), Giovanni di Gardo da Barga, Iacopo di Panatta (che doveva 14 lire e 7 soldi al fornaio Francesco per il pane acquistato «ad vendendum»), Matteo di Palmierino da Pisa, Michele di Menico da Barga, Giovanni di Giunta «pictor» da Pisa, Niccolò del Chiaro da Firenze (di cui si dirà sotto) e Piero *magister* da Pescaglia.[43]

Da questo, pur sommario, elenco si possono desumere alcuni dati: *in primis* che Borgo a Mozzano era un luogo 'attrattivo' per un'immigrazione imprenditoriale (come mostra il caso del fornaio che, verosimilmente, impastava il pane poi venduto agli avventori del mercato), di lungo raggio (come sta a indicare la presenza di Colino «de Francia», le cui origini erano evidentemente transalpine) e, anche, di un certo livello: ne è spia la presenza del pittore pisano Giovanni di Giunta, che in quegli stessi anni era attivo anche a Lucca e che aveva raggiunto Borgo a Mozzano seguendo una committenza che possiamo ritenere abbastanza danarosa.[44] Infine, balza all'occhio la presenza di un manipolo d'immigrati barghigiani, che si erano probabilmente spostati nel nostro villaggio dopo che Barga fu annessa al dominio fiorentino e che reputavano Borgo a Mozzano un comodo

---

42 Assumendo il coefficiente, pur convenzionale, di 4 bocche per fuoco impiegato in G. Pinto, *Campagne e paesaggi toscani del Medioevo*, Firenze, Nardini, 2002, p. 43.

43 ASLu, *Vicario di Coreglia*, n. 14. Il vicario poteva arrivare a trattare anche 8 cause al giorno, come successe in un mercoledì di mercato, il 18 novembre 1376 (c. 50*r*). Le fonti private censiscono, tra gli anni Settanta e Novanta del Trecento, anche Giovanni di Marco da Barga, Elisabetta del fu Francesco da Parma, Giovanni del fu Gardo da Barga, Iacopo del fu Bartolomeo da Pisa, Monaldo del fu Andreuccio da Lucca, Iacopo del fu Andrea Panatta da Buggiano e Giovanni di Tedaldino da Firenze (*ivi*, *Antichi notai*, n. 198, I, cc. 10*r*, 40*r*; II, c. 153*r*; III, c. 6*v*; n. 205, c. 8*r*; n. 197, I, c. 134*r*).

44 Sui fenomeni migratori che interessavano gli artigiani cfr. B. Del Bo, *Immigrazione specializzata nelle città dell'Italia centro-settentrionale: Incentivi al trasferimento e dinamiche di integrazione (secc. XIII-XV)*, «Mélanges de l'Ecole Française de Rome. Moyen Âge», CXXXI, 2019, pp. 495-504. Su Giovanni *pictor* cfr. M. Fanucci Lovitch, *Artisti attivi a Pisa fra XIII e XVIII secolo*, Pisa, Società Storica Pisana, 1991, II, p. 144 (devo la segnalazione a Cecilia Iannella, che qui ringrazio). A proposito della committenza danarosa, giova menzionare l'immobile «in quo sunt IIII° camere et sex lectate quarum una est laborata per manum magistri», menzionato nel 1389 (ASLu, *Antichi notai*, n. 204, c. 222*v*).

trampoline per proiettarsi, alla bisogna, verso i vicini territori controllati dal comune gigliato.[45]

Il più eminente tra i barghigiani che popolavano il nostro villaggio era senz'altro Deodato di Guido, *civis* lucchese e *iudex*, a più riprese camerario della vicaria di Coreglia e marito di Piera del fu Lemmo degli Opizzi.[46] Più in generale, quella borghigiana era una «highly stratified community» a dispetto della sua consistenza demografica. Qui si vede quasi *in vitro* quella che definirei una 'società di frontiera', i cui ranghi erano costituiti da persone che non erano originarie di Borgo a Mozzano, ma che erano andate a risiedervi per fare affari o in funzione dei loro commerci:[47] come Agostino del fu Ciomeo Avvocati (che aveva preso in affitto una casa allocata da Lazzaro Guinigi), il quale, nel 1393, investì 120 lire «pro faciendo artem macelli» con il già menzionato Bonaccorso del fu Toso da Barga.[48]

La società così spiccatamente vivace che popolava il nostro *village de route* era ulteriormente animata dal già richiamato mercato del mercoledì,

---

45 Sulle fasi dell'espansione del dominio fiorentino cfr. C.-M. De La Roncière, *De la ville à l'État régional: la constitution du territoire (XIVe-XVe siècle)*, in *Florence et la Toscane, XIVe-XIXe siècles. Les dynamiques d'un État italien*, éd. par J. Boutier, S. Landi et O. Rouchon, Rennes, Presses Universitaires de Rennes, 2004, pp. 15-38. Nel 1382, il pievano di Mozzano (al cui piviere il nostro villaggio apparteneva) era Francesco del fu Marco da Barga (ASLu, *Antichi notai*, n. 269, I, c. 18*v*). La via lungo il Serchio era fondamentale anche per i *cives* fiorentini che volevano raggiungere Barga: lo mostra una missiva del 30 giugno 1401, indirizzata a Paolo Guinigi, con la quale i Fiorentini esprimevano la propria frustrazione perché il *miles* socio del podestà di Barga, «dum rediret Florentiam», quando «fuit apud Borgum Mozani» fu messo in catene e «Lucam ductus» (ASF, *Signori, Missive I Cancelleria*, n. 25, c. 44*r*, anno 1401).

46 Deodato camerario della vicaria in ASLu, *Diplomatico Tarpea*, 1356 aprile 5; *Riformagioni della Repubblica di Lucca (1369-1400)*, II: *agosto 1370-luglio 1371*, a cura di G. Tori, Roma, Accademia Nazale dei Lincei, 1975, p. 311; ASLu, *Gabella del contado e delle vicarie*, n. 25; *ivi*, *Antichi notai*, n. 269, I, c. 125*r*; *ivi*, *Vicario di Coreglia*, nn. 515 (II semestre 1373) e 12 (I semestre 1374); e poi podestà di Coreglia nel secondo semestre 1378 (*ivi*, *Antichi notai*, n. 198, II, c. 24*r*). I suoi beni aviti a Barga, situati presso la porta Marcianella, attestati *ivi*, n. 199, II, c. 84; per il padre Guido del fu Deodato da Barga cfr. *ivi*, n. 94, c. 25*v* (attestato a Lucca nel febbraio 1321). Per il testamento di Deodato, dal quale si evincono il suo matrimonio con Piera Opizzi e la morte del figlio Guido (che aveva lasciato due orfani, Giannina e Nanni), cfr. *ivi*, n. 200, I, c. 159*v*; Deodato era sicuramente morto nel 1386, anno cui risalgono un nuovo testamento e la sua esecuzione da parte di Piera (*ivi*, n. 202, c. 33*v*). Nella casa borghigiana di Deodato, Corsino del fu Riccio di Serra pistoiese (che stava a Lugliano vicaria di Valdilima) e Santo del fu Muccio di Villa Basilica «magister spatarum et aliorum ferrorum» contrassero una *societas* annuale «super merchationibus et negotiationibus spadarum, falciorum et cultellorum, lanciarum et aliorum ferrorum» (*ivi*, n. 198, II, c. 82*v*). Una figlia di Deodato, Nese, era sposata a Bondaccino di Bondaccio dei Berrettani, un'importante schiatta barghigiana (*ivi*, n. 197, III, c. 75*v*); anche il fratello di Deodato, Ottobono *iudex* del fu Guido, risiedeva a Borgo a Mozzano: nel 1371 risulta sposato ad Andreola figlia di Alduino del fu Velcro dei *comites* di San Michele (*ivi*, n. 196, c. 95*v*); la figlia di Ottobono, Nesa, sposò ser Guido di ser Domenico da Buggiano (*ivi*, n. 269, II, c. 21*r*).

47 La citazione nel testo in Bratchel, *Medieval Lucca*, cit., p. 172.

48 ASLu, *Antichi notai*, n. 206, c. 9*v*.

presso il quale i provvedimenti del vicario di Coreglia erano banditi ad alta voce («in foro publico Burgi Mozani die dicti fori», quando v'erano «multe gentes congregate ad forum»).[49] Un elenco degli *artifices* borghigiani redatto all'inizio del 1384 censiva due fabbri, un *magister lignaminis* e, soprattutto, due tavernieri (i figli di Bonaccorso, ossia Cristoforo e Turignolo) e tre vinattieri: categorie professionali, queste due ultime, il cui sostentamento economico poggiava verosimilmente sull'indotto generato dal *forum* settimanale.[50] Tra i professionisti della scrittura che abitualmente passavano il mercoledì a Borgo a Mozzano c'era un altro barghigiano, il notaio ser Lorenzo del fu ser Bonaccorso: era infatti al mercato che, come ha scritto La Roncière, gli abitanti delle campagne cercavano «di incontrarsi e di risolvere davanti ad uno dei notai attirati da questo grande raduno di persone tutti gli affari che costituiscono la trama portante della loro esistenza quotidiana».[51]

Dei mercoledì di Borgo a Mozzano è possibile ricostruire il giro di affari grazie ai resoconti (poi inviati al comune di Lucca) tenuti dal gabelliere del mercato, la residenza del quale affacciava sulla piazza: essa si presentava alla vista con (almeno) due ordini di logge, l'uno al piano terra, l'altro al primo piano.[52] I primi accordi – riguardanti l'applicazione delle gabelle – tra il comune di Lucca «et li comuni et huomini della vicaria di Corellia» risalivano all'autunno 1369, quando, insieme al camerario Deodato da Barga, operava (formalmente come *adiutor*) Giovanni degli Antelminelli Parghia.[53] Nella

---

[49] *Ivi*, *Vicaria di Coreglia*, n. 7, c. 3*v*; i proclami del vicario erano appunto letti «cum proclamatione et alta voce in foro publico Burgi Mozani die dicti fori» (*ivi*, *Antichi notai*, n. 12, c. 11*v*). Un ulteriore indizio della vivacità economica del villaggio è forse costituito dalla diffusione del gioco d'azzardo tra la popolazione: nella seconda metà del 1373, ad esempio, Iacopo Paganelli di Borgo a Mozzano e un «vagabund*us*» furono inquisiti dal vicario perché «luxerunt simul ad ludum taxilorrum» nella casa di Iacopo posta «iusta stratam publicam» (*ivi*, *Vicario di Coreglia*, n. 515, c. 8*r*).

[50] *Ivi*, *Vicario di Coreglia*, n. 33, c. 39*r*. Nel 1369, invece, i *tabernarii* erano Barzo di Toso da Barga e Roncione di Coluccio da Pescia; c'erano due venditori di vino al minuto, una venditrice di pane al minuto (Antonia moglie di Giovanni di Marco da Barga) e un fornaio (Corradino da Pisa): *ivi*, *Gabella delle vicarie e del contado*, n. 24, II, c. 20*r*.

[51] La citazione nel testo in La Roncière, *Firenze e le sue campagne*, cit., p. 172. Per ser Lorenzo cfr. ASLu, *Antichi notai*, nn. 196-209 (nel 1377, fu designato notaio del comune di Diecimo: cfr. Ghilarducci, *Diecimo*, cit., p. 81). Per uno dei tanti atti rogati «in foro Burgi Mozani» cfr. ASLu, *Antichi notai*, n. 198, I, c. 83*v*; ma cfr. anche *ivi*, III, c. 163*r*.

[52] *Ivi*, *Antichi notai*, n. 269, I, c. 165*r*: «in foro Burgi Mozzani sub logia superiori gabelle dicti fori».

[53] *Ivi*, *Gabella del contado e delle vicarie*, n. 3, c. 30*r*; e *Riformagioni della Repubblica di Lucca (1369-1400)*, I, p. 136. Si può ipotizzare che la presenza di Giovanni Antelminelli Parghia a fianco del camerario servisse a rendere più 'morbida' la transizione dal dominio antelminellesco alla giurisdizione cittadina; su questo ramo della casata cfr. M.L. Ceccarelli Lemut – G. Garzella, Universitas exititiorum de Luca. *Lucchesi esuli a Pisa all'inizio del Trecento nel registro di ser Orlando Ciapparoni*, «Bollettino Storico Pisano», LXXXVI, 2017, pp. 61-108: 71-76. Per la «ristrut-

più 'solida' cornice degli statuti delle vicarie lucchesi, redatti nel 1372, si prevedeva che a ciascuno fosse consentito «ire ad fora» e portarvi le proprie mercanzie, nel giorno del mercato e in quello successivo, senza versare alcuna tariffa d'ingresso; per le merci vendute al *forum*, invece, era istituita una generica tassazione di 6 denari per ciascuna lira del valore della merce, mentre si specificava che, dalle compravendite delle bestie, si sarebbero levate (tra compratore e venditore) 8 denari per ogni lira.[54]

Per determinare il *rendement économique* del mercato borghigiano è necessario incrociare le tariffe daziarie appena menzionate con i registri di gabella tenuti dal camerario della vicaria e, nello specifico, con le cifre di denaro di volta in volta esplicitate dal *titulus* d'entrata relativo alla gabella del *forum*. Per la seconda metà del Trecento le entrate raccolte dal gabelliere presso la *platea fori* sono note per 4 intervalli cronologici: la prima finestra temporale va dalla fine del marzo alla fine del dicembre 1369; la seconda parte dal gennaio e giunge al 29 maggio 1370; la terza inizia dal primo giugno e arriva al gennaio 1371; l'ultima, infine, illumina il periodo compreso tra il marzo e l'agosto 1378.[55]

Congetturando una media 'di lavoro' di 7 denari prelevati su ciascuna lira del valore delle merci – visto che non sappiamo quante bestie e, viceversa, quante merci ordinarie fossero commerciate ciascun mercoledì – è possibile elaborare la seguente tabella (Tabella n. 1):

Intervallo temporale	Giorni totali	Giorni di mercato	Importo complessivo (lire, soldi e denari)	Importo per mercoledì	Volume degli scambi per mercoledì
29-3 > 27-12-1369	304	40	L. 540, S. 1, D. 12	L. 13,5	L. 458
2-1 > 29-5-1370	148	22	L. 334, S. 1	L. 15,18	L. 520
1-6-1370 > genn. 1371	210	31	L. 264, S. 14, D. 7	L. 8,55	L. 293
10-3 > 4-8-1378	148	22	L. 255, S. 1, D. 9	L. 10,23	L. 351

Grazie a questo calcolo un po' empirico, si può appurare che il volume degli scambi che avvenivano sulla *platea* del nostro villaggio – almeno quel-

turazione delle istituzioni economiche lucchesi» nei giorni successivi alla ritrovata *libertas* cfr. A. Romiti, *Riforme politiche e amministrative a Lucca nei primi mesi di libertà (aprile-luglio 1369)*, «Archivio Storico Italiano», CXXXV, 1977, pp. 165-201, pp. 181 e sgg. Nel 1388, stando nella casa borghigiana di Niccolò del Chiaro, Giovanni Antelminelli Parghia vendette un terreno (ASLu, *Antichi notai*, n. 204, c. 69*v*).

[54] Cfr. *Ordinamenti criminali dei comuni della Vicaria di Massa dell'anno 1372*, a cura di G. Sforza, «Monumenti di storia patria per le provincie modenesi», serie degli statuti III/2, Modena, G.T. Vincenzi e nipoti, 1893, pp. 43-73, p. 69.

[55] ASLu, *Gabella delle vicarie e del contado*, rispettivamente n. 3, c. 10*r*; n. 25, c. 42*r*; n. 25, III, c. 28*r*; e n. 26, c. 15*r*.

li che furono censiti dal gabelliere del *forum*! – raggiunse, per ciascun giorno di mercato, 458 lire nel primo periodo, 520 nel secondo, 293 nel terzo e 351 nel quarto: circa 405 lire ogni mercoledì, che equivalevano a una media mensile di circa 1600 lire durante gli anni Settanta e, dunque, a 19200 lire ogni anno. Si trattava di un giro annuo d'affari tutt'altro che disprezzabile, che corrispondeva, grossomodo, al bilancio annuale di una piccola città toscana (le uscite del comune di Volterra nel 1364, ad esempio, furono di circa 18000 lire).[56]

Il mercato attirava avventori dai castelli della vicaria e dei luoghi circonvicini: il 15 febbraio 1370, ad esempio, Guiduccio da Controne esportò il panno albagio che aveva acquistato proprio a Borgo a Mozzano; mentre, il 4 ottobre di quello stesso anno, Corona da Gallicano portò nel castello avito le calze che aveva comprate nel nostro borgo.[57] Non tutte le merci, però, erano catalizzate dal *forum* del mercoledì, come testimoniano le gabelle lucchesi: le quali, censendo una vasta gamma di merci in ingresso nella vicaria, informano *ipso facto* che quelle mercanzie non arrivavano per essere vendute al mercato (sarebbero altrimenti state esenti da tassazione), ma servivano plausibilmente a soddisfare la domanda locale, compresa quella esercitata dagli operatori commerciali qui stabiliti.[58] Altri attori economici, invece, usavano Borgo a Mozzano come un vero e proprio centro di distribuzione delle merci: Giovanni Bellotti da Tereglio, nel 1382, vi fece arrivare 90 libbre di cuoia bovine da Barga, indirizzandole poi – sfruttando il torrente Lima e la via di terra che, grossomodo da Bagni di Lucca, si dipartiva verso la Val di Nievole – a Pescia.[59] Grazie alla via fluviale del Serchio, gli alti tronchi d'abete della Garfagnana potevano raggiungere Lucca e, tramite Ripafratta, anche Pisa: nell'ambito di questa movimentazione del legname, il nostro villaggio svolgeva il ruolo di baricentro e, verosimilmente, di punto d'approdo sul fiume.[60]

---

[56] Il dato in R. Castiglione, *Le finanze del Comune di Volterra nel Trecento*, «Rassegna Volterrana», LXXXVII, 2010, pp. 81-108: 95.

[57] ASLu, *Gabella delle vicarie e del contado*, n. 25, I, alla data 15 febbraio; *ivi*, II, alla data 4 ottobre.

[58] Il 24 luglio di 1370, ad esempio, Lando di Bondello vi portò a vendere 24 pelli di pecora (*ivi*, *Gabella delle vicarie e del contado*, n. 25, II, alla data 24 luglio).

[59] *Ivi*, *Gabella delle vicarie e del contado*, n. 26, IV, alla data 13 febbraio. Sempre attraverso la Lima giungevano, da Fiumalbo, partite di coltelli, smerciate a Borgo a Mozzano da Niccolò del Chiaro (*ivi*, n. 25, II).

[60] *Ivi*, *Vicario di Coreglia*, n. 11, c. 36*r*; e *ivi*, c. 109*v*: Tomeo del fu Niccolò di Borgo a Mozzano impiegato da Fetto di Lugnano e dal figlio Piero a trasportare «per flumen Serchi videlicet de territorio comunis Fornori dicte vicarie de loco ubi dicitur A bocha di Lima usque ad pontem Sancti Quirici mulatas duas bordonium de habeto de territorio Gallicani ad pontem

In tale *milieu* di mercato, di strada e di frontiera si stabilì lo speziale fiorentino Niccolò del Chiaro di Bene, certamente l'operatore economico più ragguardevole di Borgo a Mozzano. Mentre il padre Chiaro del fu Bene si rintraccia tra i reggitori del comune di Firenze nel 1333, Niccolò cercò un posto al sole a Borgo a Mozzano, trasferendosi da Borgo Allegri – nel luogo detto «Ala Trornula», dove la famiglia possedeva «unam domum cum curia, puteo, cella et paleis» – nella fila meridionale di case del nostro villaggio.[61] I primi rapporti documentabili con la Lucchesia risalgono al 1370, quando il comune del Volto Santo era impegnato nella riconquista dei castelli della Garfagnana: per le operazioni di assedio Niccolò fornì tavole di abete, chiodi e funi.[62] Nel 1372 scrisse agli Anziani di Lucca una lunga missiva per dare conto delle operazioni militari dei Fiorentini contro gli Ubaldini;[63] nel II semestre 1378, invece, era camerario della vicaria di Coreglia: segno inequivocabile della piena integrazione nel contesto lucchese nonché del raggiungimento di un ruolo politico eminente.[64]

I traffici commerciali in cui Niccolò era implicato riguardavano soprattutto il ferro, che arrivava grezzo dall'Isola d'Elba e veniva condotto in Garfagnana grazie alle vie d'acqua: tra l'aprile e il maggio 1369 egli commerciò un totale di 12500 libbre di ferro (entrato o uscito dalla vicaria).[65] Nel secondo semestre 1370 inviò una notevole quantità di ferro a Pistoia, senz'altro sfruttando il corso della Lima;[66] molto ferro lo indirizzava anche a Villa Basilica, parimenti sulla Lima, dove operavano, come in parte

---

Sancti Quirici» (ma anche 11 bordoni di castagno e due mulate di bordoni attraverso la Lima, e poi attraverso il Serchio, «usque ad pontem Moriani»); e *ivi*, n. 42, c. 15*v*: Niccolò del Chiaro da Firenze domandò a Orso di Stefano da Castelnuovo 4 fiorini «pro guidatura certarum mailarum lignaminis conducti de ponte ad Populum apud Ripamfractam».

61 *Ivi*, *Antichi notai*, n. 204, cc. 89*r*, 120*v*. Da una veloce ricerca effettuata sul portale *Online Tratte of Office Holders 1282-1532*, raggiungibile a partire da <cds.library.brown.edu/projects/tratte/>, è possibile appurare che Chiaro di Bene del Chiaro fu nel collegio dei Priori di Firenze nel 1333, e che Bene del Chiaro aveva ricoperto la stessa carica nel 1319. Su Borgo Allegri cfr. F. Sznura, *L'espansione urbana di Firenze nel Dugento*, Firenze, La Nuova Italia, 1975, pp. 53-54. La casa di Niccolò a Borgo a Mozzano è menzionata in in ASLu, *Antichi notai*, n. 269, II, c. 71*r*.

62 Cfr. *Riformagioni della Repubblica di Lucca (1369-1400)*, II, p. 125.

63 ASLu, *Anziani al tempo della libertà*, n. 439, 11.

64 *Ivi*, *Vicario di Coreglia*, n. 519; nella casa borghigiana che era appartenuta a Niccolò, a un certo punto, si trasferì il notaio Lorenzo del fu ser Bonaccorso da Barga, menzionato sopra (*ivi*, *Antichi notai*, n. 206, c. 105*r*).

65 *Ivi*, *Gabella delle vicarie e del contado*, n. 3; Niccolò importò anche 600 libbre di ferrogio lombardo vecchio venuto da San Marcello Pistoiese. Sulla lavorazione del ferro in Garfagnana cfr. P. Pelù, *Lavorazione e commercio del ferro nella Lucchesia storica, dalle origini al secolo XV compreso*, «Annali Aretini», XIV, 2006, pp. 219-240.

66 ASLu, *Gabella delle vicarie e del contado*, n. 25, I.

si è già visto, spadai e produttori di utensili.[67] D'altro canto, Niccolò non era il solo a esportare il ferro in direzione di Villa Basilica: il 15 ottobre 1370, ad esempio, Bondie di Giovannello da Sant'Andrea vi condusse 500 libbre di metallo sodo.[68] E anche il notaio Boemio da Lizzano, residente a Borgo a Mozzano e frequentemente impiegato come *scriba* dai vicari coreglíesi, era coinvolto nel traffico di minerale grezzo e nella sua, successiva lavorazione.[69]

Un po' di ferro semilavorato, Niccolò lo acquistava: nell'aprile 1379, ad esempio, ne comprò 1000 libbre «in spiagolis» da Giovanni del fu Marcuccio di Fabbriche di Vallico.[70] Egli inoltre possedeva – come molti altri abitanti di quella parte di Garfagnana, assai ricca di corsi d'acqua – delle infrastrutture atte alla lavorazione del metallo.[71] Nel maggio 1374 acquistò un mulino murato e «unam insulam alberatam», comprensiva di un forno, alle Fabbriche di Gello; la metà di quell'impianto fu allocata da Niccolò nel gennaio 1379: stavolta il rogito menzionava esplicitamente la lavorazione del ferro, visto che la locazione riguardava «unum fochum fabrice ad laborandum ferrum».[72] Al fine di approvvigionare di combustibile le ferriere di Gello, nel gennaio 1379 Niccolò acquistò 100 sacche di carbone di castagno.[73]

---

[67] Anche Panello di Bertacca da Corsagna esportava ferro a Villa Basilica (*ivi*, *Gabella delle vicarie e del contado*, n. 25, II).

[68] *Ibid.*, alla data. Cambino di Giuntoro, invece, portò a Villa Basilica 50 libbre di ferri di cavallo e chiodi il 13 ottobre 1381 (*ivi*, n. 26, II, alla data).

[69] Ser Boemio risulta notaio dei vicari di Borgo a Mozzano almeno nel I semestre 1372, II semestre 1373, I semestre 1377, I e II semestre 1378, II semestre 1382 (rispettivamente ASLu, *Vicario di Coreglia*, nn. 7, 515, 15, 20, 519 e 524; i suoi quaderni sono *ivi*, *Antichi notai*, n. 269, I e II); per le partite di ferro sodo inviate a Villa Basilica cfr. ad esempio *ivi*, *Gabella delle vicarie e del contado*, n. 26, IV, alle date 20, 28 e 31 gennaio 1382. Egli possedeva anche una ferriera sulla Lima («fabricam sitam iuxta pontem Lime»), cui ne aggiunse un'altra («ad fabricam suam novam») (*ivi*, alle date 29 aprile e 3 maggio).

[70] *Ivi*, *Antichi notai*, n. 198, II, cc. 175*v*.

[71] Sul fiume Corsonna, nel 1370 Menico del fu Talino da Barga possedeva 1/6 di un impianto «ad arrotandum ferramenta»; sullo stesso fiume, nel 1377, le fonti private censiscono uno stendiferro (*ivi*, *Antichi notai*, n. 196, I, c. 84*v*, e n. 197, III, c. 23*r*). A Motrone, invece, nel 1383 era impiantata una fabbrica «ad faciendum ferrum», così come ve n'erano molte a Fabbriche di Gello (queste ultime sfruttavano l'acqua del torrente Turrite). Nel testamento di Giovanni del fu Antonio, infatti (1383), era menzionata la quarta parte «unius foci fabrice» e 1/8 «unius bactiferri et hedifitii in quo dictum bactiferrum constructum et hedificatum est», comprensivo di tutti gli attrezzi necessari alla lavorazione del metallo (*ivi*, n. 200, I, cc. 37*r*, 78*v*).

[72] *Ivi*, *Antichi notai*, n. 197, I, c. 86*v*; n. 198, II, c. 9*r*.

[73] *Ivi*, *Antichi notai*, n. 198, II, c. 12*r*. Infine, il commercio e la lavorazione del ferro si accompagnavano, tra gli affari di Niccolò, alla concessione di prestiti a privati e comunità della vicaria (*ivi*, n. 269, II, cc. 49*v* e 113*r*; *ivi*, n. 198, II, c. 140*r*).

Alcuni dettagli relativi alle attività economiche in cui Niccolò era implicato sono forniti dal suo testamento, rogato, nel settembre 1379, da ser Lorenzo da Barga: esso rivela che il Del Chiaro, che voleva essere sepolto presso la chiesa di S. Iacopo, aveva sposato una nobildonna garfagnina, Linora del fu Strinato dei conti di San Michele. Dalle sue ultime volontà emergono anche i legami d'affari intrecciati proprio con alcuni esponenti della società di Borgo a Mozzano: come quello con Cristofano toppaio barghigiano, residente nel nostro villaggio.[74] Nel 1383 Niccolò era sicuramente morto, visto che, a quella data, della sua abitazione borghigiana risultavano titolari gli eredi; nel 1386, invece, la vedova Linora – vendendo la dimora fiorentina di Borgo Allegri menzionata sopra – recise l'ultimo filo che legava la schiatta a Firenze.[75]

Alcune conclusioni

Provando a tirare le fila di quanto detto sin qui, individuerei un punto nodale nella non applicabilità del modello proposto da Epstein. Com'è noto, lo schema interpretativo dello storico americano poggia sul ruolo delle istituzioni: il superamento del particolarismo istituzionale, grazie alla progressiva riduzione dei costi di transazione e a una più accentuata possibilità dell'*enforcement* in mano al potere pubblico, avrebbe costituito un ingrediente fondamentale della prosperità economica in tanto in quanto divenne un fattore che agevolò il commercio.[76]

Siffatta prospettiva non pare trovare attuazione a Borgo a Mozzano, insediamento che, anzi, proprio nel suo carattere frontaliero e, per alcuni decenni, centrifugo ed eccettuativo sembrava trovare preziosa linfa. Dal quadro sin qui tracciato emerge anche che era proprio la frammentazione istituzionale a far crescere – in valore assoluto e anche in qualità – il ceto imprenditoriale borghigiano (si rammentino coloro che lasciarono Barga quando la cittadina lucchese si sottomise al comune di Firenze nel 1343). In quest'accezione la valle del Serchio assomiglia alle Alpi Giulie studiate da Tommaso Vidal, che ha mostrato come in quel contesto, anziché frenare l'economia, le barriere fiscali abbiano stimolato una forma di integrazione

---

74 *Ibid.*

75 *Ivi*, *Antichi notai*, n. 200, I, c. 336*v*, e n. 204, cc. 89*r* e 120*v*. Il figlio di Niccolò era Giuliano, il cui tutore, Antonio di Berto, nel 1390 produsse «libros signatos litteris L et N, videlicet 1387 et 1389»: *ivi*, *Vicario di Coreglia*, n. 43, alla data 16 aprile.

76 Epstein, *Freedom and Growth*, cit.

economica segmentata, raggiunta tramite accordi e privilegi locali che facilitavano il commercio e creavano vantaggi comparativi.[77]

Le persone dei luoghi vicini alla vicaria di Coreglia trovarono a Borgo a Mozzano un vero e proprio posto al sole, una località in cui fare affari al mercato o da cui dirigere i traffici commerciali via terra o via fiume. A dispetto di una popolazione indigena dalle dimensioni tutto sommato ridotte, non abbastanza numerosa da fare di Borgo a Mozzano una piccola patria,[78] vi s'intravedono ugualmente i contorni di una società complessa e vivace – che si è definita 'di frontiera' – che beneficiava della possibilità di muoversi a cavallo tra il distretto di Lucca e quello di Firenze, scegliendo di volta in volta come rappresentarsi e quale cittadinanza conservare e / o assumere (quella barghigiana, quella fiorentina, quella lucchese). Quella società di frontiera poggiava sulla peculiare conformazione geografica del territorio, non trovando particolari ostacoli nella divisione istituzionale.

All'interno del quadro sin qui tracciato, non è da trascurare il fatto che la nascita del *forum* borghigiano avvenne sull'impulso dato dall'iniziativa signorile (quella di Francesco Antelminelli) all'interno di uno spazio formalmente soggetto alla *iurisdictio* di una *civitas* del rango di Lucca; un mercato del quale – ed è questo un secondo fattore da tenere presente – le fonti permettono di ricostruire il giro d'affari, che era pari al bilancio di una città. Restano, però, interamente da approfondire le fasi successive alla seconda metà del XIV secolo: cosa successe nel Quattrocento, durante la dominazione guinigiana? E quando, soprattutto, cominciò l'inversione di tendenza che portò il *forum* borghigiano a deperire? Domande da lasciare al vaglio di future ricerche.

---

77 T. Vidal, *Fiscality and infrastructures, fiscality as infrastructure: the role of taxation in the shaping of economic landscape in the Julian Alps (13th-15th century)*, «Quaderni del MAES», XXI, 2023, pp. 15-50.

78 Il riferimento è a M. Ginatempo, *"Piccole patrie": le peculiarità dell'urbanesimo minore nell'Italia centrosettentrionale del Basso Medioevo*, in *La ciudad de los campesinos: villas nuevas, pequeñas villas, villas mercado*, Actas de la conferencia (Estella-Lizarra, 17-20 julio 2018), Pamplona, Gobierno de Navarra, 2020, pp. 91-118.

Sergio Tognetti

CONCLUSIONI

Nella sua premessa al convegno Giuliano Pinto ha osservato come il binomio centri minori e mercati fornisca una prospettiva privilegiata per indagare fenomeni di media e lunga durata nella storia della Toscana tra basso Medioevo e prima Età Moderna. Questo perché lo studio dei mercati presenti negli insediamenti non urbani della regione costringe a riflettere contemporaneamente su aspetti di natura economica, demografica, sociale e politico-istituzionale. In realtà ciò è vero per gran parte dell'Italia comunale e probabilmente anche per altre realtà della Penisola e dell'Europa occidentale. Tant'è che la storiografia europea più sensibile alla commercializzazione della vita nelle campagne basso medievali è, come ricordato da più di un autore di questo volume, quella anglosassone.[1] La quale, tuttavia, si è confrontata (e si confronta) con un regno feudale relativamente sottopopolato e decisamente meno urbanizzato rispetto agli standard dell'Europa meridionale: ne consegue che in Inghilterra la commercializzazione delle campagne corrisponda di fatto alla commercializzazione *tout court* del Regno plantageneto. Una asserzione che sarebbe difficilmente applicabile all'Italia comunale dove il mercato per eccellenza è soprattutto quello cittadino.

Ma il vero specifico della Toscana è quello costituito da una sorta di storia fatta «a passo di gambero».[2]

Quando i riflettori delle fonti riescono finalmente a proiettare una luce significativa sul complesso della maglia insediativa della Toscana (siamo grosso modo nei decenni a cavaliere del 1200), il particolarismo politico

---

1 Uno degli studiosi britannici più significativi da questo punto di vista è stato certamente Richard Britnell, di cui si veda almeno la raccolta di saggi intitolata *Markets, trade and economic development in England and Europe, 1050-1550*, Farnham (UK)-Burlington (USA), Ashgate, 2009.

2 Ricordo di essere stato colpito da questa espressione usata in un convegno tanti anni fa da Carlo Pazzagli (contemporaneista molto interessato alle lontane origini medievali della Toscana ottocentesca), all'epoca membro del collegio di dottorato presso il quale mi stavo formando.

ed economico regionale risultava assai accentuato, con una ancora blanda opera di coordinamento esercitato dai centri urbani: a dominare la scena era una pletora di insediamenti di grandezza eterogenea, per lo più incastellati, di cui alcuni già organizzati nella forma del comune rurale solo formalmente posti sotto la giurisdizione cittadina, altri inseriti in circoscrizioni signorili ormai sulla via di un più o meno rapido declino. Per questo motivo, giusto due decenni or sono, Giuliano Pinto e Paolo Pirillo curarono gli atti di un convegno sul Valdarno superiore fra XII e XIII secolo utilizzando il titolo evocativo 'Lontano dalle città'.[3]

In un contesto di marcata frammentazione, lo sviluppo delle attività commerciali e l'organizzazione di un mercato stabile parevano essere tra gli elementi più diffusi nella società toscana del tempo: nuovi insediamenti nacquero tra XII e XIII secolo proprio come luoghi di mercato situati prevalentemente nei fondovalle (i cosiddetti 'mercatali'), dove si incontravano i 'castellani' residenti nei centri di altura. Nel corso del Duecento non pochi popolosi castelli, che noi definiamo centri minori avendo come metro di riferimento prossime realtà urbane popolate da decine di migliaia di abitanti, palesavano una densità demografica e una articolazione socio-economica simile a quella di tante piccole città (in qualche caso dire anche medie) dell'Europa continentale e settentrionale.[4] E da quelle realtà sarebbero emersi anche uomini d'affari di profilo regionale, quando non anche espressamente internazionale: basterebbe semplicemente richiamare i nomi dei Franzesi di Figline Valdarno e dei Borromei di San Miniato al Tedesco.[5] Ma la ricerca storica ha documentato tanti percorsi di affer-

---

[3] *Lontano dalle città. Il Valdarno di Sopra nei secoli XII-XIII*, Atti del convegno (Montevarchi-Figline Valdarno, 9-11 novembre 2001), a cura di G. Pinto e P. Pirillo, Roma, Viella, 2005. Quasi a ridosso sarebbe uscita una sorta di pubblicazione gemella, anch'essa dal titolo decisamente parlante: *Il Valdarno inferiore terra di confine del Medioevo (Secoli XI-XV)*, Atti del convegno di studi (30 settembre-2 ottobre 2005), a cura di A. Malvolti e G. Pinto, Firenze, Olschki, 2008.

[4] Relativamente al territorio del Sacro Romano Impero nel periodo compreso tra la metà circa del XIII secolo e gli anni '30 del Trecento, è stata proposta la seguente classificazione: 50-60 Grosstädte («big towns or cities») con una popolazione di oltre 10mila abitanti, residenti su una superficie superiore a 100 ettari; 450-500 Mittelstädte («middle size towns») con una popolazione compresa tra 2mila e 10mila abitanti e un'area di 20-100 ettari. Cfr. P. JOHANEK, *Seigneurial power and the development of towns in the Holy Empire*, in *Lords and towns in Medieval Europe. The European historic towns atlas project*, ed. by A. Simms and H.B. Clarke, Farnham (UK)-Burlington (USA), Ashgate, 2015, pp. 117-154: 142.

[5] Sui Franzesi v. P. PIRILLO, *Famiglia e mobilità sociale nella Toscana medievale. I Franzesi Della Foresta da Figline Valdarno (secoli XII-XV)*, Firenze, Opus libri-Comune di Figline Valdarno, 1992, capp. 1-2; A. ASTORRI, *Franzesi Albizzo, detto Biccio*, in *Dizionario Biografico degli Italiani*, vol. 50, Roma, Treccani, 1998, pp. 259-262; EAD., *Franzesi Giovanni Paolo (Ciampolo), detto Musciatto, ivi*, pp. 262-264; EAD., *Franzesi Niccolò, ivi*, pp. 266-268. Sui Borromei cfr. V. MAZZONI, *San Miniato al Tedesco. Una terra toscana nell'età dei comuni (secoli XIII-XIV)*, Pisa, Pacini, 2017, partendo dall'indice dei nomi.

mazione professionale nello spazio euromediterraneo due-trecentesco da parte di operatori economici toscani originari di piccoli centri, come quei mercanti di Montopoli nel Valdarno inferiore documentati dai notai genovesi operanti a Laiazzo nel regno della Piccola Armenia negli anni '70 del XIII secolo.[6] Insomma, la rivoluzione commerciale in Toscana non è stato un fenomeno circoscritto alle città, ma ha coinvolto una buona parte di quei ceti eminenti comitatini che avevano fatto la loro prima fortuna proprio nei borghi campagnoli.

Alla metà del Quattrocento, il quadro risultava quanto mai cambiato: l'assoggettamento politico dei contadi da parte delle maggiori città, la progressiva urbanizzazione delle élites campagnole, il crollo demografico successivo al 1348 e la successiva formazione dello Stato regionale fiorentino si accompagnarono a una caduta generalizzata di tutti gli indici economici relativi all'insieme delle comunità soggette. Le poche eccezioni riguardarono in larga misura i centri di confine, posti a doverosa distanza dalla Dominante e con una struttura produttiva complementare rispetto alla esigenze di Firenze, come nei casi più macroscopici di Pescia e di Borgo San Sepolcro (preziosi fornitori di materie prime per le industrie della lana e della seta, nonché produttori di manufatti peculiari quali la carta e i veli di cotone),[7] oppure, su scala più ridotta, in quelli dei grossi borghi del Casentino e della cosiddetta Romagna toscana (posti 'al riparo' da barriere montuose).[8] In realtà non andò affatto meglio nei più ridotti stati di Siena e di Lucca, con il particolarismo comitatino che finiva per ridursi non di rado a residualità rurale. Solo nel contesto granducale, cioè in una dimensione governativa che per la prima volta si proponeva consapevolmente di superare i modelli politici comunali, l'andamento del rapporto tra la capitale e il suo Stato (ora

---

[6] L. Balletto, *Notai genovesi in Oltremare. Atti rogati a Laiazzo da Federico di Piazzalunga (1274) e Pietro di Bargone (1277, 1279)*, Genova, Università di Genova, 1989, pp. 32, 33.

[7] Su Pescia è ancora imprescindibile la lettura di J.C. Brown, *Pescia nel Rinascimento. All'ombra di Firenze*, trad. it., Pescia, Benedetti, 1987. Su Borgo San Sepolcro la bibliografia è più densa: si può partire da alcuni saggi contenuti nel recente volume *Politica, economia, società nell'Alta Valle del Tevere (secoli XV-XVI): Sansepolcro, Città di Castello, Sestino*, a cura di A. Czortek e M. Martelli, Firenze, Olschki, 2024.

[8] Sul Casentino si veda da ultimo A. Barlucchi, *Note sull'andamento demografico e sulla struttura sociale in Casentino nel basso Medioevo*, «Annali Aretini», XXIX, 2022-2023, pp. 9-28. Sulla Romagna toscana v. *Romagna Toscana. Storia e civiltà di una terra di confine*, a cura di N. Graziani, 2 voll., Firenze, Le Lettere, 2001 e *Storia di Modigliana. Le città della Romagna toscana*, a cura di N. Graziani, 2 voll., Firenze, Le Lettere, 2010. Per un confronto tra le economie delle aree appenniniche e quelle dei centri rurali di collina e di pianura, mi permetto di rimandare a S. Tognetti, *Manifatture e commerci nell'Appennino tosco-emiliano e tosco-romagnolo (secoli XIII-XVI)*, in *Insediamenti, economia e società in aree di montagna. Appennino settentrionale, Alpi occidentali (secoli XII-XVI)*, a cura di F. Panero e G. Pinto, Cherasco, CISIM, 2023, pp. 261-282.

decisamente più grande, visto l'assorbimento del vasto anche se spopolato dominio senese) avrebbe cominciato a invertirsi. Purtroppo, questa maggiore attenzione del centro verso la periferia sarebbe maturata in un contesto economico (oltre che politico) nel quale ormai Firenze e la Toscana (e buona parte della Penisola) non giocavano più con le migliori carte del mazzo.

Solo da questi troppo sommari ragguagli si evince chiaramente come lo studio dei mercati nei centri minori assuma una notevole rilevanza euristica per le vicende storiche della nostra regione nel medio e nel lungo periodo. In via preliminare, tuttavia, il primo nodo da risolvere è cosa si intenda per 'centri minori'. Nella griglia di questionario proposto in apertura da Giuliano Pinto è stato posto un limite verso l'alto, superato il quale non è più possibile utilizzare questa definizione.[9] Ad esempio, pur se priva di vescovo, Prato, con i suoi 15.000 abitanti a inizio Trecento, è da considerarsi sicuramente una città e, per quanto meno popolose, anche Colle Val d'Elsa e San Gimignano sarebbero da collocare al di sopra dei 'centri minori'. La soglia demografica massima, dunque, potrebbe essere posta intorno ai 5.000 abitanti: una cifra toccata nei primi decenni del XIV secolo da Montepulciano, Montalcino, San Miniato al Tedesco e forse sfiorata da Borgo San Sepolcro. Ciononostante, alcuni autori del presente volume hanno puntato la loro attenzione anche su insediamenti che, come Cortona e Massa Marittima (la prima forse di poco al di sopra dei 10.000 abitanti, la seconda appena sotto tale soglia), definirei senza ombra di dubbio delle città, pur se di piccole dimensioni, oltretutto dotate di diocesi. Nessuna indicazione, viceversa, è stata fornita per un eventuale limite verso il basso. E infatti nessun autore si è fatto scrupolo di scendere nella sua analisi sino a realtà quasi puntiformi. Questo naturalmente pone qualche problema, perché le dinamiche che attraversarono la storia dei mercati rurali e dei centri campagnoli a vocazione commerciale non possono essere le stesse se il punto di osservazione è costituito da rilevanti castelli quali Pietrasanta, Camaiore, Bientina, Piombino, Fucecchio, Empoli, Poggibonsi, Radicondoli, Asciano, Montalcino, Montepulciano, Castiglion Fiorentino, Bibbiena, Poppi, San Giovanni, Figline, Montevarchi, Borgo San Lorenzo oppure da minuscoli insediamenti come quelli studiati per alcune zone collinari del contado pisano a sud dell'Arno, per le Crete senesi, la Val d'Orcia e la Maremma

---

[9] Quanto enunciato nella premessa a questo volume è stato più dettagliatamente esplicitato in G. PINTO, *Non solo città. Geografia e spazi di potere dei centri minori toscani (secoli XIII-XIV)*, in *El poder entre la ciutat i la regió*, ed. por F. Sabaté i Curull, Lleida, Pagès Editors, 2018, pp. 43-61. Sulla stessa linea d'onda si colloca M. GINATEMPO, *La popolazione dei centri minori dell'Italia centro-settentrionale nei secoli XIII-XV. Uno sguardo d'insieme*, in *I centri minori nel tardo Medioevo. Cambiamento sociale, crescita economica, processi di ristrutturazione (secoli XIII-XVI)*, a cura di V. Lattanzio e G.M. Varanini, Firenze, FUP, 2018, pp. 31-79.

(tanto pisana quanto senese), per non parlare di una realtà, sicuramente interessante ma davvero *sui generis*, come quella di Borgo a Mozzano nella bassa Garfagnana.

Scendendo nel dettaglio dei contributi, segnaliamo innanzitutto una ovvietà. E cioè la rilevanza trasversale delle tematiche di natura economica, che però sono state declinate in maniera abbastanza differente. Nel saggio di Paolo Pirillo, che ha un approccio sensibile tanto alla formazione e all'evoluzione della maglia insediativa quanto al ruolo determinante esercitato dalle istituzioni politiche, la rete dei mercati presenti nei contadi di Firenze e delle maggiori città della regione è stata indagata per il periodo compreso tra metà Duecento e metà Quattrocento nell'ottica privilegiata del rapporto tra comunità soggette e Dominante. In questo senso, a una prima fase, sostanzialmente precedente la Peste Nera, caratterizzata da un lento ma progressivo inquadramento dei mercati locali e sub-regionali da parte dei centri urbani con un'approssimazione gerarchica che pare concedere benefici universalmente distribuiti, anche se con gradazioni assai differenziate, fa seguito abbastanza repentinamente un momento di forte selezione, con la scomparsa di tanti mercati rurali e il definitivo assoggettamento delle economie campagnole alle esigenze della Dominante. Del resto, come ricorda lo stesso Pirillo, alcuni decenni or sono David Herlihy e Paolo Malanima avevano tracciato un percorso di 'razionalizzazione' delle strutture economiche regionali all'insegna del trionfo di Firenze e della virtuale depressione di tante comunità soggette (non solo centri minori ma anche città): una posizione, quella relativa all' 'eliocentrismo' fiorentino, poi ripresa negli anni '90 del secolo scorso da Stephan Epstein, con un più robusto armamentario teoretico che portò lo studioso anglosassone a parlare di cannibalizzazione della Toscana da parte di Firenze.[10] Tra tutte le relazioni, direi che quella di Pirillo ha indubbiamente il merito di fornire uno sguardo di lungo periodo, non solo e non tanto per l'arco cronologico analizzato, quanto per l'obiettivo di trovare un filo conduttore nella storia plurisecolare dei centri minori toscani e delle loro attività commerciali regolamentate.

In chiusura del volume, il denso contributo di Alberto Malvolti su Fucecchio, indagato attraverso le sue straordinarie fonti fiscali di primo Trecento (mi riferisco in particolare, ma non solo, ai registri tenuti dai 'dazzaioli' comunali negli anni 1316-1320) costituisce un esemplare applicazione del modello tratteggiato da Pirillo. Il castello del medio Valdarno inferiore,

---

10 Per una panoramica sulle politiche economiche di Firenze e delle altre città toscane mi permetto di rinviare a S. Tognetti, *Il governo delle manifatture nella Toscana del tardo Medioevo*, in *Il governo dell'economia. Italia e Penisola Iberica nel basso Medioevo*, a cura di L. Tanzini e S. Tognetti, Roma, Viella, 2014, pp. 309-332.

posto all'incrocio di plurimi e rilevanti assi di comunicazione terrestri e fluviali, vive una non breve stagione di prosperità nel periodo compreso tra la metà del XIII secolo e gli anni immediatamente precedenti l'arrivo della peste. Sfruttando il copioso flusso di merci e uomini che transitavano nel loro territorio e giocando politicamente di sponda tra il comune di Lucca e quello di Firenze che si contendevano il controllo del medio corso dell'Arno, i terrazzani di Fucecchio riuscirono a costruire una società nella quale il commercio locale si intersecava con quello regionale: le regolamentazione di più luoghi di mercato in funzione di attività commerciali differenti e complementari rappresenta la spia della piena consapevolezza politica di un ceto dirigente, capace di riprodurre su piccola scala le dinamiche tipiche dei maggiori comuni toscani di Popolo, con tanto di schieramenti interni declinati nella forma della fazione. All'apice del suo sviluppo, al quale i commercianti e gli artigiani locali avevano contribuito in maniera determinante, Fucecchio sfiorava i 3.000 abitanti. Dopo il 1348 il declino demografico si accompagnò a un crescente controllo di Firenze sulle vie di comunicazione e sulla gestione della fiscalità indiretta. Il progressivo assoggettamento ai desiderata della Dominante pose le premesse per la successiva penetrazione del capitale fiorentino nelle campagne del medio Valdarno inferiore.

Leggere varianti al quadro interpretativo appena proposto sono offerte dai contributi di Ceccarelli e Garzella sul contado pisano e da Marrocchi sulla Val di Chiana. Nel primo caso, pare che l'esigenza di controllo cittadino sui mercati rurali e sulle istituzioni preposte al loro governo fosse addirittura in anticipo rispetto alle realtà della Toscana interna. L'impressione, generata all'analisi dei casi di Vicopisano e Bientina, potrebbe tuttavia essere parzialmente ingannevole. Innanzitutto, perché, tra la fine del XII secolo e l'inizio del XIII, i due centri risultavano nell'orbita dei diritti fiscali e signorili dell'arcivescovo, o comunque di autorità ecclesiastiche legate alla mensa dell'arcidiocesi pisana. Non sembra dunque il Comune a trarre direttamente beneficio dai traffici commerciali gravitanti sul basso Valdarno inferiore, ma un'autorità signorile, per quanto incardinata nella chiesa cattedrale di una città molto importante: viene quindi il dubbio che le realtà di Vicopisano e Bientina siano più espressione di logiche di sfruttamento economico 'vecchio stampo', certamente rinvigorite dal trattato commerciale tra Firenze e Pisa del 1171, capace di trasformare la strada del Valdarno inferiore nel principale vettore commerciale della regione accanto alla via Francigena.[11] Inoltre, niente di simile si trova in altre località

---

[11] Cfr. E. Faini, *Firenze nell'età romanica (1000-1211). L'espansone urbana, lo sviluppo istituzionale, il rapporto con il territorio*, Firenze, Olschki, 2010, pp. 118-120.

del contado pisano a quell'altezza cronologica: né lungo la fascia costiera, né sulle colline interne. Lo stretto controllo su quello che indubbiamente era il più importante castello del contado, nonché indispensabile porto di ripiego per la marina pisana, cioè Piombino, appare evidente solo con il primo Trecento, non prima. Trova, viceversa, un punto di coincidenza con il quadro generale disegnato da Pirillo la generale depressione demografica ed economica riscontrabile nel periodo successivo alla Peste Nera: un fenomeno al quale devono aver contribuito anche fattori locali, quali la decadenza economica e politica della città, nonché l'essere stato il contado pisano un'area di guerra per eccellenza nella seconda metà del XIV secolo.

Al polo opposto della regione è indirizzato il contributo di Marrocchi, incentrato sulla Val di Chiana, o meglio sulla porzione (maggioritaria) delle Chiane che dalla metà del Cinquecento sarebbe stata ricompresa nel principato mediceo. Qui l'analisi, che poggia in larga misura sugli statuti comunali locali redatti tra la fine del XIII secolo e la prima metà del XVI, non ha una evidente prospettiva diacronica. L'obiettivo dell'Autore non è tanto quello di cogliere un'evoluzione storica plurisecolare, quanto ricostruire le caratteristiche della vallata in riferimento alle specifiche condizioni ambientali e alla relativa lontananza dei centri della subregione dalle città che per secoli si contesero l'area (Arezzo, Perugia, Siena e da ultimo Firenze). La documentazione normativa, relativa a Foiano, Sarteano, Chianciano, Chiusi, Castiglion Aretino (poi Fiorentino) e soprattutto Cortona, mette in luce un'economia locale integrata con il contesto paludoso dell'area, contrassegnata da una valorizzazione della pesca e del commercio ittico, così come dai trasporti via acqua e dalla caccia agli uccelli acquatici. Ma non mancavano colture specializzate, destinate a mercati non necessariamente locali, quale ad esempio la robbia, ampiamente utilizzata nelle tintorie delle manifatture tessili urbane.[12] Insomma, l'incolto si rivelava più una risorsa che un handicap. Al contempo, la stessa debole pressione antropica rendeva possibile una coltura estensiva dei cereali, anche in questo caso non di rado destinati all'esportazione. Il problema di questa ricostruzione è che Marrocchi considera Cortona, la realtà meglio documentata per il XIV secolo, anche per la recente edizione dello Statuto del 1325 (in una pubblicazione corredata da importanti saggi tematici di approfondimento), alla stregua di un centro minore, quando invece parrebbe a tutti gli effetti un centro urbano: diversamente non si spiegherebbe perché, giusto al tempo dello Statuto, Cortona fosse 'premiata' con la costituzione di una sua diocesi. Da

12 Si veda da ultimo M. Harsch, *La teinture et les matières tinctoriales à la fin du Moyen Âge. Florence, Toscane, Méditerranée*, Roma, Viella, 2024, pp. 313-315.

un punto di vista meramente economico, il mercato cortonese dei panni era tipico di una realtà cittadina, con un raggio di azione che nel primo Trecento arrivava addirittura a captare, con l'intermediazione di commercianti fiorentini (tra cui il cronista Dino Compagni), le ricche produzioni lombarde.[13] E ancora, nella prima metà del Quattrocento una grande compagnia fiorentina, come quella gestita da Antonio di Salvestro Serristori, era in affari con alcuni imprenditori mercantili cortonesi.[14]

Diverso, e veramente peculiare nella sua specificità, è viceversa il caso di Borgo a Mozzano. Il centro, situato nella porzione più meridionale della Garfagnana, pur godendo di una posizione favorevole per tutti i traffici che si snodavano tra Lucca e i valichi dell'Appennino tosco-emiliano, con una certa compenetrazione tra economia locale e circuiti sovraregionali, si trovava a vivere un momento di particolare vivacità nei decenni centrali del Trecento. Qui le dinamiche demografiche ebbero un impatto esiguo, anche perché Borgo a Mozzano era poco più di un filare di case, botteghe e magazzini disposti lungo la strada. La differenza, invece, la fece una contingenza di natura politica. Nel 1331 Giovanni di Boemia prendeva possesso di Lucca e due anni dopo concedeva a Francesco Castracani degli Antelminelli la vicaria di Coreglia, all'interno della quale ricadeva anche il piccolo borgo garfagnino. Nei quattro decenni scarsi in cui questa porzione di contado lucchese venne scorporata e amministrata dal Castracani e dai suoi eredi, Borgo a Mozzano vide nascere e svilupparsi un mercato capace di attirare piccoli, medi e talora anche grandi operatori economici. Paganelli descrive questo insediamento come un villaggio di strada e una micro-società di frontiera, dove al normale commercio locale imperniato sulle risorse di una civiltà di bassa montagna, si sommarono presto gli interessi di mercanti capaci di far arrivare e poi lavorare nelle 'fabbriche' del territorio il ferro dell'isola d'Elba, di commercializzare i tronchi di abete delle foreste appenniniche, i panni garfagnini e persino le spezie. Utilizzando in maniera assai efficace i registri delle gabelle degli anni '60 e '70 del Trecento, Paganelli ricostruisce un giro d'affari notevolissimo (quasi 20.000 lire annue), al quale partecipavano operatori valligiani, lucchesi e persino fiorentini. Questa singolare realtà 'interstiziale', maturata in un contesto di felice lontananza istituzionale dal mondo urbano (secondo un modello

---

13 A. Barlucchi, *L'economia cortonese alla luce dello statuto*, in *Statuto del comune di Cortona (1325-1380)*, a cura di S. Allegria e V. Capelli, saggi introduttivi di A. Barlucchi, P. Licciardello e L. Tanzini, Firenze, Olschki, 2014, pp. 23-48: 35-37; S. Tognetti – V. Vestri, *Nuovi documenti su Dino Compagni*, «Archivio Storico Italiano», CLXXVIII, 2020, pp. 577-617: 583, 584, 587.

14 S. Tognetti, *Da Figline a Firenze. Ascesa economica e politica della famiglia Serristori (secoli XIV-XVI)*, Firenze, Opus libri, 2003, pp. 78-80, 83, 85.

che l'Autore ravvisa in altri esempi appenninici e prealpini del nord-Italia), viene fotografata in un arco cronologico tutto sommato limitato (meno di mezzo secolo) e dunque non è dato sapere cosa sia accaduto al mercato di Borgo a Mozzano una volta che la vicaria di Coreglia tornò sotto il controllo di Lucca. L'impressione di una esperienza indubbiamente felice ma tutto sommato fuori della norma è forte.

Gli aspetti più propriamente istituzionali, relativi cioè alle norme che regolavano lo svolgimento dei mercati rurali e delle fiere a dimensione locale, costituisce il cuore del contributo di Alessandro Dani, incentrato sullo Stato senese tra XIV e XVI secolo. Lo strumento principe per analizzare questi aspetti è costituito da una massa notevole di statuti comunali, oltre che da alcuni statuti corporativi sopravvissuti per una manciata di Comuni di castello: è il caso, ad esempio, di Radicondoli (Arte della lana, 1308), oppure di Montepulciano (Arte dei calzolai, 1326, 1330-37) e di Asciano (Arte dei calzolai, 1455). Tra i fili conduttori che attraversano una normativa pulviscolare, pletorica e a tratti decisamente sovradimensionata, anche in considerazione della grave crisi economica e demografica attraversata dalle campagne senesi fra Tre e Quattrocento (documentata dalle numerose ricerche di Maria Ginatempo e non solo),[15] si possono individuare: un crescente interventismo della Dominante nell'orientare la disciplina non solo di pesi e misure, ma anche di prezzi, gabelle, mezzi di pagamento, importazioni ed esportazioni delle merci da un determinato territorio; un approccio alle attività commerciali non sempre in linea con i principi del libero mercato, ma anzi forse più aderente all'idea che i mercati fossero il luogo di composizione di un «ragionevole equilibrio di interessi». La percezione dei mercati e delle fiere locali come elementi di pubblica utilità si coglie anche da un altro aspetto, e cioè dalle norme statutarie che (da Pienza a Chiusi a Sarteano) imponevano l'obbligo (anche per i mezzadri!) di recarsi nel luogo prestabilito per gli scambi e portare almeno qualcosa delle proprie eccedenze. Il contributo di Dani, come quello di Marrocchi, non si interessa più di tanto degli aspetti evolutivi, ma questa caratteristica impo-

---

15 M. Ginatempo, *Crisi di un territorio. Il popolamento della Toscana senese alla fine del Medioevo*, Firenze, Olschki, 1988; Ead., *Uno 'stato semplice': l'organizzazione del territorio nella Toscana senese del secondo Quattrocento*, in *La Toscana al tempo di Lorenzo il Magnifico. Politica, economia, cultura, arte*, Atti del convegno di studi promosso dalle università di Firenze, Pisa e Siena (Firenze-Pisa-Siena, 5-8 novembre 1992), 3 voll., Pisa, Pacini, 1996, III, pp. 1071-1101; R. Farinelli – M. Ginatempo, *I centri minori della Toscana senese e grossetana*, in *I centri minori della Toscana nel Medioevo*, Atti del convegno internazionale di studi (Figline Valdarno. 23-24 ottobre 2009), a cura di G. Pinto e P. Pirillo, Firenze, Olschki, 2013, pp. 137-197; D. Cristoferi, *Il «Reame» di Siena. La costruzione della Dogana dei Paschi e la svolta del tardo Medioevo in Maremma*, Roma, ISIME, 2021.

sitiva e dirigista si avverte soprattutto negli statuti tardo quattrocenteschi e cinquecenteschi, come se a livello locale (ma con implicito input dall'alto) si volesse dare una scossa per legge alla sonnolenta economia rurale di larga parte del dominio senese.

Completa il quadro il saggio di Gianluca Belli, imperniato sugli aspetti relativi ai luoghi fisici nei quali si tengono mercati e fiere nei centri minori della Toscana: insieme a quello di Paolo Pirillo è il contributo che si sviluppa in una prospettiva pienamente regionale.

Belli introduce preliminarmente la necessaria distinzione tra gli spazi deputati al quotidiano commercio al dettaglio, quelli concessi per l'attività degli ambulanti, quelli per i mercati settimanali 'generalisti', per i 'fori' specializzati in determinati articoli merceologici e per le vere e proprie fiere. Questa opportuna ripartizione inficia, infatti, sulla destinazione, la disciplina e la gestione di spazi specifici; ciò non toglie che le varietà locali prendessero vie a volte molto diverse le une dalle altre, perché il governo delle attività commerciali doveva fare i conti con una urbanistica spesso consolidata, fatto salvo il caso delle terre nuove due-trecentesche (Pietrasanta, Camaiore, Scarperia, San Giovanni, Firenzuola, ecc.), dove invece era stato possibile programmare sin dalla fondazione uno o più luoghi specifici deputati a mercati e fiere. Una cospicua variante ulteriore alla direzione degli spazi è legata allo sviluppo duecentesco dei 'mercatali', cioè quelli luoghi di mercato posti di norma nei fondovalle e su cui si riversò la popolazione dei villaggi e dei castelli di altura. Alcuni di questi, com'è noto, ebbero modo di svilupparsi immediatamente fuori dal perimetro murario, generando un sobborgo poi successivamente inglobato dall'espansione urbanistica e da una nuova cerchia di mura (esemplari in questo senso i casi di Pescia, Bientina, Foiano della Chiana, Figline Valdarno, ecc.), altri dettero i natali a nuovi insediamenti destinati a una certa fortuna, come nei casi di Greve e Gaiole nel Chianti, Borgo San Lorenzo e Vicchio nel Mugello, Stia e Pratovecchio in Casentino, ecc. Interessante, infine, l'analisi delle infrastrutture di supporto allo svolgimento delle attività mercantili, quali portici e logge, che non di rado qualificano dal punto di vista architettonico i luoghi di mercato.

In conclusione, dobbiamo certamente salutare con soddisfazione l'esito di questa pubblicazione, sottolineando la ricchezza e la varietà degli interventi in essa contenuti. Questo, però, credo debba essere interpretato solo come il primo passo verso una ulteriore valorizzazione del tema, che potrà essere meglio compreso solo con il ricorso a un duro (e ormai sempre meno apprezzato) lavoro d'archivio da condurre, soprattutto per il tardo Medioevo, su una massa ancora poco studiata di documentazione notarile e non solo. A mero titolo di esempio segnalo, da una parte, la serie impressionante di protocolli del fondo *Notarile Antecosimiano* relativi a numerosi castelli romagnoli ricompresi nel dominio fiorentino fra Tre e Quattrocento (Modigliana, Dovadola, Marradi, Palazzuolo, Castrocaro, Tredozio, Portico, Bagno, ecc.);[16] dall'altra un libro di debitori e creditori tenuto dal camarlingo di Camaldoli negli anni 1395-1398, contenente abbondanti riferimenti ad artigiani di varie località del Casentino: fabbri, maniscalchi, cuoiai, speziali, vasai, beccai, sellai, calzolai, muratori, filatrici di lana, lavoratori agricoli e molti pastori;[17] infine, un libro contabile di un centinaio di carte, tenuto negli anni 1447-1476 da Pagno di Donato commerciante originario di Castel San Giovanni ma residente a Terranuova.[18]

Naturalmente, una ricerca puntuale su fonti capaci di illuminare realtà locali non dovrà prescindere da un'ottica comparativa che ambisca a travalicare i confini della regione, da un approccio di lungo periodo che renda più comprensibili i fili rossi della storia, da una selezione consapevole dell'arco cronologico oggetto dell'indagine che valorizzi le congiunture di breve, medio e lungo periodo.

---

[16] Ho attualmente in corso un lavoro su due protocolli appartenuti ad altrettanti notai modiglianesi: Archivio di Stato di Firenze = ASF, *Notarile Antecosimiano*, 1984 (Battista di Bartolo, 1408-1415), 5559 (Contado di Guidotto di Mazzetto da Monte Acuto, 1414-1422).

[17] ASF, *Camaldoli, Appendice*, 566.

[18] *Ivi*, *Corporazioni religiose soppresse dal governo francese*, 116, 38.

INDICE DEI NOMI DI LUOGO*

* L'indice non comprende i nomi di luogo che compaiono nelle didascalie delle figure e i nomi generici come Europa, Toscana etc. Sono esclusi anche i riferimenti toponomastici a chiese, monasteri e monumenti che sono reperibili sotto i rispettivi nomi locali.

INDICE

FINITO DI STAMPARE
PER CONTO DI LEO S. OLSCHKI EDITORE
PRESSO ABC TIPOGRAFIA • CALENZANO (FI)
NEL MESE DI NOVEMBRE 2025

BIBLIOTECA STORICA TOSCANA

Serie I

a cura della Deputazione di Storia Patria per la Toscana

volumi disponibili

1. Volpe, G., *Volterra. Storia di vescovi signori, di istituti comunali, di rapporti fra Stato e Chiesa nelle città italiane, secoli XI-XV*. 1923, iv-280 pp. (Esaurito)

2. Volpe, G., *Lunigiana medievale. Storia di vescovi signori, di istituti comunali, di rapporti fra Stato e Chiesa nelle città italiane, secoli XI-XV*. 1923, 356 pp. (Esaurito)

3. Sapori, A., *La crisi delle compagnie mercantili dei Bardi e dei Peruzzi*. 1926, xvi-308 pp. (Esaurito)

4. Ciasca, R., *L'arte dei medici e speziali nella storia e nel commercio fiorentino dal secolo XII al XV*. 1927, 812 pp. Ristampa 1977.

5. Barbadoro, B., *Le finanze della Repubblica fiorentina. Imposta diretta e debito pubblico fino alla istituzione del Monte*. 1929, x con 1 c., 738 pp. e 1 c. (Esaurito)

6. Baldasseroni, F., *Il rinnovamento civile in Toscana*. 1931, viii-140 pp. (Esaurito)

7. Sapori, A., *Una compagnia di Calimala ai primi del Trecento*. 1932, 420 pp. (Esaurito)

8. Palmarocchi, R., *La politica italiana di Lorenzo de' Medici. Firenze nella guerra contro Innocenzo VIII*. 1933, xii-316 pp. (Esaurito)

9. Sapori, A., *La compagnia dei Frescobaldi in Inghilterra*. 1947, 174 pp. (Esaurito)

10. Fiumi, E., *L'impresa di Lorenzo de' Medici contro Volterra (1472)*. 1948, 192 pp. Ristampa 1977.

11. Fiumi, E., *Storia economica e sociale di San Gimignano*. 1961, iv-378 pp. con 17 tavv. f.t. e 5 tabelle f.t. Ristampa 1993.

12. Ugurgieri della Berardenga, C., *Gli Acciaioli di Firenze nella luce dei loro tempi (1160-1834)*. 1962, 2 voll. di xii-786 pp. compl., 20 tavv. f.t. e 5 alberi genealogici.

13. Rodolico, N., *Il popolo minuto. Note di storia fiorentina (1343-1378)*. 1968, 128 pp.

14. Fiumi, E., *Demografia, movimento urbanistico e classi sociali in Prato dall'età comunale a oggi*. 1968, xxiv-688 pp. con 24 ill. e 4 tavv. f.t.

15. Cherubini, G., *Una comunità dell'Appennino dal XIII al XV secolo. Montecoronaro dalla Signoria dell'Abbazia del Trivio al dominio di Firenze*. 1972, 188 pp.

16. Herlihy, D., *Pistoia nel Medioevo e nel Rinascimento (1200-1430)*. 1972, 322 pp. con 13 tavv. f.t. (Esaurito)

17. Capecchi, I. - Gai, L., *Il Monte della Pietà a Pistoia e le sue origini*. 1976, xvi-264 pp. con 2 ill. a colori e 4 tavv. f.t.

18. Pinto, G., *Il libro del Biadaiolo. Carestie annona a Firenze dalla metà del '200 al 1348*. 1978, xxii-562 pp.

19. Bisaccia, G., *La «Repubblica fiorentina» di Donato Giannotti*. 1978, 220 pp. con 4 tavv. f.t.

20. Guidi, G., *Il governo della città-repubblica di Firenze del primo quattrocento*. 1981, Vol. I: x-358 pp. Vol. II: vi-354 pp. Vol. III: vi-306 pp.

21. Hoshino, H., *L'arte della lana in Firenze nel basso medioevo*. 1980, 360 pp.

22. Casini, B., *Il «Priorista» e i «Libri d'oro» del comune di Pisa*. 1986, 252 pp.

23. Zorzi, A., *L'amministrazione della giustizia penale nella Repubblica fiorentina. Aspetti e problemi*. 1988, vi-126 pp.

24. Ginatempo, M., *Crisi di un territorio. Il popolamento della Toscana senese alla fine del Medioevo*. 1988, 708 pp. con 2 tavv. ripiegate e grafici nel testo.

25. Fabbri, C., *Statuti e riforme del Comune di Terranuova. 1487-1675. Una Comunità del contado fiorentino attraverso le sue istituzioni*. 1989, xvi-552 pp. con 20 tavv. f.t. in b. e n. e 3 a colori.

26. Ciseri, I., *L'ingresso trionfale di Leone X in Firenze nel 1515*. 1990, viii-332 pp. con 2 figg. n.t. e 11 tavv. f.t.

27. Pult Quaglia, A.M., *«Per provvedere ai popoli». Il sistema annonario nella Toscana dei Medici*. 1990, 276 pp.

28. Guidi G., *Lotte, pensiero e istituzioni politiche nella Repubblica fiorentina dal 1494 al 1512*. 1992, 3 tomi di complessive xiv-1402 pp.

29. *Firenze e il Concilio del 1439*. Convegno di studi. 1994, 2 voll. di xx-1016 pp. con 65 figg. in 34 tavv. f.t.

30. Goldthwaite, R.A. - Mandich, G., *Studi sulla moneta fiorentina (secoli XIII-XVI)*. 1994, 236 pp.

31. *La Valtiberina, Lorenzo e i Medici*. A cura di G. Renzi. 1995, xii-288 pp. con 9 figg. f.t.

32. Barlucchi, A., *Il contado senese all'epoca dei Nove. Asciano e il suo territorio tra due e trecento*. 1997, 372 pp.

33. Salvestrini, F., *Santa Maria di Vallombrosa. Patrimonio e vita economica di un grande monastero medievale*. 1998, xiv-350 pp.

34. Astorri, A., *La mercanzia a Firenze nella prima metà del Trecento. Il potere dei grandi mercanti*. 1998, xii-248 pp.

35. Pellegrini, M., *Congiure di Romagna. Lorenzo de' Medici e il duplice tirannicidio a Forlì e a Faenza nel 1488*. 1999, 192 pp.

36. Edler De Roover, F., *L'arte della seta a Firenze nei secoli XIV e XV*. A cura di S. Tognetti. 1999, xxiv-136 pp.

37. Tognetti, S., *Il Banco Cambini. Affari e mercati di una compagnia mercantile-bancaria nella Firenze del XV secolo*. 1999, x-402 pp.

38. Ginatempo, M., *Prima del debito. Finanziamento della spesa pubblica e gestione del deficit nelle grandi città toscane (1200-1350 ca.)*. 2000, 204 pp.

39. Hoshino, H., *Industria tessile e commercio internazionale nella Firenze del tardo Medioevo*. A cura di F. Franceschi e S. Tognetti. 2001, xvi-204 pp.

40. Taddei, I., *Fanciulli e giovani. Crescere a Firenze nel Rinascimento*. 2001, vi-374 pp. con 2 tavv. f.t.

41. Tognetti, S., *Un'industria di lusso al servizio del grande commercio. Il mercato dei drappi serici e della seta nella Firenze del Quattrocento*. 2002, 220 pp.

42. *Incolti, fiumi, paludi. Utilizzazione delle risorse naturali nella Toscana medievale e moderna*. A cura di A. Malvolti e G. Pinto. 2003, vi-302 pp. con 10 figg. n.t. di cui 2 a colori.

43. Scharf, G.P.G., *Borgo San Sepolcro a metà del Quattrocento: istituzioni e società (1440-1460)*. 2003, iv-348 pp.

44. *Le Terre nuove*. Atti del Seminario internazionale organizzato dai Comuni di Firenze e San Giovanni Valdarno. (Firenze - San Giovanni Valdarno, 28-30 gennaio 1999). A cura di D. Friedman e P. Pirillo. 2004, xxxii-424 pp. con 56 figg. n.t. e 43 tavv. f.t. di cui 5 a colori.

45. Tanzini, L., *Statuti e legislazione a Firenze dal 1355 al 1415. Lo statuto cittadino del 1409*. 2004, xiv-334 pp. con 2 tavv. n.t.

46. *Semifonte in Val d'Elsa e i centri di nuova fondazione dell'Italia medievale*. Atti del convegno nazionale organizzato dal Comune di Barberino Val d'Elsa. (Barberino Val d'Elsa, 12-13 ottobre 2002). A cura di P. Pirillo. 2004, xviii- 350 pp. con 10 figg. n.t. e 11 tavv. f.t.

47. Kroll, T., *La rivolta del patriziato. Il liberalismo della nobiltà nella Toscana del Risorgimento*. Prefazione di S. Soldani. Traduzione di L. Melissari. 2004, xxvi-550 pp.

48. La Roncière, C.M. de, *Firenze e le sue campagne nel Trecento. Mercanti, produzione, traffici*. 2005, xvi-440 pp.

49. Codignola, T., *La Massa Trabaria*. A cura e con introduzione di Giovanni Cherubini. 2005, x-106 pp.

50. Bicchierai, M., *Ai confini della Repubblica di Firenze: Poppi dalla signoria dei conti Guidi al vicariato del Casentino (1360-1480)*. 2005, xxxii-448 pp. con 3 tavv. n.t.

51. *La Toscana in età moderna (Secoli XVI-XVIII). Politica, istituzioni, società: studi recenti e pro- spettive di ricerca*. Atti del convegno (Arezzo, 12-13 ottobre 2000). A cura di M. Ascheri e A. Contini. 2005, x-350 pp.

52. Scarton, E., *Giovanni Lanfredini. Uomo d'affari e diplomatico nell'Italia del Quattrocento*. 2007, xiv-358 pp.

53. Cortese, M.E., *Signori, castelli, città. L'aristocrazia del territorio fiorentino tra X e XII secolo*. 2007, xxviii-428 pp. con 11 carte n.t.

54. Tanzini, L., *Alle origini della Toscana moderna. Firenze e gli statuti delle comunità soggette tra XIV e XVI secolo*. 2007, 224 pp.

55. *Il Valdarno inferiore terra di confine nel Medioevo (secoli XI-XV)*. Atti del convegno di studi (30 settembre - 2 ottobre 2005). A cura di A. Malvolti e G. Pinto. 2008, iv-430 pp. con 3 figg. n.t. a colori e 8 tavv. f.t. a colori.

56. Savelli, A., *Siena. Il popolo e le contrade (XVI-XX secolo)*. 2008, xxx-534 pp. con 1 figg. n.t. e 32 tavv. f.t. a colori.

57. *La lunga storia di una stirpe comitale. I conti Guidi tra Romagna e Toscana*. Atti del convegno di studi organizzato dai Comuni di Modigliana e Poppi (Modigliana - Poppi, 28-31 agosto 2003). A cura di F. Canaccini, organiz-

zazione scientifica di G. Cherubini, G. Pinto e P. Pirillo. 2009, xii-526 pp. con 9 figg. n.t. e 23 tavv. f.t. di cui 19 a colori.

58. Gualtieri, P., *Il Comune di Firenze tra Due e Trecento. Partecipazione politica e assetto istituzionale*. 2009, xvi-326 pp.

59. *Passignano in Val di Pesa. Un monastero e la sua storia, I. Una signoria sulle anime, sugli uomini, sulle comunità (dalle origini al sec. XIV)*. A cura di P. Pirillo. 2009, xii-320 pp. con 1 fig. n.t. e 8 tavv. f.t.

60. Taddei, G., *Castiglion Fiorentino fra XIII e XV secolo. Politica, economia e società di un centro minore toscano*. 2009, xiv-408 pp. con 7 figg. n.t.

61. *Feste patronali nella Toscana medicea*. A cura di M. Mirri. Volume non più in preparazione.

62. Faini, E., *Firenze nell'età romanica (1000-1211). L'espansione urbana, lo sviluppo istituzionale, il rapporto con il territorio*. Presentazione di J.-C. Maire Vigueur. 2010, xxxviii-444 pp. con 1 cartina, 2 figg. n.t. e 1 pieghevole.

63. *Firenze e Pisa dopo il 1406. La creazione di un nuovo spazio regionale*. Atti del convegno di studi (Firenze, 27-28 settembre 2008). A cura di S. Tognetti. 2010, vi-190 pp.

64. Dall'Aglio, S., *L'assassino del Duca. Esilio e morte di Lorenzino de' Medici*. 2011, xviii-422 pp.

65. *Poteri centrali e autonomie nella Toscana medievale e moderna*. Atti del convegno di studi (Firenze, 18-19 dicembre 2008). A cura di G. Pinto e L. Tanzini. 2012, vi-218 pp. con 4 figg. n.t.

66. Bettarini, F., *La comunità pratese di Ragusa (1414-1434). Crisi economica e migrazioni collettive nel Tardo Medioevo*. 2012, xxvi-296 con 3 figg. n.t.

67. *Tra storia e letteratura. Il parlamento di Empoli del 1260*. Atti della giornata di studio in occasione del 750° anniversario. A cura di V. Arrighi e G. Pinto. 2012, viii-148 pp. con 12 tavv. f.t. di cui 5 a colori.

68. Tripodi, C., *Gli Spini tra XIV e XV secolo. Il declino di un antico casato fiorentino*. 2013, xviii-266 pp.

69. *I centri minori della Toscana nel Medioevo*. Atti del convegno internazionale di studi (Figline Valdarno, 23-24 ottobre 2009). A cura di G. Pin to e P. Pirillo. 2013, x-314 pp. con 18 figg. n.t.

70. Tognetti, S., *I Gondi di Lione. Una banca d'affari fiorentina nella Francia del primo Cinquecento*. 2013, vi-146 pp. con 1 fig. n.t.

71. *Vespucci, Firenze e le Americhe*. Atti del con vegno di studi (Firenze, 22-24 novembre 2012). A cura di G. Pinto, L. Rombai e C. Tripodi. 2014, viii-492 pp. con 71 figg. n.t. e 8 tavv. f.t. a colori, con CD-ROM allegato.

72. *Passignano in Val di Pesa. Un monastero e la sua storia, II. Arte nella chiesa di San Michele Arcangelo (secc. XV-XIX)*. A cura di I. Moretti. 2014, xii-226 pp. con 109 figg. n.t. e 16 tavv. f.t. a colori.

73. Guidi Bruscoli, F., *Bartolomeo Marchionni, «homem de grossa fazenda» (ca. 1450-1530). Un mercante fiorentino a Lisbona e l'impero portoghese*. 2014 , xxvi-274 pp.

74. *Giorgio Vasari, la casa, le carte, il teatro della memoria*. Atti del convegno di studi (Firenze-Arezzo, 24-25 novembre 2011). A cura di S. Baggio, P. Benigni, D. Toccafondi. 2015, x-266 pp. con 7 figg. n.t. e 16 tavv. f.t. a colori.

75. *Tribunali di mercanti e giustizia mercantile nel Tardo Medioevo*. A cura di E. Maccioni e S. Tognetti. 2016, vi-222 pp. con 4 figg. n.t.

76. *Ghirlandaria. Un manoscritto di ricordi della famiglia Ghirlandaio*. A cura di L. Venturini, con introduzione, saggio e note al manoscritto di N. Baldini. 2017, xviii-474 pp. con 15 tavv. f.t. a colori.

77. Cecchi, A., *In difesa della «dolce libertà». L'assedio di Firenze (1529-1530)*. 2018, x-302 pp. con 32 tavv. f.t. a colori.

78. *Notarium itinera. Notai toscani del basso Medioevo tra routine, mobilità e specializzazione*. A cura di G. Pinto, L. Tanzini, S. Tognetti. 2018, xviii-312 pp.

79. Giusti, D., *I Gaddi da pittori a uomini di governo. Ascesa di una famiglia nella Firenze dei Medici*. 2019, xxvi, 234 pp.

80. *Terre di confine tra Toscana, Romagna e Umbria. Dinamiche politiche, assetti amministrativi, società locali (secoli XII-XVI)*. A cura di P. Pirillo e L. Tanzini. 2020, viii-464 pp. con 8 figg. n.t. e 4 tavv. f.t. a colori.

81. *Niccolò Rodolico (1873-1969). Da Carducci al post-fascismo: una lunga stagione storiografica*. Atti della giornata di studio (Firenze, 22 novembre 2019). A cura di G. Pinto e C. Satto. 2021, vi-274 pp. con 16 tavv. f.t.

82. *Il Comune dopo il Comune. Le istituzioni municipali in Toscana (secc. XV-XVIII)*. Atti della giornata di studi (Montevarchi, 22 maggio 2021). A cura di D. Edigati e L. Tanzini. 2022, VIII-186 pp. con 1 fig. n.t. e 4 tavv. f.t. a colori.

83. SPALLANZANI, M., *I fiorentini e il vetro veneziano (ca. 1450-1550). Fonti*. 2023, IV-140 pp.

84. *Politica, economia, società nell'Alta Valle del Tevere (secoli XV-XVI): Sansepolcro, Città di Castello, Sestino*. A cura di A. Czortek e M. Martelli. 2023, X-236 pp. con 4 tavv. f.t. a colori.

85. *La tradizione degli* Studia *comunali nelle città di età moderna*. A cura di C. Frova e S. Zucchini. 2023, IV-142 pp.

86. *Miti e modelli dell'Italia comunale nella cultura e nelle arti dell'Ottocento*. Atti delle giornate di studio (Firenze, 22-23 settembre 2022). A cura di L. Tanzini. 2024, VI-236 pp. con 1 fig. n.t. e 8 tavv. f.t. a colori.

87. *Passignano in Val di Pesa. Un monastero e la sua storia. Crisi e trasformazioni (secoli XIV-XIX)*. A cura di P. Pirillo. 2024, X-232 pp. con 5 figg. n.t.

88. BORGHERO, F., *Ser Lando di Fortino dalla Cicogna. Notariato e ascesa sociale a Firenze nel tardo Medioevo*. 2024, XXII-336 pp. con 4 figg. n.t. e 7 mappe.

89. *Contadini e proprietari nelle grandi aziende agrarie toscane. Tardo Medioevo – prima Età Moderna*. A cura di F. Borghero e S. Tognetti. 2024, VI-228 pp. con 11 fig. n.t.

90. *Il Mugello dal Medioevo al Novecento. Storia e identità di una terra toscana*. A cura di G. Pinto e V. Vestri. 2024, VI-284 pp. con 31 figg. n.t. e 15 tavv. f.t. a colori.

91. *I mercati dei centri minori della Toscana. Tra Medioevo e prima Età Moderna*. A cura di A. Malvolti e G. Pinto. 2025, X-168 pp. con 21 figg. n.t.

92. *Clero rurale e mondo contadino nell'Italia di Antico Regime*. A cura di G. Pinto e L. Tanzini. In preparazione.

Serie II
a cura della Società Toscana di Storia del Risorgimento
diretta da Luigi Lotti

1. Ceccuti, C., *«Il Risorgimento Italiano». Quotidiano politico e letterario. Firenze, 1859*. 1977, 212 pp.

2. Camerani, S., *Firenze dopo Porta Pia*. 1977, x-206 pp.

3. *Correnti ideali e politiche della sinistra italiana dal 1849 al 1861*. Atti del XXI Convegno storico toscano. (Castelvecchio Pascoli, 26-29 maggio 1975). 1978, 244 pp.

4. *Agricoltura e società nella Maremma grosseta- na dell'Ottocento*. Giornate di studio per il Centenario Ricasoliano. 1980, xii-352 pp.

5. *Ricasoli e il suo tempo*. Atti del Convegno internazionale di studi ricasoliani. 1981, 444 pp.

6. *Editori a Firenze nel secondo Ottocento*. Atti del Convegno (13-15 novembre 1981), Gabinetto Scientifico Letterario di G.P. Vieusseux. 1983, xiv-522 pp.

7. *Garibaldi e la Toscana*. Atti del Convegno di studi. Grosseto, 24-26 settembre 1982. 1984, xii-224 pp.

8. Sestan, E., *La Firenze di Vieusseux e di Capponi*. 1986, xiv-226 pp.

9. *Atti e decreti del Concilio Diocesano di Pistoia dell'anno 1786*. Vol. I. *Ristampa dell'edizione Bracali*. 1986, 456 pp. con 2 tavv. f.t. Vol. II. *Introduzione storica e documenti inediti*. 1986, vi-698 pp. con 4 tavv. f.t.

10. *Indipendenza e unità nazionale in Italia ed in Grecia*. Convegno di studio (Atene, 2-7 ottobre 1985). 1987, xii-240 pp.

11. *Piero Guicciardini (1808-1886). Un riformatore religioso nell'Europa dell'Ottocento*. Atti del Convegno di studi. 1988, viii-204 pp. con 1 tav. f.t.

12. *Sinistra costituzionale, correnti democratiche e società italiana dal 1870 al 1892*. Atti del XXVII Convegno storico toscano (Livorno, 23-25 settembre 1984). 1988, xii-304 pp.

13. Luseroni, G., *La stampa clandestina in Toscana (1846-47). I «Bullettini»*. 1988, 232 pp.

14. *Cultura e società nel Settecento Lorenese. Arezzo e la Fraternita dei Laici*. 1988, 312 pp. con 64 tavv. f.t.

15. Bagnoli, P., *Democrazia e Stato nel pensiero politico di Giuseppe Montanelli (1813-1862)*. 1989, xx-364 pp. con 4 tavv. f.t.

16. Baldacci, V., *Filippo Stecchi. Un editore fiorentino del Settecento tra riformismo e rivoluzione*. 1989, viii-232 pp.

17. Piccioli, L., *I «popolari» a Palazzo Vecchio. Amministrazione politica e lotte sociali a Firenze dal 1907 al 1910*. 1989, 288 pp.

18. *I Lorena in Toscana*. Convegno internazionale di studi. (Firenze, 20-21-22 novembre 1987). 1989, 284 pp.

19. *La Toscana dei Lorena. Riforme, territorio, società*. Atti del Convegno di studi. (Grosseto, 27-29 novembre 1987). 1989, 672 pp. con 1 tav. f.t.

20. Ciuffoletti, Z., *Parigi-Firenze 1789-1794. I dispacci del residente toscano nella capitale francese al governo granducale*. 1990, ii-302 pp.

21. *Giuseppe Montanelli. Unità e democrazia nel Risorgimento*. A cura di P. Bagnoli. Convegno di studio. Firenze, Palazzo Strozzi, 2-3 dicembre 1988. 1990, 348 pp.

22. Agnolucci, E. - Droandi, I., *La collezione Bartolini di Arezzo. Storia e documenti*. 1990, xxvi-108 pp. con 56 tavv. f.t.

23. Mangio, C., *I patrioti toscani fra «Repubblica etrusca» e restaurazione*. 1991, xii-446 pp.

24. *Gino Capponi. Storia e progresso nell'Italia dell'Ottocento*. Convegno di studio. Firenze, Palazzo Strozzi, 21-22-23 gennaio 1993. A cura di P. Bagnoli. 1994, xiv-290 pp.

25. Bertini, F., *Michele Giuntini. La carriera di un banchiere privato nella Toscana dell'Ottocento (1777-1845)*. 1994, xiv-202 pp.

26. *Il Granducato di Toscana e i Lorena nel secolo XVIII*. Incontro internazionale di studio. Firenze, 22-24 settembre 1994. A cura di A. Contini e M.G. Parri. 1999, x-678 pp.

27. *Giuseppe Giusti. Il tempo e i luoghi*. A cura di M. Bossi e M. Branca. 1999, xviii-326 pp. con 12 ill. f.t.

28. *Sidney Sonnino e il suo tempo*. Vol. I. A cura di P.L. Ballini. 2000, x-400 pp.